Reforma do Sistema Recursal Trabalhista

Comentários à Lei n. 13.015/2014

Cláudio Brandão

Ministro do Tribunal Superior do Trabalho. Mestre em Direito (UFBA). Membro da Associacion Iberoamericana de Derecho del Trabajo *e do Instituto Baiano de Direito do Trabalho. Professor de Direito do Trabalho e de Direito Processual do Trabalho da Faculdade Ruy Barbosa. Professor convidado da Faculdade Baiana de Direito, da Fundação Faculdade de Direito da Bahia, da Escola Judicial do TRT da 5ª Região e da Escola Nacional de Formação e Aperfeiçoamento de Magistrados — ENAMAT.*

Reforma do Sistema Recursal Trabalhista

Comentários à Lei n. 13.015/2014

LTr®

EDITORA LTDA.

Rua Jaguaribe, 571
CEP 01224-001
São Paulo, SP — Brasil
Fone (11) 2167-1101
www.ltr.com.br

Produção Gráfica e Editoração Eletrônica: R. P. TIEZZI
Projeto de Capa: FABIO GIGLIO
Impressão: DIGITAL PAGE GRÁFICA E EDITORA

LTr 5238.2
Janeiro, 2015

Dados Internacionais de Catalogação na Publicação (CIP)
(Câmara Brasileira do Livro, SP, Brasil)

Brandão, Cláudio

Reforma do sistema recursal trabalhista : comentários à Lei n. 13.015/2014 / Cláudio Brandão. — 1. ed. — São Paulo : LTr, 2015.

Bibliografia
ISBN 978-85-361-8272-8

1. Direito do trabalho — Brasil 2. Direito processual do trabalho — Brasil 3. Justiça do trabalho — Brasil 4. Lei n. 13.015, de 2014 — Comentários 5. Recursos (Direito) — Brasil I. Título.

15-00335 CDU-347.955:331(81)

Índice para catálogo sistemático:

1. Brasil : Recursos : Direito processual do trabalho 347.955:331(81)

A Esther, Felipe e André
ponto de partida e de chegada de tudo o que sou,
de tudo que faço e de tudo que tenho.

Sumário

Prefácio

Há certas atitudes que simbolizam muito mais do que aparentam. O privilégio por ter sido escolhido para prefaciar a obra do Ministro Cláudio Mascarenhas Brandão é uma delas, na medida em que me propicia a especial oportunidade de compartilhar a amizade, a inteligência e a erudição desse eminente colega de trabalho e amigo fraternal. Mais do que isso, oferece-me a chance de registrar que sua lealdade, lhaneza de trato e, sobretudo, sua alegria de viver, fruto não apenas do convívio com a sua família, mas também com os seus inúmeros amigos e o seu trabalho, tornam muito especial a nossa convivência na 7ª Turma do Tribunal Superior do Trabalho.

O Ministro Cláudio Brandão é um jurista como poucos, dotado de uma grande sensibilidade jurídica, extraordinária cultura e larga experiência profissional. Suas decisões têm aberto novos horizontes para o Direito do Trabalho e Processual do Trabalho no Brasil. Paradigmáticas, têm concitado novos olhares e novas tendências a velhos e novos institutos, além de emprestar o seu conhecimento no combate às tendências precarizantes e àquelas que não traduzem dignidade nas relações de trabalho. Essas são algumas das inúmeras razões pelas quais sua trajetória tem se destacado no âmbito da nossa Corte.

Além da sua brilhante atuação como magistrado, o Ministro Cláudio Brandão revela também o seu talento e a sua preocupação institucional como doutrinador, ao nos brindar com a presente obra, que nasce diante de um problema já bem conhecido por todos nós. Afinal, é notória a pletora de processos nos tribunais, em especial no TST, que recebe recursos de vinte e quatro Tribunais Regionais do país. Questões inéditas, complexas ou repetidas, cuja repercussão para toda a sociedade brasileira exige um esforço hercúleo de todos nós, em especial na última instância da jurisdição trabalhista, e tornam a nossa rotina de trabalho equiparada a um dínamo, em que se vê imprescindível e de forma constante a conciliação do tempo e da qualidade para o exame das lides postas, além da necessária atualização doutrinária.

Diante do contexto ora descrito, é inequívoca a importância da nova Lei n. 13.015/2014, cujo principal objetivo é reestruturar o sistema recursal trabalhista diante da assimetria hoje existente e da dificuldade no cumprimento da missão constitucional reservada ao Tribunal Superior do Trabalho.

Reflexões sobre a nova lei deduzidas de forma clara e objetiva, com vistas a estabelecer as primeiras discussões sobre algo de novo no sistema jurídico formataram a preocupação do autor. Tentando estruturar o preceituado, mantém-se fiel à disposição adotada na lei para estabelecer a metodologia abraçada pela obra, com olhos para o novo sem olvidar o que já fora positivado pelo direito e a jurisprudência.

É preciso frisar que a nova sistematização dos recursos trabalhistas teve seu referencial fixado com amparo nos novos institutos processuais inseridos no recém-aprovado diploma processual civil. Tratou-se de uma tramitação paralela ao novo Código de Processo Civil, com o intuito de proporcionar uma atuação prospectiva dos Tribunais Superiores e de fortalecer a jurisdição através de mecanismos que possibilitem a uniformização da jurisprudência pelos Tribunais Regionais, guindados à condição de cortes de uniformização regional, na exata medida em que se propõe a atuação do Tribunal Superior do Trabalho. Em síntese, far-se-á lá o que fazemos aqui. Se a tarefa é realizável, ou ao menos aceita até então pela atuação do TST, de igual modo o será pelos Tribunais Regionais, de modo a que a atuação da Justiça do Trabalho, como um todo, contribua de forma concatenada e sistematizada para o desenvolvimento do nosso País, garantindo estabilidade, previsibilidade e certeza nas relações jurídicas trabalhistas, enfim, trazendo segurança e pacificação social, que é o seu papel.

O Ministro Cláudio Brandão, ou Cláudio, permitam-me, adentra nessa discussão com maestria, pois apresenta as razões e os objetivos da nova legislação, bem como, materialmente e procedimentalmente, os institutos nela previstos, como as alterações levadas a efeito nos embargos à sessão de dissídios individuais, nos recursos de revistas, em especial quanto à uniformização nos Tribunais Regionais, os novos pressupostos nas execuções fiscais e certidões por débitos e, em especial, no incidente de recursos repetitivos no âmbito de TST, aí destacado também o incidente de assunção de competência em face da relevância da matéria, quando se torna desnecessária a repetição de processos para sua veiculação.

Detém-se, outrossim, com muito zelo, na questão tormentosa e atormentadora da correção dos defeitos formais que não sejam graves para a admissão dos recursos no TST. Aqui, certamente, fundado no exame da jurisprudência passada, tenta solver as controvérsias que esse dispositivo trará na seara jurisdicional. Basta dizer que, axiologicamente, tal disposição visou afastar a denominada jurisprudência defensiva e, penso, será preciso olhar o novo e reformular o passado, tarefa manejada com singularidade pelo autor.

É dizer, há algo de novo no ar! Aliás, algo de muito novo. Algo que exigirá uma mudança de paradigma pelos intérpretes da lei, em todos os níveis e para realizarmos os objetivos de um Estado Democrático de Direito, em que um de seus subprincípios é a segurança jurídica na igualdade da aplicação do direito para aqueles que estejam nas mesmas circunstâncias de fato e de direito, sem que isso implique engessamento, hipóteses bem delineadas pelo autor quando trata dos recursos repetitivos.

Reitero que a obra vem à lume pelas mãos de um jurista responsável, experiente e cauteloso, mas que não teme novos desafios e grandes debates, como o faz em seu cotidiano jurisdicional, o qual posso ver e admirar. Foram abertos os debates e o protagonista foi escolhido a dedo, como se diz na minha terra, pela LTr Editora, a quem parabenizo pela iniciativa e, com certeza, por mais esta valiosa contribuição para o direito e o processo do trabalho, cujo sucesso será retumbante, pela origem e conteúdo.

Ao amigo, ao final, tenho ainda um último comentário. Ainda bem que foi você quem abriu as portas do debate através desta obra *A Reforma do Sistema Recursal Trabalhista — Comentários à Lei n. 13.015/2014*, o título diz tudo. Aliás, a honra é toda minha em prefaciá-lo. Aprofundar as reflexões ao longo de 2015 também será uma boa coisa desse novo ano, bem como a nossa crescente amizade.

Brasília, janeiro de 2015.

Luiz Philippe Vieira de Mello Filho
Ministro do TST

Apresentação

A história deste livro é, no mínimo, curiosa. Nasceu de um convite feito pela Ministra Maria de Assis Calsing, Presidente da Comissão Permanente de Documentação e responsável pela edição da *Revista do TST*, para escrever artigo destinado a edição especial, em que são analisados os impactos do Novo CPC no processo do trabalho e com prazo de conclusão de três semanas.

Para me desfazer da tarefa e não ser destinatário da cobrança, ainda que sempre elegante, da ilustre colega, utilizei todo o tempo disponível e, sem atentar para as regras previamente definidas, ultrapassei o limite fixado, em mais de vinte páginas.

Surgiu, então, o livro e, em mais quatro semanas, a sua conclusão. Por isso, a homenageio. Pelo convite, por haver propiciado o despertar da ideia e, de alguma forma, contribuído para que se transformasse em realidade.

Assinalo, de início, que são as minhas primeiras impressões em torno da nova Lei e o alcance das mudanças que propiciará na seara do processo do trabalho.

São muitas e significativas as alterações.

A maior delas, certamente, se deve à introdução da técnica de julgamento dos recursos repetitivos e da força obrigatória dos precedentes judiciais, novidades que despertarão acirrado debate na doutrina, inquietações por parte de órgãos do Poder Judiciário e na comunidade jurídica, mas objetivam contribuir para a garantia da segurança jurídica, preservação do princípio da igualdade e, ao final, agilização dos processos.

Como toda obra de criação, o livro está sujeito a imperfeições e, por serem temas novos, o socorro à doutrina abalizada foi necessário para auxiliar na interpretação dos institutos e resolver a indagação de como aplicá-los.

Agradecimentos se fazem necessários.

Primeiro, a Esther, pela privação do tempo de convivência, ainda que próximos, fisicamente, nesse primeiro ano de uma nova experiência familiar, longe dos filhos, Felipe e André.

Ao Ministro Luiz Philippe Vieira de Mello Filho, por aceitar o convite para prefaciar a obra. Competência e elegância no trato são características que marcam a sua atuação como Presidente da 7ª Turma, que tenho a honra de compor, e cujo labor diuturno fez brotar a amizade que cresce a cada dia, marcada pela permanente admiração e respeito.

Ao Ministro José Roberto Freire Pimenta, pela autoria e cessão, para publicação, do fluxograma das novas mudanças.

À Dra. Fernanda Smizmaul Paulino, Chefe de Gabinete, que alia competência, cuidado e zelo profissional à frente da equipe do GMCMB, pela revisão dos originais e sugestões apresentadas.

Ao meu filho, Felipe Gondim Brandão, pela sempre oportuna defesa da advocacia, nas discussões em torno da obra.

Ao servidor Bruno Rafael Cordeiro Queiroz, Assistente Jurídico do Gabinete, pela colaboração na redação do texto referente à aplicação imediata da norma, fruto do primeiro voto proferido sobre o tema.

À Assessoria Parlamentar do TST, por meio de sua Coordenadora, Clara Souza, pela cessão do quadro comparativo das alterações promovidas pela nova Lei.

Quanto à obra, o texto nada mais é do que contribuição para o debate. Nada mais do que isso.

Críticas serão sempre bem-vindas.

O Autor
claudiobrandao@terra.com.br

Introdução

Instituída pela Resolução Administrativa n. 1.448/2011, a "Semana do TST", em sua primeira edição, foi realizada no período de 16 a 20 de maio de 2011 e teve como justificativa a "necessidade de promover no Tribunal Superior do Trabalho uma ampla e profunda reflexão destinada ao aprimoramento institucional da Corte, sobretudo da sua prestação jurisdicional".

Os Ministros foram divididos em dois grupos, um deles denominado "Grupo de Normatização", ao qual incumbia "a análise e a elaboração de proposta de revisão das normas internas do Tribunal Superior do Trabalho, inclusive os Regimentos Internos do próprio Tribunal e do Conselho Superior da Justiça do Trabalho — CSJT e o Regulamento da Ordem do Mérito Judiciário do Trabalho"; e a "a discussão e a elaboração de anteprojetos de lei, com prioridade para a execução trabalhista", conforme previsto no § 1º do art. 1º do mencionado Ato Normativo.

Formado pelos Ministros Milton de Moura França, Antônio José de Barros Levenhagem, João Batista Brito Pereira, Emmanoel Pereira, Luiz Philippe Vieira de Mello Filho, Maria de Assis Calsing, Pedro Paulo Teixeira Manus, Fernando Eizo Ono, Marcio Eurico Vitral Amaro e José Roberto Freire Pimenta, a ele coube a tarefa de elaborar o projeto subscrito pelo Deputado Valtemir Pereira, que resultou na Lei n. 13.015, de 21 de julho de 2014.

Essa Lei buscou elevar ao patamar de disciplina legal diversos entendimentos consolidados na jurisprudência do Tribunal Superior do Trabalho, além de introduzir, no recurso de revista, a nova realidade das demandas repetidas, já consolidada na jurisprudência do Supremo Tribunal Federal, com a repercussão geral, e do Superior Tribunal de Justiça, com o julgamento dos recursos especiais repetitivos, promover avanços significativos na tramitação dos recursos de revista e de embargos, especialmente ao adotar a teoria dos precedentes judiciais, além de mudanças tópicas no agravo de instrumento e nos embargos de declaração.

O envio do Projeto ao Congresso foi aprovado e autorizado pela Resolução Administrativa n. 1.451, de 24 de maio de 2011.

Na Câmara dos Deputados, teve como Relatores o Deputado Roberto Santiago (Comissão de Trabalho, Administração e Serviços Públicos, onde recebeu cinco emendas) e a Deputada Sandra Rosado (Comissão de Constituição e Justiça e Cidadania, onde recebeu dez emendas, originariamente, e mais seis pela Relatora).

No Senado, coube aos Senadores Paulo Paim (Comissão de Assuntos Sociais, onde recebeu uma emenda de redação) e Romero Jucá (Comissão de Constituição, Justiça e Cidadania) e, em 4 de julho de 2014, foi aprovado nesta última Comissão em caráter terminativo e sem alterações de mérito do texto recebido da Câmara.

A Justificativa contém como finalidades, dentre outros pontos,

> [...] promover atualizações e aperfeiçoamentos na sistemática atual que compreende a fase recursal do processo do trabalho; provocando alterações necessárias a contemplar hipóteses de contrariedade às súmulas vinculantes editadas pelo Supremo Tribunal Federal, conforme disposto na Lei n. 11.417/2006; estabelece ainda a obrigatoriedade da Uniformização da Jurisprudência no âmbito dos Tribunais Regionais do Trabalho e, por fim, institui medidas de celeridade para decisões em recursos cujos temas estejam superados por iterativa, atual e notória jurisprudência das Cortes Superiores competentes.
>
> [...]
>
> A seu turno, a alteração do art. 896 da Consolidação das Leis do Trabalho, que trata do Recurso de Revista, atualiza a redação para os casos de caimento do referido recurso. Acrescenta-se à hipótese de interposição deste, no caso de contrariedade às Súmulas Vinculantes do Supremo Tribunal Federal. São instituídas, ainda, disposições normativas de pressupostos recursais consagrados segundo o entendimento jurisprudencial do Tribunal Superior do Trabalho.
>
> [...]
>
> Enfim, todas as alterações legislativas ora apresentadas convergem no intuito de aperfeiçoar a fase recursal do processo do trabalho e, nos termos propostos, permitirá o célere trâmite dos processos judiciais submetidos à apreciação da Justiça do Trabalho. Buscam igualmente conferir maior segurança jurídica às partes, especificamente quando

decorrente da uniformização da interpretação das normas de proteção ao trabalho.

O primeiro aspecto a ser destacado diz respeito ao questionamento que naturalmente pode surgir em torno da necessidade da própria edição da norma, partida que foi de iniciativa *interna corporis*. A resposta positiva emerge inexoravelmente.

O cenário que se revela ao simples exame do conteúdo dos mais de 300.000 recursos recebidos em 2013[(1)], o que significou crescimento da ordem de 27% em relação a 2012, evidencia que, há muito, o TST **deixou de cumprir o seu papel de corte unificadora da interpretação da legislação** e, em boa parte dos casos, se limita a resolver querelas jurisprudenciais internas dos TRTs, diante dos incontáveis casos que revelam divergências entre as turmas que os compõem.

Significa afirmar que o debate que deveria ocorrer **entre Tribunais**, na essência, pauta-se no âmbito interno de cada um deles — é, portanto, **intratribunal** — e transportado para o âmbito nacional, diante da clara possibilidade de identificar-se acórdão paradigma de outro TRT e, com isso, viabilizar o conhecimento do recurso de revista ou, quando negado o trâmite, permitir a interposição dos intermináveis agravos de instrumento.

Ainda que dados estatísticos nem sempre forneçam elementos qualitativos de análise, a simples observação dos números mencionados transmite a dimensão desse preocupante quadro e do dilema vivido cotidianamente por cada um dos ministros e suas equipes de trabalho: 239.644 casos novos distribuídos, correspondentes a 175.273 agravos de instrumento (73,1%), 53.841 recursos de revista (22,5%) e 2.689 recursos ordinários (1,1%), além de 50.084 recursos internos.

O índice de provimento dos agravos de instrumento é extremamente reduzido, o que importa afirmar a preservação da esmagadora maioria das decisões proferidas em segunda instância e, por consequência, a sua correção, ainda que por via indireta, ou mesmo em virtude de defeitos técnicos relativos à sua formação, preparo e correta elaboração.

Também deixo claro que não me impressionam argumentos em torno da imprescindibilidade de decisões colegiadas na apreciação dos recursos. Desde que fundamentadas, as decisões monocráticas cumprem importante papel de agilizar a análise dos milhares deles cujos temas se encontram pacificados na jurisprudência do Tribunal, não apenas por meio de Súmulas, como também nas Orientações Jurisprudenciais e nos julgados reiterados de suas Turmas.

---

(1) Precisamente, 301.329, dos quais 239.644 casos novos, cujo crescimento alcançou 30,7%, segundo dados divulgados pelo Tribunal na internet.

Inspirado pela necessidade de agilizar o desfecho dos processos nos tribunais e a partir de previsão no Regimento Interno do Supremo Tribunal Federal, o legislador, no art. 557 do CPC, delegou ao relator a possibilidade de, isoladamente, apreciar o recurso interposto, inclusive quanto ao mérito, enfatizo, sem embargo de prever o cabimento de outro recurso — no caso, o agravo — para o órgão colegiado incumbido do julgamento originariamente, até para preservar o denominado "princípio da colegialidade", segundo o qual, em última análise, todos os recursos são examinados por um órgão de composição plural.

Em cuidadoso estudo sobre o tema, Wanessa de Cássia Françolin faz comparativo entre o que denomina de "monocraticidade" e a "colegialidade" das decisões judiciais, inclusive a partir da experiência em outros Países, como França e Itália, e afirma:

> A ampliação de poderes do relator tem como justificativa, além da diminuição da carga de trabalho dos próprios tribunais (já que, com a decisão do relator, em princípio, seria desnecessária a reunião do colegiado para julgamento do recurso, o que demandaria mais tempo e trabalho), a busca pelas decisões liminares, sejam concessivas ou suspensivas, característica da sociedade moderna e das necessidades cada vez mais eminentes de se obter uma prestação jurisdicional rápida, imediata, o que será obtido com maior dificuldade se a decisão for colegiada.[2]

Apesar de críticas de parte da doutrina quanto à mencionada alteração legislativa, inclusive sob o equivocado epíteto de se tratar de invenção brasileira, Pedro Miranda de Oliveira compartilha do mesmo entendimento e chega a afirmar, de modo enfático, que "não há razão para três pessoas fazerem justiça, quando esta pode ser feita por uma só", desde que seja preservada a possibilidade de recurso ao colegiado, sob pena de inconstitucionalidade do dispositivo, papel desempenhado pelo agravo interno que, com isso, garante a observância do princípio do juiz natural, próprio da opção constitucional na estruturação do Poder Judiciário nas instâncias superiores.[3]

O Ministro Luiz Fux segue na mesma toada:

> A medida visa desestimular o abuso do direito de recorrer, mercê de autorizar o relator a evitar que se submeta ao ritualismo do julgamento

---

(2) FRANÇOLIN, Wanessa de Cássia. *A ampliação dos poderes do relator nos recursos cíveis*. Rio de Janeiro: Forense, 2006. p. 40.

(3) OLIVEIRA, Pedro Miranda de. Agravo interno e agravo regimental: hipóteses de incidência e poderes do relator nos tribunais. *In:* NERY JÚNIOR, Nélson; WAMBIER, Teresa Arruda Alvim (coord.). *Recursos no processo civil*. São Paulo: Revista dos Tribunais, 2009. p. 550-551.

> colegiado causas manifestamente insustentáveis, como, *v. g.*, quando a intempestividade é flagrante ou quando o apelante pretende apenas, através do recurso, postergar vitória do vencedor.[4]

Quanto à constitucionalidade dessa norma, o STF já a examinou e no seu repertório são encontrados inúmeros julgados em sentido afirmativo, dentre os quais:

> CONSTITUCIONAL. MANDADO DE INJUNÇÃO. SEGUIMENTO NEGADO PELO RELATOR. COMPETÊNCIA DO RELATOR: CONSTITUCIONALIDADE. PRESUPOSTOS DO MANDADO DE SEGURANÇA. LEGITIMAÇÃO ATIVA. É legítima, sob o ponto de vista constitucional, a atribuição conferida ao Relator para arquivar ou negar seguimento a pedido ou recurso intempestivo, incabível ou improcedente e, ainda, quando contrariar a jurisprudência predominante do Tribunal ou se for evidente a sua incompetência (RI/STF, art. 21, § 1º, Lei n. 8.038/1990), desde que, mediante recurso — agravo regimental — possam as decisões ser submetidas ao controle colegiado. (MI n. 375 (AgRg)/PR, Rel. Min. Carlos Velloso, em 19.12.1991);

> EMENTA: AGRAVO REGIMENTAL. SÚMULA N. 280 DO SUPREMO TRIBUNAL FEDERAL. CONSTITUCIONALIDADE DO ART. 557 DO CÓDIGO DE PROCESSO CIVIL. JUÍZO DE ADMISSIBILIDADE. Tendo o acórdão do Tribunal a quo decidido a controvérsia com base em legislação local, incide no caso a mencionada súmula, impedindo o conhecimento do recurso. O julgamento do extraordinário pelo Relator, na forma do dispositivo do CPC sob enfoque, já teve sua constitucionalidade reconhecida por esta Corte, uma vez que a possibilidade de interposição de agravo garante a colegialidade das decisões. Precedente. O juízo de admissibilidade do recurso extraordinário procedido pelo Tribunal de origem não vincula o STF, na forma da sua pacífica jurisprudência. Precedentes. Agravo desprovido. (RE 287710 AgR, Relator(a): Min. Ilmar Galvão, Primeira Turma, julgado em 25.6.2002, DJ 27.9.2002, p. 112 Ement v. 2084-03, p. 651).

Retornando à Lei n. 13.015/2014, necessário também se faz destacar que as mudanças promovidas no projeto original durante a tramitação do processo legislativo em muito prejudicaram a sistematização das matérias nela tratadas, especialmente a supressão dos dispositivos que continham sanções aplicáveis em casos de recursos procrastinatórios, caracterizados pelo fato de serem manifestamente incabíveis, as quais cumpririam o papel de coibir atuação temerária das partes; outras, aperfeiçoaram-no, a exemplo da possibilidade de correção de defeitos formais não considerados graves e a interposição de Recurso de Revista em execuções fiscais e em decorrência do fornecimento de Certidões Negativas de Débitos Trabalhistas.

---

(4) FUX, Luiz. *Curso de direito processual civil*. Rio de Janeiro: Forense, 2008. v. I, p. 767.

Outro elemento que aponto nessa reflexão inicial se relaciona à crítica direcionada ao que se denomina de "jurisprudência defensiva", de modo a nela indicar postura propositadamente adotada pelos Ministros e pela própria Corte no sentido de dificultar o acesso à instância extraordinária e, com isso, obter pronunciamento final em torno de cada um dos mais de três milhões de processos ajuizados anualmente na Justiça do Trabalho.

Em primeiro lugar, porque, como assentado em abalizada doutrina, não há que se falar, em sede constitucional, na existência do direito fundamental ao duplo grau de jurisdição e, menos ainda, a três, quatro ou mais pronunciamentos jurisdicionais.

Ao discorrerem sobre o direito fundamental à ampla defesa, afirmam Luiz Guilherme Marinoni e Daniel Mitidiero:

> O direito à ampla defesa constitui direito do *demandado*. É direito que respeita ao *polo passivo* do processo. O direito de defesa é direito à *resistência* no processo e, à luz da necessidade de *paridade de armas no processo*, deve ser simetricamente construído a partir do *direito de ação*.
>
> O direito de defesa — com os meios e recursos a ela inerentes — grava todo e qualquer processo. Jurisdicional ou não, estatal ou não, o direito de defesa se impõe como núcleo duro que contribui para a legitimação da imposição da tutela jurisdicional ao demandado. O direito à ampla defesa determina: (i) a *declinação pormenorizada* pelo autor da demanda das *razões* pelas quais pretende impor consequências jurídicas ao demandado; (ii) a adoção de procedimento de *cognição plena e exauriente* como *procedimento padrão* para *tutela dos direitos* e para *persecução penal*; (iii) o direito à *defesa pessoal* e à *defesa técnica* no processo penal; e (iv) o direito à *dupla cientificação* da sentença penal condenatória.[5]

Não há, portanto, direito inexorável ao recurso. A prevalecer tese em sentido contrário, sequer se poderia falar nas condicionantes por todos admitida dos pressupostos processuais e condições da ação como legítimos limitadores do exercício do direito de ação e, de igual modo, nos pressupostos extrínsecos e intrínsecos de conhecimento do recurso.

Abalizada doutrina corrobora essa afirmação:

---

(5) SARLET, Ingo Wolfgang; MARINONI, Luiz Guilherme; MITIDIERO, Daniel. *Curso de direito constitucional.* 2. ed. rev. atual. e ampl. São Paulo: Revista dos Tribunais, 2013. p. 735.

> Na verdade, o princípio do duplo grau de jurisdição não chega a consistir numa garantia, pois a Constituição Federal a ele apenas se *refere*, não o *garantindo*. A única Constituição que tratou do duplo grau de jurisdição como *garantia absoluta* foi a de 1824; as demais deixaram de se lhe conferir tal atributo. A atual Constituição Federal apenas *prevê* o princípio do duplo grau de jurisdição, não tratando de discipliná-lo como *garantia*.
>
> Sendo assim, é possível haver exceções ao princípio, descerrando-se o caminho para que a legislação infraconstitucional restrinja ou até elimine recursos em casos específicos. Além do mais, sendo o duplo grau de jurisdição um *princípio*, é curial que pode haver princípios opostos, que se ponham como contraponto. Em outras palavras, sendo o duplo grau de jurisdição um princípio, pode ser contraposto por outro princípio, de molde a que haja limites de aplicação recíprocos.(6)

Ademais, não parece minimamente razoável que todo e qualquer processo tenha que ser submetido a tantos pronunciamentos, como a identificar a premissa de confirmações sucessivas do veredito pronunciado pelo magistrado de primeiro grau, sobretudo porque, como dizia o saudoso e inesquecível Professor José Joaquim Calmon de Passos, em sua verve crítica, "quanto mais alto é o tribunal, mais distante está a justiça do povo".

Decididamente, tenho a nítida convicção de que há processos — a esmagadora maioria, friso — **que não poderiam** estar no TST e esses processos estão tomando o lugar de muitos **que deveriam obter** o exame do TST, em virtude da relevância da controvérsia.

O problema é que, para cada litigante, o processo não é um número; não é um registro imaterial; é **o seu processo**, ao passo que, para os que nele atuam, é mais **um processo**. Com isso, **quem perde sempre quer mais uma chance de tentar reverter o resultado e não se conforma quando lhe é negada essa possibilidade**.

As cortes superiores, como por todos sabido, **não são tribunais de justiça**, no sentido de buscar a decisão mais justa à causa. A sua atuação se pauta no plano estrita e rigorosamente técnico e esse é o primeiro e maior dilema vivenciado por aqueles que nelas ingressam e frequentemente se debatem com o ímpeto de reanalisar em profundidade a decisão — como fazem os tribunais regionais —, o que não se mostra possível. O "registro fático feito pelo tribunal"

---

(6) DIDIER JR., Fredie; CUNHA, Leonardo Carneiro da. *Curso de direito processual civil*. 12. ed. Salvador: JusPodivm, 2015. v. 3, p. 23.

é inalterável, ainda que não tenha sido o mais correto à luz das provas produzidas, que, de igual modo, não podem ser revistas.

Tal como um mantra diariamente repetido na redação dos acórdãos, seria algo como um quadro pintado pelo tribunal regional (descrição fática) e cabe ao ministro apenas contemplá-lo (análise jurídica), sem nele tocar (impossibilidade de revisão das premissas fáticas) para extrair a interpretação que lhe pareça possível (enquadramento jurídico).

Portanto, se, em regra, o objetivo não é fazer justiça e proferir a decisão mais justa possível, diante da controvérsia trazida à apreciação do Judiciário, em face do conflito que precede o ingresso em juízo, longe deverá estar o dilema em torno do resultado injusto, não raras vezes debruçado à sua frente.

Isso sem se falar nas incontáveis situações em que o defeito técnico relativo ao processamento do recurso inviabiliza o seu exame. Aliás, nesse particular, sem querer sem ofensivo, infelizmente não são raras as situações em que a responsabilidade recai inteiramente sobre os ombros dos advogados, o que até autorizaria discussão quanto à responsabilidade pelo dano causado à parte em razão da perda de uma chance.

Nesse particular, convém transcrever o quanto afirmado por Sérgio Novais Dias em obra sobre o tema(7):

> Como ensina Paulo Luiz Neto Lôbo, "na defesa dos interesses sob seu patrocínio, o advogado nunca deve fazer concessões a sua independência, inclusive em face do próprio cliente. Na escolha dos meios jurídicos e na condução de seu trabalho profissional, o advogado nunca deve permitir que haja tutela direta ou indireta de terceiro ou do magistrado. É sua, inteira e indelével, a responsabilidade pela direção técnica da causa e da questão".
>
> Mas a contrapartida dessa independência técnica do advogado está na sua exclusiva responsabilidade pela adequada utilização dos meios na condução da causa do cliente, como lembra Ives Avil na obra *La Responsabilité del l'Avocat*, citado por Paulo Luiz Neto Lôbo.
>
> O advogado, pois, é responsável "quando os meios são manejados com negligência, imprudência ou imperícia", conforme esclarece Paulo Luiz Neto Lôbo, "como ocorre quando perde prazos, comete erros grosseiros, deixa de formular os pedidos necessários, age com culpa, acarretando danos ao cliente".

(7) DIAS, Sérgio Novais. *Responsabilidade civil do advogado na perda de uma chance.* São Paulo: LTr, 1999. p. 32-33.

Para Pontes de Miranda, "o advogado responde pelo dano que às partes cause por ação ou omissão voluntária, negligência ou imprudência, ou ignorância, que negligência é, pois o profissional deve cuidar dos seus estudos, a fim de não lesar o constituinte por saber mal, ou não saber o que se supõe incluso no seu ofício".

Portanto, se o defeito é técnico, a responsabilidade não pode ser atribuída à "jurisprudência defensiva", a indicar uma certa má vontade do Tribunal em examinar o apelo do caso concreto. A instância, repita-se, é técnica e técnico deve ser — e é — o exame.

Tanto é verdade que o Tribunal, por meio de alteração promovida em sua jurisprudência, materializada na Súmula n. 425, limitou o *jus postulandi* às denominadas "instâncias ordinárias", em que pese a redação contida no art. 791 da CLT, que o confere aos empregados e empregadores, os quais, na dicção do citado dispositivo, "poderão reclamar pessoalmente perante a Justiça do Trabalho e acompanhar as suas reclamações até o final" e o "final" poderia passar pelo crivo do TST. Desde então, não mais "poderão".

Uma palavra crítica também deve ser dirigida aos tribunais que, não raras vezes, se recusam a promover o correto e adequado registro fático-probatório da controvérsia no acórdão, de modo a viabilizar a reapreciação do enquadramento jurídico por ele feito, quando do julgamento do recurso de revista. Os embargos de declaração, último remédio para o prequestionamento, nem sempre assim são considerados e, em que pese permanecer a omissão que buscaram sanar, são desprovidos (ou, em muitos casos e equivocadamente, não conhecidos) e ensejam a aplicação de sanções processuais.

A novel legislação não deve ser encarada como simplória tentativa de redução do acervo de processos do Tribunal e, com isso, minimizar a angústia de cada um dos seus integrantes ao consultar, diariamente, o saldo de processos pendentes de exame, no trabalho singularmente apelidado de "enxugar gelo". **O "processômetro" é implacável**. Por mais que se lute, o combate é desigual.

Representa um alento para que se possa dotar o TST de instrumento eficaz para assegurar a estabilização das teses jurídicas, especialmente pela introdução da compulsoriedade — mais do que persuasão — dos precedentes judiciais, sem embargo de reconhecer a necessidade de que sejam assegurados mecanismos de revisão ou de fixação dos elementos de distinção, a fim de que a jurisprudência também acompanhe a evolução dos fatos, a compasso das transformações, e não "engesse" a imprescindível criatividade da atuação da magistratura de primeira instância.

Para facilitar a atividade interpretativa, o TST decidiu regulamentar, ainda que minimamente, o texto legal e, para tanto, a tarefa coube a Comissão designada por meio do Ato n. 401/SEGJUD.GP, de 6 de agosto de 2014, integrada pelos Ministros Antônio José Barros Levenhagem (Presidente), Ives Gandra da Silva Martins Filho, Aloysio Corrêa da Veiga, Luiz Philippe Vieira de Mello Filho, Walmir Oliveira da Costa e José Roberto Freire Pimenta, trabalho este que resultou na edição do Ato n. 491, de 23 de setembro de 2014.

O objetivo não foi tentar esclarecer exaustivamente todas as situações fático-jurídicas decorrentes da aplicação da Lei, mas, justamente ao contrário, deixar para a casuística e à própria jurisprudência a tarefa de densificar o seu alcance e resolver as questões que certamente surgirão, algumas delas inteiramente novas em toda a história da Justiça do Trabalho e, por isso mesmo, possibilitarão ricas e acaloradas discussões.

1

Aplicação Imediata

Necessário se faz definir a possibilidade de aplicação do novo regramento aos processos em curso, especificamente quanto aos recursos pendentes de julgamento no TST e, em caso positivo, os limites existentes, considerando a regência dos atos processuais pela regra vigente ao tempo em que praticados.

Importa assegurar a manutenção de situações processuais já consolidadas, a exemplo do cumprimento de pressupostos processuais exigidos quando da interposição, protegidos que se encontram pela garantia constitucional da irretroatividade da lei (art. 5º, XXXVI), que consolida os denominados *atos jurídicos processuais perfeitos*, na expressão de Nélson Nery Júnior e Rosa Maria de Andrade Nery.[(8)]

O sistema jurídico brasileiro determina a incidência imediata das normas de natureza processual aos feitos pendentes na data de sua vigência — conforme hipótese de aplicação geral prevista no art. 1.211 do Código de Processo Civil — em face, notadamente, do interesse público e da natureza imperativa de que são revestidas.

Frise-se que, em observância ao caráter irretroativo da norma e, ainda, com esteio na Teoria de Isolamento dos Atos Processuais, a nova lei não poderá prejudicar o direito adquirido processual, de modo que deverá respeitar os atos já consumados, bem como os efeitos dele decorrentes (fatos processuais).

Cabível, entretanto, o alerta feito pelos autores mencionados, particularmente em relação aos recursos, por serem distintos os efeitos produzidos em

---

(8) NERY JÚNIOR, Nélson; NERY, Rosa Maria de Andrade. *Código de processo civil comentado e legislação extravagante*. 13. ed. rev. ampl. e atual. São Paulo: Revista dos Tribunais, 2013. p. 1534.

face de alteração legislativa. Para eles, o *cabimento* e a *admissibilidade* do recurso são regidos pela lei vigente à época da prolação da decisão, ao passo que o *procedimento* se vincula à lei vigente quando da interposição.[9]

Nesse contexto, o art. 1º, *caput*, do Ato n. 491/SEGJUD.GP, define os limites temporais de sua aplicação: decisões publicadas a partir da vigência da lei, excetuadas as normas procedimentais, respeitado o "direito adquirido processual de qualquer das partes" (parágrafo único):

> Art. 1º A Lei n. 13.015, de 21 de julho de 2014, aplica-se aos recursos interpostos das decisões publicadas a partir da data de sua vigência.
>
> Parágrafo único. As normas procedimentais da Lei n. 13.015/2014 e as que não afetarem o direito processual adquirido de qualquer das partes aplicam-se aos recursos interpostos anteriormente à data de sua vigência, em especial as que regem o sistema de julgamento de recursos de revista repetitivos, o efeito interruptivo dos embargos de declaração e a afetação do recurso de embargos ao Tribunal Pleno do TST, dada a relevância da matéria (art. 7º).

Portanto, regra geral, os comandos introduzidos pela referida Lei somente serão aplicáveis aos recursos que atendam a condição temporal acima expressa.

Contudo, dentre as inovações trazidas pela novel legislação, ressalta-se, em particular, a diretriz constante do art. 896, § 11, da CLT, que concedeu a possibilidade de serem sanadas determinadas irregularidades formais dos recursos de revista interpostos tempestivamente e desconsiderados ou reparados o vício conceituado como não grave.

Tal preceito, em consequência do seu caráter meramente procedimental (ato a ser praticado direta e exclusivamente pelo Estado-Juiz) e, principalmente, pela ausência de conteúdo que represente prejuízo ao direito adquirido das partes ou ao requisito de previsibilidade da marcha processual, deverá ser classificado como exceção à regra de direito intertemporal já mencionada, a fim de possibilitar sua imediata incidência, inclusive, sobre fatos decorrentes de atos processuais praticados na vigência da lei anterior.

A título de argumentação, cumpre aqui esclarecer ser impossível sustentar a existência de direito adquirido da parte contrária à manutenção de ato processual inquinado com vício de forma, o que reforça a tese de aplicação imediata da determinação direcionada ao Juízo *ad quem*, na realização do exame dos

---

(9) NERY JÚNIOR, Nélson; NERY, Rosa Maria de Andrade. *Código de processo civil comentado e legislação extravagante*. 13. ed. rev. ampl. e atual. São Paulo: Revista dos Tribunais, 2013. p. 1534.

pressupostos dos recursos de revista anteriormente apresentados, com vistas à concretização dos postulados da economia e celeridade processual.

Por conseguinte, a regra mencionada poderá ser aplicada imediatamente aos recursos pendentes de análise nesta Corte Superior, inclusive, àqueles interpostos das decisões publicadas sob a égide da lei anterior.

2

Atuação Monocrática do Ministro Relator

Antes da análise de cada um dos dispositivos alterados, cabem algumas palavras a respeito da possibilidade de atuação monocrática do Ministro Relator, ao examinar os recursos cabíveis no âmbito do TST (Recurso de Revista, Embargos e Agravo de Instrumento), tendo em vista a alteração promovida no art. 896, especificamente no seu § 5º.[10]

No projeto original, o tema foi deslocado para o art. 896-B que, além de disciplinar com mais detalhes a competência do relator e corrigir imperfeição técnica existente[11], incluía sanções para os agravos interpostos de decisões denegatórias de seguimento do Recurso de Revista e de Agravos de Instrumento, quando manifestamente inadmissíveis ou infundados, declarado em votação unânime.[12]

---

(10) Com a edição da Lei n. 7.701/1998, o dispositivo possuía a seguinte redação: "§ 5º Estando a decisão recorrida em consonância com enunciado da Súmula da Jurisprudência do Tribunal Superior do Trabalho, poderá o Ministro Relator, indicando-o, negar seguimento ao Recurso de Revista, aos Embargos, ou ao Agravo de Instrumento. Será denegado seguimento ao Recurso nas hipóteses de intempestividade, deserção, falta de alçada e ilegitimidade de representação, cabendo a interposição de Agravo. (Redação dada pela Lei n. 7.701, de 21.12.1988)".

(11) O parágrafo, embora se referisse a três recursos, fazia parte do artigo que tratava do recurso de revista.

(12) Essa era a redação do dispositivo: "Art. 896-B. O Ministro relator denegará seguimento ao Recurso de Revista ou ao Agravo de Instrumento:

I — se a decisão recorrida estiver em consonância com a iterativa, notória e atual jurisprudência do Tribunal Superior do Trabalho, ou com súmula ou orientação jurisprudencial do Tribunal Superior do Trabalho, ou com súmula do Supremo Tribunal federal, cumprindo ao relator indicá-la;

II — nas hipóteses de intempestividade, deserção, irregularidade de representação, ou de ausência de qualquer outro pressuposto extrínseco de admissibilidade.

Todavia, na Comissão de Trabalho, de Administração e de Serviços Públicos — CTASP, o Relator, Deputado Roberto Santiago, incluiu no seu parecer Emenda Supressiva (n. 5), por meio da qual excluiu na íntegra o dispositivo. O alvo, na essência, eram as penalidades nele contempladas, o que acabou por eliminar da CLT a possibilidade de atuação monocrática do Ministro Relator, nesses dois recursos, pois, no caso dos Embargos, foi especificamente disciplinado no § 3º do art. 894.

Essa mudança poderia suscitar dúvidas quanto à preservação dessa imprescindível competência, mas facilmente podem ser dissipadas.

Em primeiro lugar, em virtude da autorização concedida pelo art. 557 e seus parágrafos do CPC, de aplicação subsidiária, que alcança não apenas exercer o juízo de prelibação como a questão meritória, caso a decisão recorrida esteja em confronto com súmula do STF (vinculante ou não), do TST ou, no caso deste último, também orientação jurisprudencial:

> Art. 557. O relator negará seguimento a recurso manifestamente inadmissível, improcedente, prejudicado ou em confronto com súmula ou com jurisprudência dominante do respectivo tribunal, do Supremo Tribunal Federal, ou de Tribunal Superior. (Redação dada pela Lei n. 9.756, de 17.12.1998)
>
> § 1º-A Se a decisão recorrida estiver em manifesto confronto com súmula ou com jurisprudência dominante do Supremo Tribunal Federal, ou de Tribunal Superior, o relator poderá dar provimento ao recurso. (Incluído pela Lei n. 9.756, de 17.12.1998)
>
> § 1º Da decisão caberá agravo, no prazo de cinco dias, ao órgão competente para o julgamento do recurso, e, se não houver retratação, o relator apresentará o processo em mesa, proferindo voto; provido o agravo, o recurso terá seguimento. (Incluído pela Lei n. 9.756, de 17.12.1998)
>
> § 2º Quando manifestamente inadmissível ou infundado o agravo, o tribunal condenará o agravante a pagar ao agravado multa entre um e dez por cento do valor corrigido da causa, ficando a interposição de qualquer outro recurso condicionada ao depósito do respectivo valor. (Incluído pela Lei n. 9.756, de 17.12.1998)

Esse importante conjunto de regras possibilita agilizar a tramitação dos recursos e não fere garantia constitucional, diante do cabimento de agravo para o colegiado ao qual competia o conhecimento do recurso julgado por ato isolado.

---

§ 1º Da decisão denegatória caberá Agravo, no prazo de 8 (oito) dias.

§ 2º Quando manifestamente inadmissível ou infundado o Agravo, assim declarado em votação unânime, a turma condenará o agravante a pagar ao agravado multa entre 1 (um) e 10 (dez) por cento do valor da causa corrigido, em proveito da parte contrária, ficando a interposição de qualquer outro recurso condicionada ao depósito do respectivo valor".

Por meio dessa delegação concedida pelo legislador, todas as questões objeto do recurso (processuais ou de mérito) podem ser apreciadas monocraticamente, embora a palavra final caiba ao colegiado destinatário do recurso.

Ademais, a aplicação subsidiária dessas normas ao processo do trabalho é autorizada pelo art. 109, X, do Regimento Interno do TST, especialmente em face da expressão "na forma da lei" contida na parte final (destacada):

> Art. 106. Compete ao Relator:
>
> [...]
>
> X — decidir por despacho, ou negar seguimento a recurso, **na forma da lei**.

A "lei" mencionada no dispositivo deve ser compreendida como "sistema jurídico", ou seja, quaisquer leis contidas em macro ou microssistemas processuais, e não apenas na legislação recursal trabalhista.

A propósito dos poderes do relator, destacam Nélson Nery Júnior e Rosa Maria de Andrade Nery(13):

> **4. Cabimento do recurso e extensão dos poderes do relator.** Na verdade, a norma *dixit minus quam voluit*. O sistema permite ao relator, como juiz preparador do recurso de competência do colegiado, que decida como entender necessário, de acordo com o seu livre convencimento motivado (CPC, art. 131). O que a norma reformada quer é a economia processual, com a facilitação do trâmite do recurso no tribunal. O relator pode decidir tudo, desde a admissibilidade do recurso até o seu próprio mérito, sempre sob controle do colegiado a que pertence, órgão competente para decidir, de modo definitivo, sobre a admissibilidade e mérito do recurso. O relator pode conceder antecipação dos efeitos a serem obtidos no recurso [...], conceder efeito suspensivo ao recurso, conceder liminar em tutela cautelar, não conhecer do recurso (juízo de admissibilidade), dar provimento ao recurso (juízo de mérito).

Em segundo lugar, pela coerência e harmonia das normas regentes do sistema recursal, diante da permissão concedida pelo § 3º do art. 894, relativamente aos Embargos, a qual pode ser estendida ao Recurso de Revista. Não seria razoável supor que o legislador a previsse apenas para o recurso interno e deixasse de lado, propositadamente e sem possibilidade de ser suprida a lacuna, o apelo que viabiliza o exame pelo TST.

---

(13) NERY JÚNIOR, Nélson; NERY, Rosa Maria de Andrade. *Novo código de processo civil comentado e legislação extravagante*. 13. ed. São Paulo: Revista dos Tribunais, 2013. p. 1146.

A competência foi reconhecida no Ato n. 491/2014 (embora tenha mencionado apenas a possibilidade de denegação de seguimento, afastou as demais hipóteses previstas no art. 557 do CPC, as quais, todavia, continuam preservadas):

> Art. 5º No caso de decisão regional em consonância com súmula ou orientação jurisprudencial do Tribunal Superior do Trabalho, o Relator denegará seguimento ao recurso.

Portanto, preservada se encontra a atuação do Ministro Relator para julgar, monocraticamente, os recursos que lhe forem distribuídos.

3

Recurso de Embargos

Para melhor compreensão das mudanças introduzidas e a fim de sistematizar a análise, transcrevo, por primeiro, o dispositivo na íntegra, com destaque para as alterações:

Art. 894. No Tribunal Superior do Trabalho cabem embargos, no prazo de 8 (oito) dias:

I — de decisão não unânime de julgamento que:

a) conciliar, julgar ou homologar conciliação em dissídios coletivos que excedam a competência territorial dos Tribunais Regionais do Trabalho e estender ou rever as sentenças normativas do Tribunal Superior do Trabalho, nos casos previstos em lei; e

b) (vetado)

II — das decisões das Turmas que divergirem entre si ou das decisões proferidas pela Seção de Dissídios Individuais, ou contrárias a súmula ou orientação jurisprudencial do Tribunal Superior do Trabalho **ou súmula vinculante do Supremo Tribunal Federal**. (Redação dada pela Lei n. 13.015, de 2014).

Parágrafo único. (Revogado). (Incluído pela Lei n. 13.015, de 2014)

§ 2º A divergência apta a ensejar os embargos deve ser atual, não se considerando tal a ultrapassada por súmula do Tribunal Superior do Trabalho ou do Supremo Tribunal Federal, ou superada por iterativa e notória jurisprudência do Tribunal Superior do Trabalho. (Incluído pela Lei n. 13.015, de 2014)

§ 3º O Ministro Relator denegará seguimento aos embargos: (Incluído pela Lei n. 13.015, de 2014)

I — se a decisão recorrida estiver em consonância com súmula da jurisprudência do Tribunal Superior do Trabalho ou do Supremo Tribunal Federal, ou com iterativa, notória e atual jurisprudência do Tribunal Superior do Trabalho, cumprindo-lhe indicá-la; (Incluído pela Lei n. 13.015, de 2014)

II — nas hipóteses de intempestividade, deserção, irregularidade de representação ou de ausência de qualquer outro pressuposto extrínseco de admissibilidade. (Incluído pela Lei n. 13.015, de 2014)

§ 4º Da decisão denegatória dos embargos caberá agravo, no prazo de 8 (oito) dias. (Incluído pela Lei n. 13.015, de 2014)

Convém destacar, de logo, que o texto elaborado pelo TST incluía, no § 2º deste artigo (na redação original), a possibilidade de imposição de multa pelo Ministro Relator, revertida à parte contrária, ao denegar seguimento aos embargos, nas hipóteses previstas nos incisos I e II, constante da expressão "*e imporá à parte multa de até 10 (dez) por cento sobre o valor da causa corrigido, em proveito da parte contrária*".

Na Comissão de Constituição, Justiça e de Cidadania da Câmara dos Deputados o texto foi suprimido por meio da Emenda n. 2, subscrita pelo Deputado Laércio Oliveira. A modificação provocou a inversão da ordem dos §§ 2º e 3º, originais.

3.1. Embargos de Divergência Fundados em Súmula Vinculante do STF

Art. 894.

[...]

II — das decisões das Turmas que divergirem entre si ou das decisões proferidas pela Seção de Dissídios Individuais, ou contrárias a súmula ou orientação jurisprudencial do Tribunal Superior do Trabalho **ou súmula vinculante do Supremo Tribunal Federal**.

Para garantir a coerência do sistema jurídico e, mais, a uniformização da interpretação da legislação federal em face de matérias afetas à competência do Supremo Tribunal Federal, a inovação contida no dispositivo em análise consiste na admissão de embargos para a SBDI-1 de decisão contrária a súmula vinculante por ele expedida.

Buscou-se corrigir omissão existente e em boa hora, considerando a força obrigatória dos precedentes oriundos da Suprema Corte, conforme expressa previsão constitucional (art. 103-A)(14), regulamentada por meio da Lei n. 11.417/2006 (art. 2º, *caput*).(15)

Não é demais afirmar a importância dessa modificação também pelo fato de os direitos mínimos assegurados aos trabalhadores constarem do texto constitucional, o que pode viabilizar a interposição de recurso extraordinário para o STF e a consequente edição de súmulas dessa natureza.

Por isso mesmo, ouso afirmar que deve ser admitida a divergência com quaisquer súmulas do STF, mesmo que não possuam efeito vinculante, e decisões proferidas em recursos extraordinários aos quais se atribuiu o efeito de repercussão geral, diante da elevada força persuasiva que possuem os posicionamentos da Suprema Corte, em matéria constitucional, como afirma Arruda Alvim:

> As decisões do STF configuram o referencial máximo em relação ao entendimento havido como o correto em relação ao direito Constitucional.
>
> Tais decisões, devendo ser exemplares, hão, igualmente, de carregar consigo alto poder de convicção, justamente porque são, em escala máxima, os precedentes a serem observados e considerados pelo demais tribunais, ainda que não sejam sumulados pelo STF. Isto demanda ponderação, tempo, discussões e meditação até mesmo durante o julgamento, circunstância dificilmente concretizáveis diante de uma massa enorme e quase informe de serviço que assola o tribunal.(16)

Decisões do STF em repercussão geral devem ser observadas, até para que se possa manter a coerência de todo o sistema jurídico, da mesma forma que, internamente, embora com divergências de posicionamentos distintos, os Ministros devem respeitar os precedentes da SBDI-I por disciplina judiciária interna.

---

(14) Art. 103-A. O Supremo Tribunal Federal poderá, de ofício ou por provocação, mediante decisão de dois terços dos seus membros, após reiteradas decisões sobre matéria constitucional, aprovar súmula que, a partir de sua publicação na imprensa oficial, terá efeito vinculante em relação aos demais órgãos do Poder Judiciário e à administração pública direta e indireta, nas esferas federal, estadual e municipal, bem como proceder à sua revisão ou cancelamento, na forma estabelecida em lei. (Incluído pela Emenda Constitucional n. 45, de 2004).

(15) Art. 2º O Supremo Tribunal Federal poderá, de ofício ou por provocação, após reiteradas decisões sobre matéria constitucional, editar enunciado de súmula que, a partir de sua publicação na imprensa oficial, terá efeito vinculante em relação aos demais órgãos do Poder Judiciário e à administração pública direta e indireta, nas esferas federal, estadual e municipal, bem como proceder à sua revisão ou cancelamento, na forma prevista nesta Lei.

(16) ALVIM, Arruda. A EC n. 45 e instituto da repercussão geral. *In: Reforma do judiciário:* primeiras reflexões sobre a Emenda Constitucional n. 45/2004. São Paulo: Revista dos Tribunais, 2005. p. 84.

Se a orientação traçada pelo órgão regimentalmente incumbido de estabelecer a pacificação interna de sua jurisprudência deve ser seguida, a Corte também deve observar a jurisprudência do Supremo Tribunal Federal, naquilo que lhe for específico. Pode-se usar, para tanto, o conceito de jurisprudência iterativa, notória e atual do STF.

3.2. Atualidade da divergência

> § 2º A divergência apta a ensejar os embargos deve ser atual, não se considerando tal a ultrapassada por súmula do Tribunal Superior do Trabalho ou do Supremo Tribunal Federal, ou superada por iterativa e notória jurisprudência do Tribunal Superior do Trabalho.

A contemporaneidade do debate a ensejar o pronunciamento do TST. Esse o foco principal do dispositivo que, na essência, eleva ao patamar legal entendimento pacificado na jurisprudência do TST, por meio da Súmula n. 333, que, especificamente, se refere aos recursos de revista, mas, doravante, deve ser estendida aos embargos:

> SUM-333. RECURSOS DE REVISTA. CONHECIMENTO (alterada). Res. n. 155/2009, DJ 26 e 27.2.2009 e 2.3.2009. Não ensejam recurso de revista decisões superadas por iterativa, notória e atual jurisprudência do Tribunal Superior do Trabalho.

O dispositivo afasta a possibilidade de conhecimento de recurso que objetive apenas procrastinar a solução final do processo, na hipótese em que a parte indique julgados internos paradigmas (do TST) que não mais observam os posicionamentos da Corte.

Saliente-se, todavia, que dois são os focos de aferição da atualidade a que se refere o dispositivo: a) matéria sumulada pelo TST ou STF; b) matéria objeto de iterativa e notória jurisprudência interna.

No primeiro caso, encontram-se os temas objeto de formulação de enunciados que consolidam o posicionamento do TST, com a novidade de acrescentar as súmulas do Supremo, vinculantes ou não, o que se mostra acertado, tendo em vista a proeminência da atuação dessa Corte, em matéria constitucional.

A segunda hipótese se refere aos temas que, embora não tenham sido objeto de súmulas, não remanescem dúvidas quanto ao posicionamento do Tribunal, os quais podem ser identificados nas Orientações Jurisprudenciais ou em julgados das suas Turmas.

Não se trata de critério cronológico, pois, a depender da frequência com que o Tribunal lide com a temática objeto do recurso e, sobretudo, o tempo de tramitação do processo na instância extraordinária, pode ocorrer que um julgado de dois ou três anos ainda seja atual, da mesma forma que pode, em um único ano, haver a consolidação do posicionamento ou mesmo mudança.

Evidente que, em princípio, acórdãos antigos não são considerados atuais e cabe à parte demonstrar que, apesar de não ser recente (considerando a data de interposição do recurso), o recurso alcança o preenchimento desse requisito específico para conhecimento.

Pode ainda ocorrer que, ao tempo da interposição, ainda não estivesse consolidada a jurisprudência e, quando do julgamento, já não mais remanescessem controvérsias quanto ao tema, hipótese em que o recurso pode ser conhecido e desprovido.

Também se mostra necessário — até mesmo em função de debates havidos no âmbito da SBDI-1 — definir o alcance do significado da expressão "**iterativa e notória jurisprudência do Tribunal**".

Partindo-se da análise conceitual, tem-se que seriam as decisões frequentes, repetidas muitas vezes em um mesmo sentido (iterativo) e do conhecimento de todos ou de muitos, isto é, de conhecimento público (*notório*). Assim, prudente que o TST também implante o ***banco de temas*** a que alude o art. 6º do Ato n. 491/2014, dirigido aos TRTs, a fim de que se assegure o amplo conhecimento do repertório de temas e das respectivas teses jurídicas a eles referentes:

> Art. 6º Os Tribunais Regionais do Trabalho deverão manter e dar publicidade a suas súmulas e teses jurídicas prevalecentes mediante banco de dados, organizando-as por questão jurídica decidida e divulgando-as, preferencialmente, na rede mundial de computadores.

Essa previsão encontra-se consagrada no art. 22 do Ato n. 491/2014, o qual também deve alcançar os temas já consolidados em decisões reiteradas da SBDI-1:

> Art. 22. O Tribunal Superior do Trabalho deverá manter e dar publicidade às questões de direito objeto dos recursos repetitivos já julgados, pendentes de julgamento ou já reputadas sem relevância, bem como daquelas objeto das decisões proferidas nos termos do § 13 do art. 896 da CLT.

Pode-se adotar modelo semelhante ao já disponível nos sítios do STF na internet, para os recursos extraordinários, em que suscitada a repercussão geral,(17) e especiais, julgados sob o rito de recursos repetitivos.(18)

---

(17) Página do STF: "O Informativo Repercussão Geral apresenta uma síntese dos processos em que discutida a existência de repercussão geral, classificando-os em: repercussão geral reconhecida e

Portanto, a *iterativa e notória jurisprudência do Tribunal Superior do Trabalho* será aquela constante do *banco de temas e teses* que obstará o conhecimento do recurso de embargos, ainda que não hajam súmulas e orientações jurisprudenciais editadas a respeito.

Também podem ser considerados os temas objeto de julgamentos no mesmo sentido por **todas as Turmas do TST**, por refletirem o conceito de sua jurisprudência iterativa e notória e que, por isso mesmo, devem obstar a apreciação dos embargos pela SBDI-1, diante da inexistência de controvérsia a ser por ela sanada.

3.3. Denegação liminar de seguimento

> § 3º O Ministro Relator denegará seguimento aos embargos:
>
> I — se a decisão recorrida estiver em consonância com súmula da jurisprudência do Tribunal Superior do Trabalho ou do Supremo Tribunal Federal, ou com iterativa, notória e atual jurisprudência do Tribunal Superior do Trabalho, cumprindo-lhe indicá-la;
>
> II — nas hipóteses de intempestividade, deserção, irregularidade de representação ou de ausência de qualquer outro pressuposto extrínseco de admissibilidade.
>
> § 4º Da decisão denegatória dos embargos caberá agravo, no prazo de 8 (oito) dias. (NR)

O dispositivo atribui ao Ministro Relator na SBDI-1 a competência de promover o juízo de admissibilidade dos embargos, competindo-lhe denegar seguimento, se constatar a conformidade do julgado da Turma com súmula do próprio TST ou do STF ou com jurisprudência iterativa, notória e atual também do TST, sendo ônus do embargante indicá-la de modo específico.

Reitero, aqui, o quanto afirmado no item anterior referente aos conceitos de jurisprudência iterativa, notória e atual, assim como a possibilidade de denegação de seguimento do recurso, pelo Ministro Relator, se a decisão estiver

---

mérito julgado; repercussão geral reconhecida e jurisprudência reafirmada pelo Plenário Virtual; repercussão geral reconhecida e mérito pendente de julgamento; e repercussão geral não reconhecida".

(18) Página do STJ: "O Índice Remissivo de Repetitivos disponibiliza os acórdãos de Recursos Especiais julgados no STJ e sujeitos ao procedimento do art. 543-C do CPC. O Índice está organizado por ramos do Direito, assuntos e temas específicos, em ordem alfabética. Os temas estão disponíveis por meio de institutos jurídicos ou frases que melhor identificam a tese jurídica".

em consonância com a jurisprudência igualmente iterativa, notória e atual do Supremo Tribunal Federal.

A inovação também incluía a imposição da multa de dez por cento do valor da causa corrigido, dispositivo que foi extirpado do texto por emenda supressiva, como narrado acima.

Observe-se que, nos termos do art. 81, IX, do Regimento Interno do TST, cabe ao Presidente da Turma apreciar o cabimento dos embargos e, dessa forma, exercer o primeiro juízo de admissibilidade:

> Art. 81. Compete ao Presidente de Turma:
>
> [...]
>
> IX — exercer o juízo de admissibilidade dos embargos à Subseção I da Seção Especializada em Dissídios Individuais. (Incluído pelo Ato Regimental n. 4/2012)

Essa atribuição não afasta o exame posterior, de forma substitutiva e sucessiva, pelo Ministro Relator na SBDI-1. Deverá ser denegado seguimento, em caso de ausência dos pressupostos extrínsecos de admissibilidade nele indicados (intempestividade, deserção e irregularidade de representação), como de qualquer outro de idêntica natureza, o que é reafirmado no art. 2º do Ato n. 491/2014:

> Art. 2º Sem prejuízo da competência do Ministro Relator do recurso de embargos prevista no § 3º do art. 894 da CLT, o Presidente de Turma, na forma do Regimento Interno do Tribunal Superior do Trabalho, denegar-lhe-á seguimento nas hipóteses ali previstas e quando a divergência apresentada não se revelar atual, nos termos do § 2º do mesmo dispositivo legal.

3.4. Cabimento de agravo

> § 4º Da decisão denegatória dos embargos caberá agravo, no prazo de 8 (oito) dias. (Incluído pela Lei n. 13.015, de 2014)

Para assegurar o cumprimento do princípio da colegialidade, da decisão denegatória caberá agravo, no prazo de oito dias (§ 4º), e, nesse aspecto, a nova redação aprimora a técnica legislativa em função de anteriormente constar do dispositivo (§ 5º do art. 896) cujo *caput* tratava do recurso de revista e mencionava, conjuntamente, os embargos e o agravo de instrumento.[19]

---

(19) § 5º Estando a decisão recorrida em consonância com enunciado da Súmula da Jurisprudência do Tribunal Superior do Trabalho, poderá o Ministro Relator, indicando-o, negar seguimento ao Recurso

Ademais, o tema é disciplinado no Regimento Interno do Tribunal, no caso, o inciso II do art. 239, assim como também cabe o mesmo recurso interno nos demais casos em que a decisão monocrática fundar-se no permissivo do art. 557 e seu § 1º-A:

> Art. 239. Caberá agravo ao órgão colegiado competente para o julgamento do respectivo recurso, no prazo de oito dias, a contar da publicação no órgão oficial:
>
> I — da decisão do Relator, tomada com base no § 5º do art. 896 da CLT;
>
> II — da decisão do Relator, dando ou negando provimento ou negando seguimento a recurso, nos termos do art. 557 e § 1º-A do CPC.

3.5. Demais pressupostos intrínsecos

Em que pese não constar do art. 894, há outros pressupostos intrínsecos relativos aos embargos que devem ser observados, ainda que não tenham sido mencionados de modo expresso na Lei. Refiro-me especificamente à necessidade e forma de comprovação da divergência, inclusive com transcrição clara dos trechos das decisões impugnada e paradigma, originariamente previstos na Súmula n. 337:

> SUM-337. COMPROVAÇÃO DE DIVERGÊNCIA JURISPRUDENCIAL. RECURSOS DE REVISTA E DE EMBARGOS (redação do item IV alterada na sessão do Tribunal Pleno realizada em 14.9.2012) — Res. n. 185/2012 — DEJT divulgado em 25, 26 e 27.9.2012
>
> I — Para comprovação da divergência justificadora do recurso, é necessário que o recorrente.
>
> a) Junte certidão ou cópia autenticada do acórdão paradigma ou cite a fonte oficial ou o repositório autorizado em que foi publicado; e
>
> b) Transcreva, nas razões recursais, as ementas e/ou trechos dos acórdãos trazidos à configuração do dissídio, demonstrando o conflito de teses que justifique o conhecimento do recurso, ainda que os acórdãos já se encontrem nos autos ou venham a ser juntados com o recurso. (ex-Súmula n. 337 — alterada pela Res. n. 121/2003, DJ 21.11.2003)

---

de Revista, aos Embargos, ou ao Agravo de Instrumento. Será denegado seguimento ao Recurso nas hipóteses de intempestividade, deserção, falta de alçada e ilegitimidade de representação, cabendo a interposição de Agravo. (Redação dada pela Lei n. 7.701, de 21.12.1988)

II — A concessão de registro de publicação como repositório autorizado de jurisprudência do TST torna válidas todas as suas edições anteriores. (ex-OJ n. 317 da SBDI-1 — DJ 11.8.2003)

III — A mera indicação da data de publicação, em fonte oficial, de aresto paradigma é inválida para comprovação de divergência jurisprudencial, nos termos do item I, "a", desta súmula, quando a parte pretende demonstrar o conflito de teses mediante a transcrição de trechos que integram a fundamentação do acórdão divergente, uma vez que só se publicam o dispositivo e a ementa dos acórdãos.

IV — É válida para a comprovação da divergência jurisprudencial justificadora do recurso a indicação de aresto extraído de repositório oficial na internet, desde que o recorrente:

a) transcreva o trecho divergente;

b) aponte o sítio de onde foi extraído; e

c) decline o número do processo, o órgão prolator do acórdão e a data da respectiva publicação no *Diário Eletrônico da Justiça do Trabalho.*

A observação se faz importante, diante da circunstância de se encontrarem no § 1º-A do art. 896, que trata do recurso de revista, e não haver regra própria, ainda que por remissão, aos embargos.

Portanto, a meu sentir, por serem recursos que, na essência, possuem idêntica finalidade, ainda que com campos de incidência distintos, **aplicam-se aos embargos os pressupostos do recurso de revista especificados no citado § 1º-A do art. 896**, ou seja:

a) indicação do trecho da decisão recorrida que consubstancia a divergência, ou seja, a impugnação deve, necessariamente, ser específica;

b) fundamentação da impugnação em relação a cada um dos temas da decisão recorrida, inclusive mediante demonstração analítica de cada item de súmula ou orientação jurisprudencial cuja contrariedade aponte;

c) demonstração da atualidade da divergência e que a decisão não se encontra ultrapassada por súmula do Tribunal Superior do Trabalho ou do Supremo Tribunal Federal, ou superada por iterativa e notória jurisprudência do Tribunal Superior do Trabalho;[20]

d) prova da divergência jurisprudencial, mediante certidão, cópia ou citação do repositório de jurisprudência, oficial ou credenciado, inclusive em mídia eletrônica, em que houver sido publicada a decisão divergente, ou ainda

(20) Ou, como detalhado acima, do STF.

pela reprodução de julgado disponível na internet, com indicação da respectiva fonte, mencionando, em qualquer caso, as circunstâncias que identifiquem ou assemelhem os casos confrontados.

Como os embargos objetivam pacificar **divergência entre Turmas** do TST (e não internamente, em cada uma delas), o acórdão paradigma não pode ser oriundo da mesma Turma em que proferida a decisão, consoante Orientação Jurisprudencial n. 95 da SBDI-1 do TST:

> OJ-SDI1-95. EMBARGOS PARA SDI. DIVERGÊNCIA ORIUNDA DA MESMA TURMA DO TST. INSERVÍVEL (inserida em 30.5.1997). ERR 125320/1994, SDI-Plena. Em 19.5.1997, a SDI-Plena, por maioria, decidiu que acórdãos oriundos da mesma Turma, embora divergentes, não fundamentam divergência jurisprudencial de que trata a alínea "b", do art. 894 da Consolidação das Leis do Trabalho para embargos à Seção Especializada em Dissídios Individuais, Subseção I.

Se os Embargos houverem sido interpostos em processo em fase de execução, a divergência que viabiliza o seu conhecimento somente ocorrerá se se referir à interpretação de dispositivo constitucional (Súmula n. 433):

> SUM-433. EMBARGOS. ADMISSIBILIDADE. PROCESSO EM FASE DE EXECUÇÃO. ACÓRDÃO DE TURMA PUBLICADO NA VIGÊNCIA DA LEI N. 11.496, DE 26.6.2007. DIVERGÊNCIA DE INTERPRETAÇÃO DE DISPOSITIVO CONSTITUCIONAL. Res. n. 177/2012, DEJT divulgado em 13, 14 e 15.2.2012. A admissibilidade do recurso de embargos contra acórdão de Turma em Recurso de Revista em fase de execução, publicado na vigência da Lei n. 11.496, de 26.6.2007, condiciona-se à demonstração de divergência jurisprudencial entre Turmas ou destas e a Seção Especializada em Dissídios Individuais do Tribunal Superior do Trabalho em relação à interpretação de dispositivo constitucional.

Não poderia ser diferente, porquanto o Recurso de Revista do qual é originário somente ultrapassa a barreira do conhecimento em caso de ofensa direta e literal de norma da Constituição — art. 896, § 2º, da CLT:

> § 2º Das decisões proferidas pelos Tribunais Regionais do Trabalho ou por suas Turmas, em execução de sentença, inclusive em processo incidente de embargos de terceiro, não caberá Recurso de Revista, salvo na hipótese de ofensa direta e literal de norma da Constituição Federal. (Redação dada pela Lei n. 9.756, de 17.12.1998)

Situação semelhante ocorre com os Embargos interpostos nas causas sujeitas ao procedimento sumaríssimo. A jurisprudência consolidada na Súmula n. 458 do TST autoriza o seu cabimento, apesar da restrição contida no antigo

§ 6º e atual § 9º,[21] desde que a divergência diga respeito ao mesmo dispositivo constitucional ou matéria sumulada. Na dicção da referida Súmula, deve a parte demonstrar que Turmas do TST divergem entre si, quanto à interpretação do mesmo dispositivo constitucional ou súmula por ele editada:

> SUM-458. EMBARGOS. PROCEDIMENTO SUMARÍSSIMO. CONHECIMENTO. RECURSO INTERPOSTO APÓS VIGÊNCIA DA LEI N. 11.496, DE 22.6.2007, QUE CONFERIU NOVA REDAÇÃO AO ART. 894 DA CLT (conversão da Orientação Jurisprudencial n. 405 da SBDI-1 com nova redação). Res. n. 194/2014, DEJT divulgado em 21, 22 e 23.5.2014. Em causas sujeitas ao procedimento sumaríssimo, em que pese a limitação imposta no art. 896, § 6º, da CLT à interposição de recurso de revista, admitem-se os embargos interpostos na vigência da Lei n. 11.496, de 22.6.2007, que conferiu nova redação ao art. 894 da CLT, quando demonstrada a divergência jurisprudencial entre Turmas do TST, fundada em interpretações diversas acerca da aplicação de mesmo dispositivo constitucional ou de matéria sumulada.

Outras súmulas ou orientações jurisprudenciais disciplinam os Embargos e, por refletirem temas que não sofreram impacto pela nova Lei, subsistirão.

a) Cabimento dos Embargos (Súmula n. 353):

> SUM-353. EMBARGOS. AGRAVO. CABIMENTO (nova redação da letra "f" em decorrência do julgamento do processo TST-IUJ-28000-95.2007.5.02.0062) — Res. n. 189/2013, DEJT divulgado em 13, 14 e 15.3.2013
>
> Não cabem embargos para a Seção de Dissídios Individuais de decisão de Turma proferida em agravo, salvo:
>
> a) da decisão que não conhece de agravo de instrumento ou de agravo pela ausência de pressupostos extrínsecos;
>
> b) da decisão que nega provimento a agravo contra decisão monocrática do Relator, em que se proclamou a ausência de pressupostos extrínsecos de agravo de instrumento;
>
> c) para revisão dos pressupostos extrínsecos de admissibilidade do recurso de revista, cuja ausência haja sido declarada originariamente pela Turma no julgamento do agravo;
>
> d) para impugnar o conhecimento de agravo de instrumento;

(21) § 9º Nas causas sujeitas ao procedimento sumaríssimo, somente será admitido recurso de revista por contrariedade a súmula de jurisprudência uniforme do Tribunal Superior do Trabalho ou a súmula vinculante do Supremo Tribunal Federal e por violação direta da Constituição Federal. (Incluído pela Lei n. 13.015, de 2014)

e) para impugnar a imposição de multas previstas no art. 538, parágrafo único, do CPC, ou no art. 557, § 2º, do CPC;

f) contra decisão de Turma proferida em agravo em recurso de revista, nos termos do art. 894, II, da CLT.

b) Não cabimento de decisões monocráticas (Orientação Jurisprudencial n. 378 da SBDI-1):

> OJ-SDI1-378. EMBARGOS. INTERPOSIÇÃO CONTRA DECISÃO MONOCRÁTICA. NÃO CABIMENTO (DEJT divulgado em 19, 20 e 22.4.2010). Não encontra amparo no art. 894 da CLT, quer na redação anterior quer na redação posterior à Lei n. 11.496, de 22.6.2007, recurso de embargos interposto à decisão monocrática exarada nos moldes dos arts. 557 do CPC e 896, § 5º, da CLT, pois o comando legal restringe seu cabimento à pretensão de reforma de decisão colegiada proferida por Turma do Tribunal Superior do Trabalho.

3.6. Assunção de competência — julgamento pelo Tribunal Pleno

Novidade interessante diz respeito à assunção de competência pelo Tribunal Pleno para decidir matérias relevantes, a partir de provocação de qualquer um dos membros da SBDI-1, em processos submetidos à sua apreciação.

Tal regra se encontra no § 13 do art. 896 e, embora esteja inserida no dispositivo que trata do recurso de revista, na verdade, se destina ao recurso de embargos, diante do fato de se encontrar o feito sob o exame da Subseção 1, cuja competência é restrita a esse recurso.

Eis o conteúdo da mencionada regra:

> § 13. Dada a relevância da matéria, por iniciativa de um dos membros da Seção Especializada em Dissídios Individuais do Tribunal Superior do Trabalho, aprovada pela maioria dos integrantes da Seção, o julgamento a que se refere o § 3º poderá ser afeto ao Tribunal Pleno. (Incluído pela Lei n. 13.015, de 2014)

Esse dispositivo não constava do texto original e foi inserido pela Emenda n. 3, de autoria da Deputada Sandra Rosado, subscritora de várias outras, quando o projeto tramitava na Comissão de Constituição e Justiça e de Cidadania da Câmara dos Deputados, o que pode justificar o fato de se encontrar desvinculado do tema tratado no dispositivo a que faz referência.

Explica-se. O § 3º do art. 896 prevê a obrigatoriedade de os Tribunais Regionais do Trabalho procederam à uniformização de sua jurisprudência por meio do incidente específico previsto no Capítulo I do Título IX do Livro I do

CPC e o parágrafo em foco prevê que esse julgamento ("a que se refere o § 3º") poderá ser afeto ao Tribunal Pleno, em virtude de decisão da SBDI-1.

Não faz sentido. Primeiro, porque a SBDI-1 não julga recursos de revista; segundo, porque o § 3º trata de matéria afeta aos TRTs e o § 13, ao TST. **É dispositivo autônomo**, por conseguinte.

Contudo, é de importância fundamental para a definição do direcionamento da jurisprudência nas causas de maior relevo no cenário nacional, na medida em que não se exige multiplicidade de casos que revelem, pela quantidade, a necessidade de pronunciamento, tão rápido quanto possível, do TST. **O enfoque principal é a natureza da questão posta em juízo** e, sob esse aspecto, pode ser evidenciada por serem de natureza econômica, política, social ou jurídica, tal como previsto para o instituto da transcendência, prevista no art. 896-A da CLT.[22]

Observe-se que está sujeito a juízo prévio de admissibilidade pela aludida Subseção, o que permite concluir ser incidente cabível apenas nos recursos de embargos.

Não foi outra, aliás, a percepção do Tribunal, ao dispor, no *caput* do art. 7º do Ato n. 491/2014, já referido, e seu parágrafo único:

> Art. 7º Para os efeitos do § 13 do art. 896 da CLT, a afetação de julgamento ao Tribunal Pleno, em face da relevância da matéria, somente poderá ocorrer em processos em tramitação na Subseção de Dissídios Individuais do Tribunal Superior do Trabalho.
>
> Parágrafo único. A afetação a que se refere o *caput* deste artigo não pressupõe, necessariamente, a existência de diversos processos em que a questão relevante seja debatida.

Essa possibilidade poderá estabelecer um novo caminho para a jurisprudência, nem sempre tranquilo, e indicará para a sociedade a voz final sobre a questão jurídica.

Pressupõe, é certo, que o processo tenha percorrido todos os caminhos anteriores, ao assinalar, no citado *caput*, ser cabível apenas nos processos sob análise da Subseção, ou seja, já nos estertores dos pronunciamentos judiciais.

Solução semelhante já existe tradicionalmente no STJ, conforme previsão regimental mediante a qual a Turma, no exame do recurso especial, pode

---

(22) Art. 896-A. O Tribunal Superior do Trabalho, no recurso de revista, examinará previamente se a causa oferece transcendência com relação aos reflexos gerais de natureza econômica, política, social ou jurídica. (Incluído pela Medida Provisória n. 2.226, de 4.9.2001)

remeter para exame da Seção Especializada de que é integrante, quando convier pronunciamento desta última, em razão da relevância da questão e para prevenir divergência entre as Turmas da mesma Seção, conforme previsto nos arts. 12, parágrafo único, I, e 14, II, do Regimento Interno, transcritos:

> Art. 12.
>
> [...]
>
> Parágrafo único. Compete, ainda, às Seções:
>
> [...]
>
> II — julgar feitos de competência de Turma, e por esta remetidos (art. 14).
>
> Art. 14. As Turmas remeterão os feitos de sua competência à Seção de que são integrantes:
>
> [...]
>
> II — quando convier pronunciamento da Seção, em razão da relevância da questão, e para prevenir divergência entre as Turmas da mesma Seção.

Destaco a dúplice motivação: a) relevância da questão; e b) prevenir divergência entre as Turmas da mesma Seção. Antecipa-se o Tribunal no exame de **questão relevante** que pode acarretar centenas ou até milhares de recursos, como ocorreu com o STJ na relevantíssima questão referente à definição do índice de atualização monetária resultante da implantação do Plano Real e na interpretação da Lei n. 7.730/1989.(23)

---

(23) DIREITO ECONÔMICO. CORREÇÃO MONETÁRIA. JANEIRO 1989. "PLANO VERÃO". LIQUIDAÇÃO. IPC. REAL ÍNDICE INFLACIONÁRIO. CRITÉRIO DE CÁLCULO. ART. 9º, I E II, DA LEI N. 7.730/1989. ATUAÇÃO DO JUDICIÁRIO NO PLANO ECONÔMICO. CONSIDERAÇÕES EM TORNO DO ÍNDICE DE FEVEREIRO. RECURSO PARCIALMENTE PROVIDO. I — Ao judiciário, uma vez acionado e tomando em consideração os fatos econômicos, incumbe aplicar as normas de regência, dando a essas, inclusive, exegese e sentido ajustados aos princípios gerais de direito, como o que veda o enriquecimento sem causa. II — O divulgado IPC de janeiro de 1989 (70,28%), considerados a forma atípica e anômala com que obtido e o flagrante descompasso com os demais índices, não refletiu a real oscilação inflacionária verificada no período, melhor se prestando a retratar tal variação o percentual de 42,72%, a incidir nas atualizações monetárias em sede de procedimento liquidatário. III — Ao Superior Tribunal de Justiça, por missão constitucional, cabe assegurar a autoridade da lei federal e sua exata interpretação. (STJ — REsp: 43055-SP 1994/0001898-3, Relator: Ministro Sálvio de Figueiredo Teixeira, Data de Julgamento: 25.8.1994, CE — Corte Especial, Data de Publicação: DJ 20.2.1995, p. 3093; LEXSTJ v. 84, p. 126; RJTAMG v. 54, p. 557; RJTAMG v. 55, p. 557; RSTJ v. 73, p. 306, DJ 20.2.1995, p. 3093; LEXSTJ v. 84, p. 126; RJTAMG v. 54, p. 557 RJTAMG v. 55, p. 557; RSTJ v. 73, p. 306).

4

Recurso de Revista

Tal como nos embargos, inicialmente transcrevo o dispositivo na íntegra, com destaque para as modificações nele introduzidas:

Art. 896. Cabe Recurso de Revista para Turma do Tribunal Superior do Trabalho das decisões proferidas em grau de recurso ordinário, em dissídio individual, pelos Tribunais Regionais do Trabalho, quando: (Redação dada pela Lei n. 9.756, de 17.12.1998)

a) derem ao mesmo dispositivo de lei federal interpretação diversa da que lhe houver dado outro Tribunal Regional do Trabalho, no seu Pleno ou Turma, ou a Seção de Dissídios Individuais do Tribunal Superior do Trabalho, **ou contrariarem súmula de jurisprudência uniforme dessa Corte ou súmula vinculante do Supremo Tribunal Federal**; (Redação dada pela Lei n. 13.015, de 2014)

b) derem ao mesmo dispositivo de lei estadual, Convenção Coletiva de Trabalho, Acordo Coletivo, sentença normativa ou regulamento empresarial de observância obrigatória em área territorial que exceda a jurisdição do Tribunal Regional prolator da decisão recorrida, interpretação divergente, na forma da alínea a; (Redação dada pela Lei n. 9.756, de 17.12.1998)

c) proferidas com violação literal de disposição de lei federal ou afronta direta e literal à Constituição Federal. (Redação dada pela Lei n. 9.756, de 17.12.1998)

§ 1º O recurso de revista, dotado de efeito apenas devolutivo, será interposto perante o Presidente do Tribunal Regional do Trabalho, que, por decisão fundamentada, poderá recebê-lo ou denegá-lo. (Redação dada pela Lei n. 13.015, de 2014)

§ 1º-A. Sob pena de não conhecimento, é ônus da parte: (Incluído pela Lei n. 13.015, de 2014)

I — indicar o trecho da decisão recorrida que consubstancia o prequestionamento da controvérsia objeto do recurso de revista; (Incluído pela Lei n. 13.015, de 2014)

II — indicar, de forma explícita e fundamentada, contrariedade a dispositivo de lei, súmula ou orientação jurisprudencial do Tribunal Superior do Trabalho que conflite com a decisão regional; (Incluído pela Lei n. 13.015, de 2014)

III — expor as razões do pedido de reforma, impugnando todos os fundamentos jurídicos da decisão recorrida, inclusive mediante demonstração analítica de cada dispositivo de lei, da Constituição Federal, de súmula ou orientação jurisprudencial cuja contrariedade aponte. (Incluído pela Lei n. 13.015, de 2014)

§ 2º Das decisões proferidas pelos Tribunais Regionais do Trabalho ou por suas Turmas, em execução de sentença, inclusive em processo incidente de embargos de terceiro, não caberá Recurso de Revista, salvo na hipótese de ofensa direta e literal de norma da Constituição Federal. (Redação dada pela Lei n. 9.756, de 17.12.1998)

§ 3º Os Tribunais Regionais do Trabalho procederão, obrigatoriamente, à uniformização de sua jurisprudência e aplicarão, nas causas da competência da Justiça do Trabalho, no que couber, o incidente de uniformização de jurisprudência previsto nos termos do Capítulo I do Título IX do Livro I da Lei n. 5.869, de 11 de janeiro de 1973 (Código de Processo Civil). (Redação dada pela Lei n. 13.015, de 2014)

§ 4º Ao constatar, de ofício ou mediante provocação de qualquer das partes ou do Ministério Público do Trabalho, a existência de decisões atuais e conflitantes no âmbito do mesmo Tribunal Regional do Trabalho sobre o tema objeto de recurso de revista, o Tribunal Superior do Trabalho determinará o retorno dos autos à Corte de origem, a fim de que proceda à uniformização da jurisprudência. (Redação dada pela Lei n. 13.015, de 2014)

§ 5º A providência a que se refere o § 4º deverá ser determinada pelo Presidente do Tribunal Regional do Trabalho, ao emitir juízo de admissibilidade sobre o recurso de revista, ou pelo Ministro Relator, mediante decisões irrecorríveis. (Redação dada pela Lei n. 13.015, de 2014)

§ 6º Após o julgamento do incidente a que se refere o § 3º, unicamente a súmula regional ou a tese jurídica prevalecente no Tribunal Regional do Trabalho e não conflitante com súmula ou orientação jurisprudencial do Tribunal Superior do Trabalho servirá como paradigma para viabilizar o conhecimento do recurso de revista, por divergência. (Redação dada pela Lei n. 13.015, de 2014)

§ 7º A divergência apta a ensejar o recurso de revista deve ser atual, não se considerando como tal a ultrapassada por súmula do Tribunal Superior do Trabalho ou do Supremo Tribunal Federal, ou superada por iterativa e notória jurisprudência do Tribunal Superior do Trabalho. (Incluído pela Lei n. 13.015, de 2014)

§ 8º Quando o recurso fundar-se em dissenso de julgados, incumbe ao recorrente o ônus de produzir prova da divergência jurisprudencial, mediante certidão, cópia ou citação do repositório de jurisprudência, oficial ou credenciado, inclusive em mídia eletrônica, em que houver sido publicada a decisão divergente, ou ainda pela reprodução de julgado disponível na internet, com indicação da respectiva fonte, mencionando, em qualquer caso, as circunstâncias que identifiquem ou assemelhem os casos confrontados. (Incluído pela Lei n. 13.015, de 2014)

§ 9º Nas causas sujeitas ao procedimento sumaríssimo, somente será admitido recurso de revista por contrariedade a súmula de jurisprudência uniforme do Tribunal Superior do Trabalho ou a **súmula vinculante do Supremo Tribunal Federal** e por violação direta da Constituição Federal. (Incluído pela Lei n. 13.015, de 2014)

§ 10. Cabe recurso de revista por violação a lei federal, por divergência jurisprudencial e por ofensa à Constituição Federal nas execuções fiscais e nas controvérsias da fase de execução que envolvam a Certidão Negativa de Débitos Trabalhistas (CNDT), criada pela Lei no 12.440, de 7 de julho de 2011. (Incluído pela Lei n. 13.015, de 2014)

§ 11. Quando o recurso tempestivo contiver defeito formal que não se repute grave, o Tribunal Superior do Trabalho poderá desconsiderar o vício ou mandar saná-lo, julgando o mérito. (Incluído pela Lei n. 13.015, de 2014)

§ 12. Da decisão denegatória caberá agravo, no prazo de 8 (oito) dias. (Incluído pela Lei n. 13.015, de 2014)

§ 13. Dada a relevância da matéria, por iniciativa de um dos membros da Seção Especializada em Dissídios Individuais do Tribunal Superior do Trabalho, aprovada pela maioria dos integrantes da Seção, o julgamento a que se refere o § 3º poderá ser afeto ao Tribunal Pleno. (Incluído pela Lei n. 13.015, de 2014)

4.1. Contrariedade a súmula vinculante do Supremo Tribunal Federal

Art. 896. Cabe Recurso de Revista para Turma do Tribunal Superior do Trabalho das decisões proferidas em grau de recurso ordinário, em dissídio individual, pelos Tribunais Regionais do Trabalho, quando: (Redação dada pela Lei n. 9.756, de 17.12.1998)

a) derem ao mesmo dispositivo de lei federal interpretação diversa da que lhe houver dado outro Tribunal Regional do Trabalho, no seu Pleno ou Turma, ou a Seção de Dissídios Individuais do Tribunal Superior do Trabalho, ou contrariarem súmula de jurisprudência uniforme dessa Corte **ou súmula vinculante do Supremo Tribunal Federal**.

Trata o dispositivo dos pressupostos intrínsecos do recurso de revista e ensejará conhecimento em casos de:

a) interpretação divergente entre Tribunais Regionais do Trabalho de lei federal ou destes com julgados da SBDI-1 do TST, órgão encarregado de uniformizar eventuais discrepâncias de posicionamentos entre as suas Turmas;

b) contrariedade da decisão com súmula do TST ou súmula vinculante do STF.

É a atividade mais relevante na atuação do TST, na medida em que cumpre o seu papel de estabilizar a interpretação da legislação federal e pacificar o debate entre Tribunais Regionais.

Nesse aspecto, não há novidades na lei, pois já constavam, tais pressupostos, da própria CLT. A inovação reside na possibilidade de conhecimento do recurso de revista, quando a decisão da Turma contrariar súmula vinculante do STF.

É conveniente também mencionar, como destacado em trabalho publicado a respeito, que, apesar da referência contida no *caput* do artigo a "decisões proferidas em grau de recurso ordinário", é **cabível o recurso de revista de decisão proferida pelo TRT em agravo regimental** por se tratar, na essência, da apreciação em momento diferido da pretensão nele contida, inicialmente sob exame de forma monocrática. Ou seja, o agravo assume a natureza do próprio recurso ordinário cujo seguimento foi denegado ou, o que é mais significativo, a análise do seu próprio mérito, desta vez pelo órgão colegiado.

A matéria foi levada a exame pelo Supremo Tribunal Federal e pelo Superior Tribunal de Justiça que, de forma uníssona, concluíram em sentido contrário à tese restritiva e a tal ponto que o STF, embora em um primeiro momento a tenha chancelado, posteriormente, cancelou súmula que contemplava entendimento diverso (Súmula n. 599) e o STJ editou súmula consagrando a tese (Súmula n. 316).[24]

Veja-se o que disse o Supremo no *leading case* concernente ao tema, no caso, o Agravo Regimental nos Embargos de Divergência nos Embargos Declaratórios no Agravo Regimental no Recurso Extraordinário n. 283.240-5/RS da Relatoria originária da Ministra Ellen Gracie e que teve como Redator designado o Ministro Marco Aurélio, autor do primeiro voto divergente e que culminou com a fixação da tese que se procura, aqui, evidenciar: o cabimento de recurso extraordinário para o STF a partir do agravo que examina decisão monocrática do relator no tribunal de origem.

---

(24) Súmula n. 316. Cabem embargos de divergência contra acórdão que, em agravo regimental, decide recurso especial.

Assim decidiu a Corte Maior:

> EMBARGOS DE DIVERGÊNCIA — ACÓRDÃO EM AGRAVO REGIMENTAL — RECURSO EXTRAORDINÁRIO — APRECIAÇÃO INDIRETA — ADEQUAÇÃO. Conforme o disposto no art. 546 do Código de Processo Civil, interpretado presente o objetivo da norma, mostram-se cabíveis os embargos de divergência quando o acórdão atacado por meio deles implica pronunciamento quanto a recurso extraordinário.
>
> EMBARGOS DE DIVERGÊNCIA — ACÓRDÃO PROFERIDO EM AGRAVO REGIMENTAL — VERBETE N. 599 DA SÚMULA DO SUPREMO. Ante o novo entendimento sobre o alcance do art. 546 do Código de Processo Civil, não subsiste, sendo cancelado, o Verbete n. 599 da Súmula do Supremo — "São incabíveis embargos de divergência de decisão de Turma, em agravo regimental".
>
> DIREITO — ALCANCE — JURISPRUDÊNCIA — EVOLUÇÃO. Incumbe ao órgão julgador evoluir no entendimento inicialmente adotado tão logo convencidos os integrantes de assistir maior razão, ante o ordenamento jurídico, à tese inicialmente rechaçada. (RE 283240 AgR-ED-EDv-AgR, Relator(a): Min. Ellen Gracie, Relator(a) p/ Acórdão: Min. Marco Aurélio, Tribunal Pleno, julgado em 26.4.2007, DJe-047 Divulg 13.3.2008, Public 14.3.2008, Ement v. 2311-03, p. 406 RTJ v. 204-01, p. 365) — destaques postos.

Renovo, mais uma vez, o quanto afirmei relativamente aos conceitos de jurisprudência iterativa, notória e atual, assim como a possibilidade de denegação de seguimento do recurso, pelo Ministro Relator ou Presidente do Tribunal Regional, se a decisão impugnada estiver em consonância com a jurisprudência igualmente iterativa, notória e atual do Supremo Tribunal Federal.

4.2. Prequestionamento — impugnação específica

> § 1º-A. Sob pena de não conhecimento, é ônus da parte:
>
> I — indicar o trecho da decisão recorrida que consubstancia o prequestionamento da controvérsia objeto do recurso de revista;
>
> II — indicar, de forma explícita e fundamentada, contrariedade a dispositivo de lei, súmula ou orientação jurisprudencial do Tribunal Superior do Trabalho que conflite com a decisão regional;
>
> III — expor as razões do pedido de reforma, impugnando todos os fundamentos jurídicos da decisão recorrida, inclusive mediante demonstração analítica de cada dispositivo de lei, da Constituição Federal, de súmula ou orientação jurisprudencial cuja contrariedade aponte.

A aplicação do princípio da impugnação específica, orientador da defesa do réu no processo (art. 302 do CPC), está na base do novo dispositivo que, na essência, consagra a jurisprudência do TST relativamente à forma de prequestionamento, cuja obrigatoriedade nos recursos de natureza extraordinária é reconhecida até mesmo em matéria de incompetência absoluta (Orientação Jurisprudencial n. 62 da SBDI-1):

> OJ-SDI1-62. PREQUESTIONAMENTO. PRESSUPOSTO DE ADMISSIBILIDADE EM APELO DE NATUREZA EXTRAORDINÁRIA. NECESSIDADE, AINDA QUE SE TRATE DE INCOMPETÊNCIA ABSOLUTA (republicada em decorrência de erro material). DEJT divulgado em 23, 24 e 25.11.2010. É necessário o prequestionamento como pressuposto de admissibilidade em recurso de natureza extraordinária, ainda que se trate de incompetência absoluta.

Esse requisito formal — exigência de que tenha sido, pelo menos suscitada previamente a questão objeto do recurso, a fim de que o TST possa reexaminá-la, mediante o conhecimento do recurso de natureza extraordinária — constitui pressuposto intrínseco do recurso de revista e não é atendido quando o TRT se limita a adotar os fundamentos da decisão de primeiro grau e não explicita as suas próprias razões de decidir, em função do recurso interposto. Essa é dicção da Orientação Jurisprudencial n. 151 da SBDI-1 do TST:

> OJ-SDI1-151. PREQUESTIONAMENTO. DECISÃO REGIONAL QUE ADOTA A SENTENÇA. AUSÊNCIA DE PREQUESTIONAMENTO (inserida em 27.11.1998). Decisão regional que simplesmente adota os fundamentos da decisão de primeiro grau não preenche a exigência do prequestionamento, tal como previsto na Súmula n. 297.

Assim, cabe ao recorrente, nas razões do Recurso de Revista, indicar (o que significa **transcrever**) o trecho da decisão recorrida que revele a resposta do tribunal de origem quanto ao tema, ou seja, o pronunciamento prévio sobre a matéria que pretende seja reapreciado (o denominado **prequestionamento**).

Cabe-lhe também **indicar** o dispositivo que julga haver sido contrariado, assim como a súmula ou orientação jurisprudencial que consagra a tese contrária à decisão proferida, na forma prevista na Súmula n. 221 do TST:

> SUM-221. RECURSO DE REVISTA. VIOLAÇÃO DE LEI. INDICAÇÃO DE PRECEITO (cancelado o item II e conferida nova redação na sessão do Tribunal Pleno realizada em 14.9.2012). Res. n. 185/2012 — DEJT divulgado em 25, 26 e 27.9.2012. A admissibilidade do recurso de revista por violação tem como pressuposto a indicação expressa do dispositivo de lei ou da Constituição tido como violado.

Observe-se que não basta apenas apontar a violação. É ônus da parte recorrente também fazê-lo de maneira inequívoca (**explícita**) e apresentar as razões que embasam a sua pretensão (**fundamentada**). Afirmações genéricas não autorizarão o conhecimento do recurso e não há que se falar em **violação presumida** de dispositivo legal.

Pode-se supor haver sido demasiadamente rígida a regra, diante do detalhamento nela contido, o que pode parecer despropositado ou mesmo exagerado, e fortaleceria a ideia de que o tribunal teria criado mais uma forma de resguardar-se, o que evidenciaria hipótese de jurisprudência defensiva.

Todavia, o argumento não subsiste, tendo em vista ser comum o fato de decisões contemplarem mais de um fundamento ou estarem amparadas em diversos dispositivos legais, súmulas ou orientações jurisprudenciais, tendo em vista os argumentos lançados pelo juiz na decisão, que amparam as suas conclusões, ainda que em um único tema.

Se a decisão contiver, de modo explícito, a tese sobre a matéria em discussão, ainda que não tenha sido mencionado o dispositivo que a ampara, o prequestionamento é considerado existente (Orientação Jurisprudencial n. 118 da SBDI-1):

> OJ-SDI1-118. PREQUESTIONAMENTO. TESE EXPLÍCITA. INTELIGÊNCIA DA SÚMULA N. 297 (inserida em 20.11.1997). Havendo tese explícita sobre a matéria, na decisão recorrida, desnecessário contenha nela referência expressa do dispositivo legal para ter-se como prequestionado este.

Não se pode confundir: desde que existente a tese sobre a matéria impugnada, considera-se o tema prequestionado, o que não afasta, todavia, a necessidade de ser indicado, pela parte, o dispositivo violado, súmula ou orientação jurisprudência contrariada.

É prudente ressaltar a permanência do denominado "prequestionamento ficto", caracterizado quando o Tribunal, apesar de provocado via embargos declaratórios, se omite de pronunciar a tese, conforme previsto na Súmula n. 297, III, do TST, que, por isso mesmo, subsiste no novo cenário jurídico-recursal:

> SUM-297. PREQUESTIONAMENTO. OPORTUNIDADE. CONFIGURAÇÃO.
>
> [...]
>
> III. Considera-se prequestionada a questão jurídica invocada no recurso principal sobre a qual se omite o Tribunal de pronunciar tese, não obstante opostos embargos de declaração.

A observação se faz importante diante da obrigação imposta à parte em transcrever o trecho da decisão que revela o prequestionamento da questão controvertida; como o Tribunal não respondeu, mesmo provocado, seria ilógico deixar de conhecer o recurso sob o fundamento de não haver obedecido esse pressuposto intrínseco, considerando que a omissão não se deve à parte, mas ao órgão prolator da decisão impugnada.

De igual modo, não há que se discutir quanto à preservação da jurisprudência contida na Orientação Jurisprudencial n. 119 da SBDI-1, relativamente à desnecessidade de prequestionamento quando a violação surge na própria decisão atacada:

> OJ-SDI1-119. PREQUESTIONAMENTO INEXIGÍVEL. VIOLAÇÃO NASCIDA NA PRÓPRIA DECISÃO RECORRIDA. SÚMULA N. 297. INAPLICÁVEL (inserido dispositivo). DEJT divulgado em 16, 17 e 18.11.2010. É inexigível o prequestionamento quando a violação indicada houver nascido na própria decisão recorrida. Inaplicável a Súmula n. 297 do TST.

Se a decisão estiver calcada em mais de um fundamento e o recurso não impugnar todos eles, o recurso, de pronto, não deve ser conhecido pelo Ministro Relator.

As observações quanto à necessidade de prequestionamento não se aplicam ao Recurso Ordinário, que possui ampla devolutividade quanto às matérias objeto da impugnação, por força da regra contida no art. 515 do CPC.[25]

4.3. NECESSIDADE DE UNIFORMIZAÇÃO DA JURISPRUDÊNCIA

> § 3º Os Tribunais Regionais do Trabalho procederão, obrigatoriamente, à uniformização de sua jurisprudência e aplicarão, nas causas da competência da Justiça do Trabalho, no que couber, o incidente de uniformização de jurisprudência previsto nos termos do Capítulo I do Título IX do Livro I da Lei n. 5.869, de 11 de janeiro de 1973 (Código de Processo Civil).

---

(25) Art. 515. A apelação devolverá ao tribunal o conhecimento da matéria impugnada.

§ 1º Serão, porém, objeto de apreciação e julgamento pelo tribunal todas as questões suscitadas e discutidas no processo, ainda que a sentença não as tenha julgado por inteiro.

§ 2º Quando o pedido ou a defesa tiver mais de um fundamento e o juiz acolher apenas um deles, a apelação devolverá ao tribunal o conhecimento dos demais.

§ 3º Nos casos de extinção do processo sem julgamento do mérito (art. 267), o tribunal pode julgar desde logo a lide, se a causa versar questão exclusivamente de direito e estiver em condições de imediato julgamento. (Incluído pela Lei n. 10.352, de 2001)

§ 4º Constatando a ocorrência de nulidade sanável, o tribunal poderá determinar a realização ou renovação do ato processual, intimadas as partes; cumprida a diligência, sempre que possível prosseguirá o julgamento da apelação.

Para Alexandre de Freitas Câmara,[26]

> A uniformização de jurisprudência é um incidente processual, através do qual suspende-se um julgamento no Tribunal, a fim de que seja apreciado, em tese, o Direito aplicável à hipótese concreta, determinando-se a correta interpretação da norma jurídica que incide, ficando assim aquele julgado vinculado a esta determinação.

Não se trata de algo novo a obrigação de os Tribunais Regionais do Trabalho procederem à uniformização de sua jurisprudência. Consta do mesmo dispositivo desde a Lei n. 9.756, de 17.12.1998.

Todavia, estava inserida no texto do projeto enviado ao Congresso Nacional a adoção, nos processos sujeitos à competência da Justiça do Trabalho, do Incidente de Resolução de Demandas Repetitivas — IRDR, previsto no projeto do Código de Processo Civil, já aprovado nas Casas Legislativas.[27][28][29]

Emenda supressiva do Deputado Paes Landim cuidou de extirpá-la do texto, de maneira a corrigir atecnia revelada no fato de não se encontrar em vigor o Diploma mencionado e, com isso, não servir de fonte supletiva do processo do trabalho.

Isso não significa dizer, por outro lado, que, uma vez vigente a norma, não possam os TRTs se valer desse importante instituto processual destinado a dar vazão às demandas de massa. Muito ao contrário. É extremamente recomendável que assim o façam, como forma de garantir a rápida solução dos conflitos e preservar a segurança jurídica da sociedade, ao ser definido entendimento semelhante para casos idênticos.

Apesar de não constituir novidade, na prática, a regra ficou despida de efetividade, pois a diversidade de entendimentos no âmbito interno dos tribu-

---

(26) CÂMARA, Alexandre Freitas. *Lições de direito processual civil*. 4. ed. Rio de Janeiro: Lumen Juris, 2001.

(27) Constava a expressão: "...e aplicarão, nas causas de competência da Justiça do Trabalho, no que couber, o incidente de resolução de demandas repetitivas previsto no Código de Processo Civil, não servindo a eventual súmula ou tese aprovada sobre a questão jurídica controvertida, no julgamento do incidente, para ensejar a admissibilidade do recurso de revista quando contrariar súmula ou orientação jurisprudencial do Tribunal Superior do Trabalho".

(28) A votação final do projeto, inclusive da redação, foi aprovado pelo Senado Federal na sessão do dia 17 de dezembro de 2014.

(29) O tema é tratado no novo CPC no art. 973 (numeração provisória): "Art. 973. É cabível a instauração do incidente de resolução de demandas repetitivas quando houver, simultaneamente:

I — efetiva repetição de processos que contenham controvérsia sobre a mesma questão unicamente de direito;

II — risco de ofensa à isonomia e à segurança jurídica".

nais passou a ser comum e, com isso, a jurisprudência não foi uniformizada. É suficiente para comprovar essa afirmação o reduzido número de súmulas expedidas pelos TRTs.

A multiplicidade de teses jurídicas acolhidas no âmbito dos TRTs, de outro modo, contribuiu nos últimos anos para o incremento de recursos no TST, que, por sua vez, passou também a exercer papel que, verdadeiramente, é atribuído ao Pleno dos TRTs ou, em alguns casos por norma regimental, ao Órgão Especial: **por via indireta, definir questões jurídicas oriundas de divergências entre turmas**.

Não obstante essa constatação, mudanças significativas ocorrerão, pode-se vaticinar, em virtude das inovações importantes contidas nos §§ 4º e 5º acrescentados ao dispositivo, a seguir analisados, e que conferem coerência ao sistema de fixação de teses para a mesma situação jurídica pelos TRTs.

4.4. Procedimento do incidente de uniformização da jurisprudência

> § 4º Ao constatar, de ofício ou mediante provocação de qualquer das partes ou do Ministério Público do Trabalho, a existência de decisões atuais e conflitantes no âmbito do mesmo Tribunal Regional do Trabalho sobre o tema objeto de recurso de revista, o Tribunal Superior do Trabalho determinará o retorno dos autos à Corte de origem, a fim de que proceda à uniformização da jurisprudência.
>
> § 5º A providência a que se refere o § 4º deverá ser determinada pelo Presidente do Tribunal Regional do Trabalho, ao emitir juízo de admissibilidade sobre o recurso de revista, ou pelo Ministro Relator, mediante decisões irrecorríveis.
>
> § 6º Após o julgamento do incidente a que se refere o § 3º, unicamente a súmula regional ou a tese jurídica prevalecente no Tribunal Regional do Trabalho e não conflitante com súmula ou orientação jurisprudencial do Tribunal Superior do Trabalho servirá como paradigma para viabilizar o conhecimento do recurso de revista, por divergência.

Ao receber o recurso de revista, a primeira providência a ser adotada pelo Ministro Relator — e deverá fazê-lo de plano, uma vez superados os pressupostos extrínsecos — será consultar os sítios dos TRTs na internet para constatar a existência de decisões conflitantes sobre o tema objeto do recurso, a questão jurídica posta ao exame o TST. Caso encontre pelo menos uma, deverá determinar o retorno dos autos para que seja adotada a providência determinada no parágrafo anterior, qual seja, proceda à uniformização de sua jurisprudência.

Note-se que não se trata de faculdade a ele atribuída, mas imposição inafastável, o que se extrai da expressão "determinará" constante do dispositivo. Essa providência é extremamente importante, na medida em que viabiliza a "pacificação jurídica" da Corte Regional, e igualmente pode ser requerida por qualquer das partes ou pelo Ministério Público do Trabalho, o que reforça, ainda mais, a sua importância.

O encarregado primário dessa verificação é o Presidente ou Vice-Presidente do TRT,[30] destinatário de comando impositivo ("deverá ser determinada"). Se ainda assim não o fizer, incumbirá ao Ministro Relator, em caráter substitutivo e vinculante.

Em ambos os casos, a decisão é irrecorrível.

A jurisprudência no âmbito dos Tribunais Regionais do Trabalho será sedimentada sob duas formas:

a) **súmulas**: representam a consolidação da tese jurídica no julgamento dos incidentes de uniformização de jurisprudência, desde que alcançado o quórum de maioria absoluta dos membros que integram o tribunal, como previsto no art. 479 do CPC:

> Art. 479. O julgamento, tomado pelo voto da maioria absoluta dos membros que integram o tribunal, será objeto de súmula e constituirá precedente na uniformização da jurisprudência.
>
> Parágrafo único. Os regimentos internos disporão sobre a publicação no órgão oficial das súmulas de jurisprudência predominante.

b) **tese jurídica prevalecente**: a expressão pode ter mais de um significado, embora com idêntico alcance. Representa o resultado do julgamento do incidente de uniformização de jurisprudência, quando não atingido o quórum para edição de súmula, ou a tese acolhida por todas as turmas do TRT e que, por isso mesmo, não autoriza a instauração do incidente, por não haver divergência interna.

Em ambos os casos, somente viabilizará a admissibilidade do recurso de revista a súmula ou tese jurídica prevalecente que conflitar com súmula ou orientação jurisprudencial do TST.

A fim de assegurar publicidade da jurisprudência consolidada, o Tribunal deverá criar o "Banco de Teses", divulgado, preferencialmente na internet, o qual deverá conter as questões jurídicas decididas devidamente organizadas, conforme previsão contida no art. 6º do Ato n. 491/2014:

---

(30) A regra menciona o primeiro, mas há regimentos internos que delegam essa tarefa ao Vice-Presidente e, nesse aspecto, não há contrariedade ao texto legal por se tratar de competência delegada.

> Art. 6º Os Tribunais Regionais do Trabalho deverão manter e dar publicidade a suas súmulas e teses jurídicas prevalecentes mediante banco de dados, organizando-as por questão jurídica decidida e divulgando-as, preferencialmente, na rede mundial de computadores.

Essa previsão foi contemplada no art. 22 do Ato mencionado:

> Art. 22. O Tribunal Superior do Trabalho deverà manter e dar publicidade às questões de direito objeto dos recursos repetitivos jà julgados, pendentes de julgamento ou jà reputadas sem relevância, bem como daquelas objeto das decisões proferidas nos termos do § 13 do art. 896 da CLT.

Interessante questão jurídica pode surgir quando o Presidente do TRT determinar ao Pleno que pacifique o entendimento. Indaga-se: a decisão, embora não passível de recurso, pode ter o seu cumprimento recusado? Pode o Pleno, preliminarmente, decidir que a matéria não comporta o aludido incidente e rejeitar o seu processamento? Pode, ainda mais, afastar a divergência?

A meu ver, não. A atuação do Presidente, nesse caso, substitui, no procedimento fixado no art. 476 do CPC, a atuação do órgão fracionário, quanto ao juízo prévio de admissibilidade a ele atribuído, que, provocado, reconhece a divergência entre os seus membros ou que a proposta de solução é contrária a precedente anterior do mesmo tribunal, conclusão que se extrai da expressão "solicitar o pronunciamento prévio do tribunal acerca da interpretação do direito", contida no primeiro dos dispositivos mencionados.

Substitui também o Pleno (ou Órgão Especial, conforme o caso) na posterior deliberação preliminar de identificação da divergência. O legislador, nesse caso, atento à omissão dos tribunais, criou peculiar competência exclusiva do Presidente à qual o Pleno está submetido.

Nessa linha de raciocínio, a admissibilidade do incidente, etapa preliminar do julgamento pelo Tribunal Pleno (ou Órgão Especial, conforme previsão regimental), fica superada, a partir do despacho do Presidente no sentido de determinar a pacificação havida entre as teses conflitantes.

Exatamente por isso e na mesma linha de argumentação, ao julgar o incidente, **o tribunal não pode deixar de reconhecer a divergência apontada pelo Presidente**, no juízo prévio de admissibilidade do incidente. Estará compelido a fixar a tese jurídica para o tema.

Explico.

O processamento do incidente de uniformização de jurisprudência ocorre em duas etapas distintas. A primeira, no órgão fracionário (turma, câmara ou grupo de câmaras, na dicção do CPC), que aprecia o requerimento feito por um ou mais desembargadores que o integrante ou qualquer uma das partes e, acolhendo-o, identifica a divergência e a submete à apreciação do Tribunal Pleno, mediante acórdão específico. Veja-se no trecho destacado do *caput* art. 476 do CPC e seu parágrafo único:

> Art. 476. **Compete a qualquer juiz, ao dar o voto na turma, câmara, ou grupo de câmaras, solicitar o pronunciamento prévio do tribunal acerca da interpretação do direito** quando:
>
> I — **verificar que, a seu respeito, ocorre divergência**;
>
> II — **no julgamento recorrido a interpretação for diversa da que lhe haja dado outra turma, câmara, grupo de câmaras ou câmaras cíveis reunidas**.
>
> Parágrafo único. **A parte poderá, ao arrazoar o recurso ou em petição avulsa, requerer, fundamentadamente, que o julgamento obedeça ao disposto neste artigo**.

Em um segundo momento, o órgão no qual foi suscitado delibera sobre a existência da controvérsia e, acolhendo o requerimento, lavra o respectivo acórdão que a demonstra e remete os autos ao Presidente do Tribunal a fim de que determine o processamento pelo Tribunal Pleno:

> Art. 477. **Reconhecida a divergência**, será lavrado o acórdão, indo os autos ao presidente do tribunal para designar a sessão de julgamento. A secretaria distribuirá a todos os juízes cópia do acórdão.

Em um terceiro momento, no exercício de sua competência privativa, em caráter substitutivo e vinculante, o Tribunal Pleno exerce um novo juízo de aferição da divergência e, constatando-a (terceiro passo), julga o mérito propriamente dito, mediante o voto fundamentado de cada um dos seus membros (quarta etapa).

Portanto, a regra contida no art. 478 do CPC indica a existência de juízo de admissibilidade substitutivo e vinculante do Pleno em face da decisão do órgão fracionário, pois, embora tenha afirmado o seu cabimento, como se constata na redação do citado dispositivo, com destaques postos, há nova aferição por ele:

> Art. 478. O tribunal, **reconhecendo a divergência**, dará a interpretação a ser observada, cabendo a cada juiz emitir o seu voto em exposição fundamentada.

Para garantir a coerência do sistema, o legislador fez substituir essa dupla análise (inicialmente pelo órgão fracionário e posteriormente pelo Pleno) da existência da divergência pela decisão irrecorrível do Presidente que, ao proferi-la (de maneira fundamentada, obviamente), determinará ao colegiado que fixe a tese, como se observa na construção que ora faço, a partir da fusão dos dois dispositivos, de regra que pode assim ser redigida:

> Ao emitir juízo de admissibilidade sobre o recurso de revista e constatar, de ofício ou mediante provocação de qualquer das partes ou do Ministério Público do Trabalho, a existência de decisões atuais e conflitantes no âmbito do mesmo Tribunal Regional do Trabalho sobre o tema objeto de recurso de revista, o Presidente do Tribunal Regional do Trabalho determinará o envio dos autos ao Tribunal Pleno, a fim de que proceda à uniformização da jurisprudência, mediante decisão irrecorrível.

Acrescente-se que o § 4º indica que o TST (leia-se Ministro Relator ou o Ministro Presidente, caso haja delegação nesse sentido), em situação idêntica, mas em momento posterior, determinará o retorno dos autos à Corte Regional para que "proceda à uniformização da jurisprudência". Não contém, no incidente, juízo de prelibação para constatar a divergência, como mencionado no CPC.

E por que posso extrair tal conclusão? Porque o § 5º afirma que essa competência pertence ao Ministro Relator, de forma (digo eu) substitutiva e vinculante, mediante decisão igualmente irrecorrível. Neste caso, **como oriunda de órgão de hierarquia superior na estrutura do sistema judiciário, não comporta descumprimento pelo Pleno do TRT**.

Não se mostra possível concluir de modo diferente, conforme tenha a decisão sido proferida pelo Ministro Relator ou pelo Presidente do Tribunal, uma vez que ambos exercem o mesmo papel no conhecimento do recurso.

Trata-se, por conseguinte, de delegação de competência — do Ministro Relator para o Desembargador Presidente (ou Vice, conforme norma regimental) — oriunda da própria lei (*ex lege*), a fim de agilizar o procedimento e evitar a remessa, desnecessariamente, dos autos ao Tribunal Superior.

Outra questão jurídica que certamente produzirá acirrados questionamentos se refere ao destino do recurso objeto da uniformização da jurisprudência. Isso porque, uma vez decidido, consoante previsão contida no § 6º acima, apenas a súmula regional ou a tese jurídica prevalecente no Tribunal Regional do Trabalho e não conflitante com súmula ou orientação jurisprudencial do Tribunal Superior do Trabalho servirá como paradigma para viabilizar o conhecimento do recurso de revista, por divergência.

Portanto, uma vez constatada a divergência pelo Presidente do TRT, ele determinará o processamento do incidente, para que seja definido o posicionamento uniforme pelo Pleno quanto ao tema e duas situações podem surgir: ou a decisão é consentânea com o posicionamento firmado pelo TST ou lhe é contrária.

Se for em linha oposta, não remanescem dúvidas: o recurso de revista que estava com o seu processamento paralisado seguirá para exame do TST, que estabelecerá a palavra final e servirá de obstáculo para a admissibilidade dos demais recursos de revista que vierem a ser interpostos.

Contudo, se a decisão do incidente houver sido no mesmo sentido da jurisprudência do TST, surge o questionamento: o que ocorrerá com o recurso interposto e que serviu de base para o incidente, caso a decisão nele proferida tenha ingressado em rota de colisão com o TST? Seguirá para exame do TST? Será objeto de novo julgamento pela Turma?

A resposta impõe a análise da nova sistemática, nesse aspecto. Como o objetivo da alteração legislativa é, antes de mais nada, promover a fixação da jurisprudência de cada tribunal sobre os temas objeto dos recursos, haverá necessidade de novo julgamento pela Turma, para que possa se retratar ou declará-lo prejudicado, tal como ocorre com o julgamento dos recursos extraordinários em casos de repercussão geral, conforme previsão do § 3º do art. 543-B do CPC:

> § 3º Julgado o mérito do recurso extraordinário, os recursos sobrestados serão apreciados pelos Tribunais, Turmas de Uniformização ou Turmas Recursais, que poderão declará-los prejudicados **ou retratar-se**. (Incluído pela Lei n. 11.418, de 2006)

Essa oportunidade de novo julgamento é essencial para que a Turma, órgão indicado como juiz natural do recurso ordinário, em face da distribuição, tenha a oportunidade de se retratar e, no novo julgamento, adequar o recurso ao quanto decidido. É realidade presente nos casos de repercussão geral que, doravante, é estendida aos recursos de revista e passará a ter lugar no cotidiano dos TRTs, tal como já ocorre no TST, em face de decisões do STF.

Observe-se que, nesse aspecto, a Turma não poderá decidir em desconformidade com a tese fixada como prevalecente pelo Tribunal Pleno que, como órgão maior da jurisdição no âmbito do Tribunal Regional do Trabalho, atribui à sua decisão força vinculante, sob pena de, em prosseguindo, o Ministro Relator do TST poder cassar ou reformar, liminarmente, a decisão, autorizado que se encontra, ainda que supletivamente, pelo § 4º do art. 543-B do CPC:

> § 4º Mantida a decisão e admitido o recurso, poderá o Supremo Tribunal Federal, nos termos do Regimento Interno, cassar ou reformar, liminarmente, o acórdão contrário à orientação firmada. (Incluído pela Lei n. 11.418, de 2006)

Embora não haja previsão expressa na Lei, não há razão, menos ainda justificativa lógica, para que o recurso de revista obstado siga para exame do TST, sem que se conceda a oportunidade de a Turma se retratar, uma vez fixada a tese pelo Pleno, que, como visto, passará a ter caráter vinculante.

Esse rito procedimental assemelha-se à mesma hipótese dos recursos repetitivos (§ 11) nos quais, uma vez julgado pelo TST e fixada tese, aqueles que estavam sobrestados serão novamente examinados pelo Tribunal de origem, caso divirjam da orientação fixada:

> § 11. Publicado o acórdão do Tribunal Superior do Trabalho, os recursos de revista sobrestados na origem:
>
> I — terão seguimento denegado na hipótese de o acórdão recorrido coincidir com a orientação a respeito da matéria no Tribunal Superior do Trabalho; ou
>
> II — serão novamente examinados pelo Tribunal de origem na hipótese de o acórdão recorrido divergir da orientação do Tribunal Superior do Trabalho a respeito da matéria

Essa, aliás, é a grande diferença e principal mudança da sistemática atual da uniformização da jurisprudência: **o caráter impositivo da decisão que fixe a tese jurídica**.

A nova Lei criou **novo pressuposto intrínseco específico do recurso de revista**: a incompatibilidade da decisão objeto de reforma com a jurisprudência pacificada do TRT (súmula ou tese jurídica prevalecente). Caso esteja em consonância, o recurso de revista **terá o seguimento denegado** (art. 5º do Ato n. 491/2014):

> Art. 5º No caso de decisão regional em consonância com súmula ou orientação jurisprudencial do Tribunal Superior do Trabalho, o Relator denegará seguimento ao recurso.

Tal obstáculo não existirá se a jurisprudência sedimentada no TRT estiver em rota de colisão com súmula ou orientação jurisprudencial do TST. Neste caso, o recurso de revista terá curso forçado, para que seja resolvida a divergência de teses, desde que cumpridos os demais pressupostos extrínsecos e intrínsecos a ele inerentes.

Essa afirmação fundamenta-se, ainda mais, no art. 3º do Ato n. 491/2014, segundo o qual, após a uniformização da jurisprudência no TRT, se persistir decisão contrária à súmula por ele editada ou à tese jurídica que nele é prevalecente, desde que não conflitante com súmula ou orientação jurisprudencial do Tribunal Superior do Trabalho, caberá ao Ministro Relator, uma vez recebido o recurso de revista, **determinar o retorno dos autos à Turma** prolatora da decisão impugnada, a fim de que promova à adequação ao entendimento sedimentado no TRT:

> Art. 3º Para efeito de aplicação dos §§ 4º e 5º do art. 896 da CLT, persistindo decisão conflitante com a jurisprudência já uniformizada do Tribunal Regional

do Trabalho de origem, deverão os autos retornar à instância *a quo* para sua adequação à súmula regional ou à tese jurídica prevalecente no Tribunal Regional do Trabalho, desde que não conflitante com súmula ou orientação jurisprudencial do Tribunal Superior do Trabalho.

Embora a norma não preveja, essa tarefa caberá ao Presidente do TRT, ao exercer o juízo de admissibilidade do recurso de revista, diante da delegação contida no § 5º do art. 896, referido; caso não o faça, ficará a cargo do Ministro Relator.

Com grande expectativa, certa dose de ansiedade, inúmeros questionamentos e dúvidas por parte de magistrados, advogados, procuradores e servidores, inaugura-se a sistemática dos precedentes judiciais na esfera do Judiciário Trabalhista e a sua força vinculante, antecipando regra contida no projeto do CPC, aprovado em dezembro de 2014 pelo Congresso Nacional.

Um exemplo melhor elucida a hipótese: a 1ª Turma do TRT possui jurisprudência consolidada no mesmo sentido da jurisprudência do TST consagrada na Súmula n. 219, relativamente aos honorários advocatícios e assim tem decidido, embora não exista súmula regional a respeito.

A 2ª Turma decidiu de forma contrária e deferiu os honorários da sucumbência, sem assistência sindical.

A reclamada interpôs recurso de revista e o Presidente do TRT, ao realizar o juízo de admissibilidade nesse recurso, identificou a controvérsia recente e, com base nos §§ 4º e 5º, **determinou** que os autos fossem enviados ao Tribunal Pleno para promover a uniformização da jurisprudência, o que veio a ocorrer no mesmo sentido da Súmula n. 219 do TST.

Decidiu-se o incidente, fixou-se a tese, mas ainda há o acórdão da 2ª Turma que, julgando o recurso ordinário, deu provimento e deferiu os honorários. Tal decisão, até então, permanece inalterada, principalmente porque o pronunciamento do Pleno se limitou à solução do incidente propriamente dito e a definir o entendimento predominante no TRT quanto ao tema. Nada mais.

Não se lhe outorgou competência quase rescisória para, em fixando a tese, julgar novamente a causa, mesmo porque não possui competência para julgamento do recurso ordinário.

Caberá, por conseguinte, ao Presidente do TRT, uma vez publicado o acórdão do incidente, determinar o encaminhamento dos autos à 2ª Turma para que possa se retratar e ajustar o quanto decidido anteriormente ao julgado do Pleno.

Caso o Presidente não o faça, **deverá** fazê-lo o Ministro Relator e o processo seguirá o mesmo rito já descrito.

Se decisões outras forem proferidas em desarmonia com o entendimento jurídico firmado pelo TRT (súmula ou tese jurídica prevalecente, desde que não contrária a súmula ou orientação jurisprudencial do TST), os recursos de revistas que forem interpostos deverão ser submetidos, primeiro, ao crivo do Presidente do TRT que, além dos pressupostos extrínsecos que lhe são próprios, também analisará

Em qualquer caso, porém, julgado o incidente, o Tribunal passará a ter posicionamento específico quanto ao tema e apenas a súmula por ele editada — e não mais acórdãos —, desde que não conflitante com súmula ou orientação jurisprudencial do TST, poderá ser utilizada como paradigma para efeito de conhecimento de recurso de revista fundamentado em divergência jurisprudencial.

Significa dizer que a verificação da divergência passará a ocorrer entre acórdão e súmula ou entre súmulas, e não mais entre acórdãos.

4.5. Atualidade da divergência

> § 7º A divergência apta a ensejar o recurso de revista deve ser atual, não se considerando como tal a ultrapassada por súmula do Tribunal Superior do Trabalho ou do Supremo Tribunal Federal, ou superada por iterativa e notória jurisprudência do Tribunal Superior do Trabalho.

Os recursos de revista e de embargos possuem vários aspectos comuns e o mesmo objetivo — estabilizar a jurisprudência —, embora com âmbitos de alcance distintos e amplitude um pouco maior do primeiro. Ambos pacificam o dissenso jurisprudencial. O primeiro entre Tribunais e é cabível também quando a decisão violar o ordenamento jurídico; o segundo, restrito ao TST.

Porém, ambos exigem a contemporaneidade, como salientado. Esse o foco principal do dispositivo que, na essência, elege ao patamar legal entendimento pacificado na jurisprudência do TST, no caso por meio da Súmula n. 333:

> SUM-333. RECURSOS DE REVISTA. CONHECIMENTO (alterada). Res. n. 155/2009, DJ 26 e 27.2.2009 e 2.3.2009. Não ensejam recurso de revista decisões superadas por iterativa, notória e atual jurisprudência do Tribunal Superior do Trabalho.

Afasta-se a possibilidade de conhecimento de recurso que objetive apenas procrastinar a solução final do processo, na hipótese em que a parte indique julgados internos (do TST) paradigmas que não mais observam os posicionamentos da Corte.

A análise do tema remete ao quanto afirmado em relação ao recurso de embargos (item 3.2, *supra*).

A título de lembrete, a divergência jurisprudencial apta a viabilizar o conhecimento deve ser oriunda de outro Tribunal Regional do Trabalho, da Seção de Dissídios Individuais do TST, Súmula do TST ou Súmula Vinculante do STF (com as mesmas ressalvas já mencionadas). Subsiste a jurisprudência consolidada na Orientação Jurisprudencial n. 111 da SBDI-1 do TST, relativamente a divergência oriunda do mesmo TRT:

> OJ-SDI1-111. RECURSO DE REVISTA. DIVERGÊNCIA JURISPRUDENCIAL. ARESTO ORIUNDO DO MESMO TRIBUNAL REGIONAL. LEI N. 9.756/1998. INSERVÍVEL AO CONHECIMENTO (nova redação). DJ 20.4.2005. Não é servível ao conhecimento de recurso de revista aresto oriundo de mesmo Tribunal Regional do Trabalho, salvo se o recurso houver sido interposto anteriormente à vigência da Lei n. 9.756/1998.

De igual modo, permanecem os entendimentos firmados na Orientação Jurisprudencial n. 219 da SBDI-1 (invocação de dissenso jurisprudencial baseado em Orientação Jurisprudencial, desde que na decisão recorrida conste o seu número ou conteúdo) e na Súmula n. 23 (impossibilidade de conhecimento, se a decisão estiver baseada em diversos fundamentos e a jurisprudência transcrita não abranger todos), ambas do TST:

> OJ-SDI1-219. RECURSO DE REVISTA OU DE EMBARGOS FUNDAMENTADO EM ORIENTAÇÃO JURISPRUDENCIAL DO TST (inserida em 2.4.2001). É válida, para efeito de conhecimento do recurso de revista ou de embargos, a invocação de Orientação Jurisprudencial do Tribunal Superior do Trabalho, desde que, das razões recursais, conste o seu número ou conteúdo.
>
> SUM-23. RECURSO (mantida). Res. n. 121/2003, DJ 19, 20 e 21.11.2003. Não se conhece de recurso de revista ou de embargos, se a decisão recorrida resolver determinado item do pedido por diversos fundamentos e a jurisprudência transcrita não abranger a todos.

4.6. Comprovação da jurisprudência — requisitos

> § 8º Quando o recurso fundar-se em dissenso de julgados, incumbe ao recorrente o ônus de produzir prova da divergência jurisprudencial, mediante certidão, cópia ou citação do repositório de jurisprudência, oficial ou credenciado, inclusive em mídia eletrônica, em que houver sido publicada a decisão divergente, ou ainda pela reprodução de julgado disponível na internet, com indicação da respectiva

fonte, mencionando, em qualquer caso, as circunstâncias que identifiquem ou assemelhem os casos confrontados.

A forma da comprovação da divergência jurisprudencial e a definição do ônus probatório constituem o núcleo central do dispositivo, que eleva ao plano da legislação o que fazia parte do repertório da jurisprudência do TST, no caso específico a Súmula n. 337:

SUM-337. COMPROVAÇÃO DE DIVERGÊNCIA JURISPRUDENCIAL. RECURSOS DE REVISTA E DE EMBARGOS (redação do item IV alterada na sessão do Tribunal Pleno realizada em 14.9.2012). Res. n. 185/2012 — DEJT divulgado em 25, 26 e 27.9.2012

I — Para comprovação da divergência justificadora do recurso, é necessário que o recorrente.

a) Junte certidão ou cópia autenticada do acórdão paradigma ou cite a fonte oficial ou o repositório autorizado em que foi publicado; e

b) Transcreva, nas razões recursais, as ementas e/ou trechos dos acórdãos trazidos à configuração do dissídio, demonstrando o conflito de teses que justifique o conhecimento do recurso, ainda que os acórdãos já se encontrem nos autos ou venham a ser juntados com o recurso. (ex-Súmula n. 337 — alterada pela Res. n. 121/2003, DJ 21.11.2003)

II — A concessão de registro de publicação como repositório autorizado de jurisprudência do TST torna válidas todas as suas edições anteriores. (ex-OJ n. 317 da SBDI-1 — DJ 11.8.2003)

III — A mera indicação da data de publicação, em fonte oficial, de aresto paradigma é inválida para comprovação de divergência jurisprudencial, nos termos do item I, "a", desta súmula, quando a parte pretende demonstrar o conflito de teses mediante a transcrição de trechos que integram a fundamentação do acórdão divergente, uma vez que só se publicam o dispositivo e a ementa dos acórdãos.

IV — É válida para a comprovação da divergência jurisprudencial justificadora do recurso a indicação de aresto extraído de repositório oficial na internet, desde que o recorrente:

a) transcreva o trecho divergente;

b) aponte o sítio de onde foi extraído; e

c) decline o número do processo, o órgão prolator do acórdão e a data da respectiva publicação no *Diário Eletrônico da Justiça do Trabalho.*

Para a comprovação, deverá o recorrente juntar:

a) certidão comprobatória da publicação do acórdão;

b) cópia ou citação do repositório de jurisprudência,[31] oficial ou credenciado, inclusive em mídia eletrônica, em que a decisão houver sido publicada; ou

c) reprodução da decisão paradigma na internet, com indicação da fonte.

Ademais, deve destacar os elementos de conformidade dos casos confrontados de maneira tão clara quanto possível, para transmitir à Turma os elementos fáticos e jurídicos de convergência das teses, embora com resultados díspares.

Deve demonstrar os elementos formais, referentes aos acórdãos paradigmas, e materiais, relativos às teses conflitantes. Nesse aspecto, conjugando a interpretação solidificada na Súmula e a nova regra, algumas conclusões podem ser extraídas:

a) ao utilizar a expressão "mencionando [...] as circunstâncias que identifiquem ou assemelhem os casos confrontados", o legislador valeu-se de comando necessariamente genérico e valida a interpretação contida no item I, "b" da citada Súmula (demonstrar o conflito de teses que justifique o conhecimento do recurso);

b) exige-se a clara identificação da fonte originária do aresto paradigma e da discrepância de teses, motivo pelo qual deve ser indicada a data de publicação e transcrito o trecho que a comprove;

c) em se tratando de informações obtidas na internet, além da transcrição já mencionada, incumbe ao recorrente indicar os dados informativos do processo (número, órgão prolator do acórdão e data de publicação no DEJT, como também o sítio em que publicado), como revelam os precedentes:

> EMBARGOS. DIVERGÊNCIA JURISPRUDENCIAL. VALIDADE FORMAL. JULGADO EXTRAÍDO DO SÍTIO DO TST NA INTERNET. AUSÊNCIA DE

---

(31) Art. 174. A jurisprudência do Tribunal será divulgada pelas seguintes publicações:
I — Diário Eletrônico da Justiça do Trabalho ou Diário da Justiça da União;
II — Revista do Tribunal Superior do Trabalho;
III — periódicos autorizados, mediante registro; e
IV — sítio do Tribunal Superior do Trabalho na internet.
Parágrafo único. São repositórios autorizados para indicação de julgados perante o Tribunal os repertórios, revistas e periódicos registrados de conformidade com o ato normativo editado pela Presidência, além do sítio do Tribunal Superior do Trabalho na internet.

INDICAÇÃO DA DATA DE PUBLICAÇÃO. SÚMULA N. 337, IV, *C*, DO TST. 1. Padece de vício formal, a inviabilizar o exame da alegada divergência jurisprudencial, aresto que, não obstante extraído do sítio oficial do Tribunal Superior do Trabalho na internet, não informa a respectiva data de publicação no DEJT, em descompasso com a diretriz sufragada na alínea *c* do item IV da Súmula n. 337 do TST. 2. Embargos de que não se conhece. (E-RR 184-77.2011.5.06.0001, Relator Ministro: João Oreste Dalazen, Data de Julgamento: 11.9.2014, Subseção I Especializada em Dissídios Individuais, Data de Publicação: DEJT 19.9.2014);

AGRAVO REGIMENTAL. EMBARGOS. DIVERGÊNCIA JURISPRUDENCIAL. VALIDADE FORMAL. SÚMULA N. 337 DO TST. 1. De conformidade com a Súmula n. 337, item IV, do TST, revelam-se formalmente inválidos os arestos trazidos ao cotejo se a parte, não obstante indique o trecho divergente, aponte o sítio do TST na internet e decline o número do processo eletrônico e o órgão prolator dos arestos, cinge-se a indicar a data de publicação, sem, contudo, explicitar se a publicação dos arestos em apreço deu-se no *Diário Eletrônico da Justiça do Trabalho*. 2. Agravo regimental a que se nega provimento. (Ag-E-ED-RR 277-04.2012.5.08.0113, Relator Ministro: João Oreste Dalazen, Data de Julgamento: 16.10.2014, Subseção I Especializada em Dissídios Individuais, Data de Publicação: DEJT 24.10.2014).

Se o aresto foi obtido de base de dados não reconhecida como repositório autorizado de jurisprudência do TST, é inservível para a demonstração da divergência, como assinalado no precedente:

EMBARGOS DE DECLARAÇÃO — REJEIÇÃO. O acórdão embargado consignou que o aresto de fl. 2.230 se revela inservível, à luz da Súmula n. 337 do TST. Com efeito, a fonte de publicação indicada — o sítio eletrônico <www.jusbrasil.com.br> — não consubstancia repositório autorizado de jurisprudência desta Corte. Ademais, o acórdão paradigma acostado ao Recurso de Revista não se encontra autenticado, tampouco foi declarada sua autenticidade, ressaltando não se tratar de documento eletrônico. Desatendidos, assim, os requisitos arrolados nos itens I e IV do citado verbete. Rejeitam-se os Embargos de Declaração se inexistentes omissão, contradição ou obscuridade. (ED-RR 89400-16.2007.5.05.0131, Relator Desembargador Convocado: João Pedro Silvestrin, Data de Julgamento: 13.8.2014, 8ª Turma, Data de Publicação: DEJT 15.8.2014).

Ainda dentro dessa análise, em se tratando de arestos obtidos na internet, dúvidas podem surgir quanto aos elementos do endereço do sítio de onde foi extraído, o denominado *Uniform Resource Locator* — URL.[32] O endereço, por-

(32) URL é o endereço de um recurso disponível em uma rede, seja a rede internet ou intranet, e significa em inglês *Uniform Resource Locator*, e em português é conhecido por Localizador Padrão de Recursos. Em outras palavras, URL é um endereço virtual com um caminho que indica onde está o que o usuário procura, e pode ser tanto um arquivo, como uma máquina, uma página, um *site*, uma pasta etc. URL também pode ser o *link* ou endereço de um *site*. Um URL é composto de um protocolo, que

tanto, deve estar completo a ponto de conduzir diretamente ao acórdão ou é suficiente a menção ao sítio do tribunal (ex.: <www.tst.jus.br>)?

A questão tem gerado debates no TST, com posicionamentos de ambos os lados. Em alguns casos, exige-se a indicação precisa, como revelam os precedentes:

> RECURSO DE EMBARGOS REGIDO PELA LEI N. 11.496/2007. TESE RECURSAL DE CONTRARIEDADE À SÚMULA N. 422. ALEGAÇÃO DE QUE O AGRAVO DE INSTRUMENTO NÃO DEVERIA TER SIDO CONHECIDO PELA TURMA DO TST POR AUSÊNCIA DE FUNDAMENTAÇÃO. Renovada no agravo de instrumento a tese de violação legal veiculada do recurso de revista, em cumprimento ao requisito previsto no art. 896, *a*, da CLT, a diretriz da Súmula n. 422 não impediria o conhecimento do agravo de instrumento pela Turma do TST. No caso concreto a Turma proveu o agravo de instrumento dos reclamantes por reconhecer a violação do art. 927, parágrafo único, do Código Civil, expressamente afirmada no aludido recurso. Desse modo, inexiste contrariedade ao verbete. De outra parte, o aresto apresentado a confronto é inespecífico ao debate, porquanto apenas registra a necessidade de fundamentação dos recursos, sem consignar premissa à luz do embasamento das razões recursais na alegação de violação legal. Ademais, o paradigma trata de caso em que a controvérsia gira em torno da incidência da Súmula n. 126 do TST, situação diversa da decisão ora embargada. Recurso de embargos não conhecido. ACIDENTE DO TRABALHO. DANOS MORAIS E MATERIAIS. RESPONSABILIDADE OBJETIVA DO EMPREGADOR. MOTORISTA DE CAMINHÃO. DIVERGÊNCIA JURISPRUDENCIAL NÃO CONFIGURADA. Para a comprovação de divergência jurisprudencial de que trata o art. 894, II, da CLT, é imprescindível a apresentação de paradigmas que cumpram requisitos formais para a identificação da respectiva validade, na forma da Súmula n. 337 do TST e que sejam específicos ao debate (Súmula n. 296, I, do TST). No caso concreto, o único aresto apresentado nas razões recursais é formalmente inválido ao conhecimento do apelo, porquanto ausente a fonte de publicação. A recorrente indicou como fonte o endereço do sítio eletrônico do TST (*Universal Resource Locator* — URL) o qual remete ao andamento do processo na página desta Corte na internet e não ao acórdão condutor da decisão paradigma. De outra parte, conquanto a divergência alegada encontre-se na ementa do modelo, a recorrente não indicou outra fonte válida (DJE ou repositório autorizado, por exemplo), limitando-se a informar a data de publicação da decisão, mas sem a fonte respectiva, reitere-se. Desse modo, o aresto não cumpre os requisitos da Súmula n. 337 do TST. Recurso de embargos não conhecido. (E-ED-RR 1147-60.2011.5.12.0020, Relator Ministro: Augusto César Leite de Carvalho, Data de Julgamento: 5.6.2014, Subseção I Especializada em Dissídios Individuais, Data de Publicação: DEJT 13.6.2014);

---

pode ser tanto HTTP, que é um protocolo de comunicação, FTP que é uma forma rápida de transferir arquivos na internet etc. O formato das URL é definido pela norma RFC 1.738. *Significado de URL*. Disponível em: <http://www.significados.com.br/url/>. Acesso em: 15.12.2014.

EMBARGOS REGIDOS PELA LEI N. 11.496/2007. READMISSÃO. LEI DA ANISTIA. INCONSTITUCIONALIDADE DO DECRETO N. 1.499/1995. INDENIZAÇÃO POR DANOS MORAIS E MATERIAIS. ARESTO INSERVÍVEL. SÚMULA N. 337, ITENS III e IV, DO TST. O recurso de embargos não merece ser conhecido por divergência jurisprudencial. Os embargantes indicam, como divergente, trecho da fundamentação de acórdão da SBDI-2 do TST e apontam, como fonte de publicação, o *Diário da Justiça da União*. Cumpre acrescentar que, anexo às razões de embargos, juntou-se o inteiro teor da decisão paradigma, em que se registra, no cabeçalho, o endereço incompleto do conteúdo extraído da internet (URL — *Universal Resource Locator*), não tendo os reclamantes indicado, ainda, o sítio da internet <www.tst.jus.br>. Diante disso, tem-se por desatendidos os itens III e IV da Súmula n. 337 do TST, que dispõem: III — A mera indicação da data de publicação, em fonte oficial, de aresto paradigma é inválida para comprovação de divergência jurisprudencial, nos termos do item I, *a*, desta súmula, quando a parte pretende demonstrar o conflito de teses mediante a transcrição de trechos que integram a fundamentação do acórdão divergente, uma vez que só se publicam o dispositivo e a ementa dos acórdãos; IV — É válida para a comprovação da divergência jurisprudencial justificadora do recurso a indicação de aresto extraído de repositório oficial na internet, desde que o recorrente: a) transcreva o trecho divergente; b) aponte o sítio de onde foi extraído; e c) decline o número do processo, o órgão prolator do acórdão e a data da respectiva publicação no *Diário Eletrônico da Justiça do Trabalho*. Assim, sendo inservível o paradigma apresentado a confronto, impossível o conhecimento dos embargos. Embargos não conhecidos. (E-RR 27200-14.2004.5.01.0058, Relator Ministro: José Roberto Freire Pimenta, Data de Julgamento: 14.8.2014, Subseção I Especializada em Dissídios Individuais, Data de Publicação: DEJT 22.8.2014).

Noutros, em sentido contrário, nota-se jurisprudência favorável à menção ao sítio do Tribunal, sem a necessidade de se referenciar todo o endereço. Precedentes:

EMBARGOS DE DECLARAÇÃO. CONHECIMENTO DO RECURSO DE EMBARGOS POR DIVERGÊNCIA JURISPRUDENCIAL. SÚMULA N. 337, IV, DO TST. OMISSÃO. NÃO CARACTERIZADA. O atual entendimento jurisprudencial, aplicado antes mesmo da interposição do recurso de embargos, não exige mais a indicação do endereço do respectivo conteúdo na rede (URL). É suficiente, para tanto, a indicação do sítio do Tribunal Superior do Trabalho, requisito atendido nas razões dos embargos, na parte em que o recorrente citou expressamente como fonte do aresto paradigma o sítio do TST (<www.tst.gov.br>). Assim, não merecem provimento os embargos de declaração opostos sem a demonstração de existência de omissão de julgamento no acórdão recorrido, nos termos dos arts. 897-A da CLT e 535 do CPC. Embargos de declaração não providos. (ED-E-ARR 142100-07.2007.5.02.0016, Relator Ministro: Augusto César Leite de Carvalho, Data de Julgamento: 15.5.2014, Subseção I Especializada em Dissídios Individuais, Data de Publicação: DEJT 23.5.2014);

RECURSO DE EMBARGOS INTERPOSTO PELO RECLAMADO. EMBARGOS DE DECLARAÇÃO EM RECURSO DE REVISTA. RECURSO DE REVISTA CONHECIDO. SÚMULA N. 337 DO TST. 1. Nos moldes delineados no item I da Súmula n. 337 desta Corte Superior, para comprovação da divergência justificadora do recurso, é necessário que o recorrente: a) Junte certidão ou cópia autenticada do acórdão paradigma ou cite a fonte oficial ou o repositório autorizado em que foi publicado; e b) Transcreva, nas razões recursais, as ementas e/ou trechos dos acórdãos trazidos à configuração do dissídio, demonstrando o conflito de teses que justifique o conhecimento do recurso, ainda que os acórdãos já se encontrem nos autos ou venham a ser juntados com o recurso. 2. *In casu*, observa-se que, no tocante ao aresto que possibilitou o conhecimento do recurso de revista, o *parquet* transcreveu trechos do aresto paradigma que integraram a fundamentação do acórdão divergente, e indicou como fonte de publicação o DJE e o site do Tribunal da 18ª Região (<www.trt18.jus.br>), e acostou cópia integral da respectiva decisão. 3. Dentro deste contexto, não há falar em contrariedade aos itens III e IV da Súmula n. 337, haja vista que o Ministério Público obedeceu integralmente aos ditames do item I do referido verbete sumulado, pois a juntada de cópia autenticada do acórdão paradigma, desde que a parte transcreva nas razões recursais os trechos dos acórdãos trazidos à configuração do dissídio, o que foi observado pelo parquet, é suficiente para comprovar a divergência justificadora do recurso. Recurso de embargos não conhecido. (E-ED-RR 19083-20.2010.5.04.0000, Relatora Ministra: Dora Maria da Costa, Data de Julgamento: 24.10.2013, Subseção I Especializada em Dissídios Individuais, Data de Publicação: DEJT 30.10.2013).

Os julgados mencionados por último parecem-me acertados, pois, em geral, os endereços são extremamente longos, repletos de números, símbolos e letras e o erro cometido em um traço, por exemplo, não permitiria chegar até o acórdão. Noutros casos, como ocorre na base de dados do TST, a busca é gerenciada por um aplicativo que indica apenas um único endereço como sendo do acórdão: "aplicacao.tst.jus.br". Para todos eles é idêntico, razão pela qual não se consegue chegar diretamente à decisão.

Os demais elementos, todavia, devem estar presentes, como evidenciam os precedentes:

RECURSO DE EMBARGOS INTERPOSTO PELOS RECLAMANTES. RECURSO DE REVISTA. PETROBRAS. COMPLEMENTO DA RMNR. BASE DE CÁLCULO. INTERPRETAÇÃO DE CLÁUSULA DE ACORDO COLETIVO. PARCELAS COMPUTADAS NA APURAÇÃO DO RESPECTIVO MONTANTE. SÚMULA N. 337, IV, DO TST. 1. Segundo os ditames do item IV da Súmula n. 337 desta Corte Superior, é válida para a comprovação da divergência jurisprudencial justificadora do recurso a indicação de aresto extraído de repositório oficial na internet, desde que o recorrente: a) transcreva o trecho divergente; b) aponte o sítio de onde foi extraído; e c) decline o número do processo, o órgão prolator do acórdão e a data da respectiva publicação no *Diário Eletrônico da Justiça do Trabalho.* 2. *In casu*, os embargantes não indicaram, nas razões dos embargos, a fonte de publicação dos arestos paradigmas, ou seja, o *site* de onde foram extraídos ou o DJ em que foram publicados. 3. Dentro deste contexto, tem-se que não foi observada a correta indicação da fonte de publicação, tendo em vista que os recorrentes deixaram de atender os ditames do verbete supramencionado. Recurso de embargos não conhecido. (E-RR 4042-98.2011.5.12.0050, Relatora Ministra: Dora Maria da Costa, Data de Julgamento: 21.11.2013, Subseção I Especializada em Dissídios Individuais, Data de Publicação: DEJT 29.11.2013);

[...] AUXÍLIO-ALIMENTAÇÃO — EMPREGADOS ADMITIDOS APÓS A EDIÇÃO DO INSTRUMENTO COLETIVO QUE MODIFICOU A NATUREZA DO BENEFÍCIO. 1) A v. decisão ora embargada foi publicada na vigência da Lei n. 11.496/2007, que emprestou nova redação ao art. 894 da CLT, pelo que estão os presentes embargos regidos pela referida lei. E, nos termos da atual sistemática processual, o recurso de embargos só se viabiliza se demonstrada divergência entre arestos de Turmas desta Colenda Corte, ou entre arestos de Turmas e da SDI. Nesse passo, afigura-se imprópria a invocação de ofensa a dispositivo legal ou preceito constitucional a justificar o conhecimento dos embargos, pelo que não cabe o exame da alegada violação do art. 896 da Consolidação das Leis do Trabalho. 2) Os arestos transcritos às fls. 730-v/734 são inservíveis à demonstração do dissenso, à luz da Súmula/TST n. 337, IV, eis que, embora as recorrentes tenham mencionado que foram extraídos do sítio do TST (<www.tst.jus.br>), não informaram as respectivas datas de publicação no DEJT. 3) A Súmula/TST n. 241 é inespecífica, já que não aborda os mesmos aspectos fáticos transcritos na decisão embargada, particularmente no que tange ao fato de haver instrumento coletivo estabelecendo a natureza indenizatória do auxílio-alimentação. Incidência da Súmula/TST n. 296, I. Recurso de embargos não conhecido. (E-RR 89800-20.2007.5.04.0014, Relator Ministro: Renato de Lacerda Paiva, Data de Julgamento: 13.6.2013, Subseção I Especializada em Dissídios Individuais, Data de Publicação: DEJT 21.6.2013).

Esse posicionamento, todavia, pode ensejar discussões, diante da possibilidade de correção autorizada pela norma (apenas para defeitos formais, repito mais uma vez), e certamente será objeto de deliberação do Tribunal.

4.7. Procedimento sumaríssimo — contrariedade a Súmula Vinculante do STF

§ 9º Nas causas sujeitas ao procedimento sumaríssimo, somente será admitido recurso de revista por contrariedade a súmula de jurisprudência uniforme do Tribunal Superior do Trabalho **ou a súmula vinculante do Supremo Tribunal Federal** e por violação direta da Constituição Federal.

A salutar alteração no parágrafo transcrito consiste na admissibilidade do recurso de revista, nas causas sujeitas ao procedimento sumaríssimo, também por contrariedade a súmula vinculante do Supremo Tribunal Federal. E já não era sem tempo, em virtude da hegemonia desse Tribunal na interpretação constitucional e na obrigatoriedade de adoção do posicionamento nela contido, por força do disposto no art. 103-A da Constituição, também ressaltado na Lei n. 11.417/2006, que regulamentou o citado dispositivo.

E são muitos os casos em que a decisão do TRT pode contrariar a orientação de caráter compulsório traçada pelo STF, diante do rico manancial de matérias tratadas no art. 7º da Constituição, a exemplo da vinculação da base de cálculo do adicional de insalubridade ao salário mínimo.

A meu sentir e pelas mesmas razões, o alcance deveria ser ainda maior e contemplar também as Súmulas que não tenham sido dotadas de tal atributo e as decisões em recurso extraordinário dotadas de repercussão geral, a fim de preservar a hegemonia daquele Tribunal na última palavra das questões constitucionais.

4.8. Recurso de revista em execuções fiscais e nas controvérsias envolvendo a Certidão Negativa de Débitos Trabalhistas — CNDT

> § 10. Cabe recurso de revista por violação a lei federal, por divergência jurisprudencial e por ofensa à Constituição Federal nas execuções fiscais e nas controvérsias da fase de execução que envolvam a Certidão Negativa de Débitos Trabalhistas (CNDT), criada pela Lei n. 12.440, de 7 de julho de 2011.

A regra geral, na fase de execução, é restritiva quanto ao cabimento de Recurso de Revista; somente é admitido se importar em ofensa direta e literal do texto constitucional (§ 2º do art. 896 da CLT):

> § 2º Das decisões proferidas pelos Tribunais Regionais do Trabalho ou por suas Turmas, em execução de sentença, inclusive em processo incidente de embargos de terceiro, não caberá Recurso de Revista, salvo na hipótese de ofensa direta e literal de norma da Constituição Federal. (Redação dada pela Lei n. 9.756, de 17.12.1998)

A Súmula n. 266 do TST realça essa interpretação:

> SUM-266. RECURSO DE REVISTA. ADMISSIBILIDADE. EXECUÇÃO DE SENTENÇA (mantida). Res. n. 121/2003, DJ 19, 20 e 21.11.2003. A admissibilidade do recurso de revista interposto de acórdão proferido em agravo de petição,

na liquidação de sentença ou em processo incidente na execução, inclusive os embargos de terceiro, depende de demonstração inequívoca de violência direta à Constituição Federal.

O novo dispositivo, porém, em primeiro lugar, consolida a jurisprudência do TST quanto aos limites de cabimento do recurso de revista em execução fiscal, pois, em se tratando de ação baseada em título extrajudicial, não possui como pressuposto a segurança oriunda de decisão judicial transitada em julgado que, por sua vez, decorre de cognição exauriente na qual se assegurou o direito ao contraditório e à ampla defesa.

Por isso, nessa espécie de ação, admitem-se a ampla cognição e defesa do devedor, o que tornava incompatível a limitação prevista no § 2º do art. 896 da CLT, que apenas admite recurso de revista em caso de ofensa direta e literal de norma da Constituição Federal, como revelam precedentes:

> I — AGRAVO DE INSTRUMENTO. 1. EXECUÇÃO FISCAL. RECURSO DE REVISTA. SUPRESSÃO DO ÓBICE A QUE ALUDE O ART. 896, § 2º, DA CLT. 1.1. O art. 896, § 2º, da CLT, restringe o cabimento do recurso de revista, quando oposto às decisões preferidas pelos Tribunais Regionais do Trabalho ou por suas Turmas, em execução de sentença, inclusive em processo incidente de embargos de terceiro ao caso de ofensa direta e literal de norma da Constituição Federal. 1.2. O preceito objetiva celeridade processual e pressupõe o exaurimento de matérias e questões na fase de conhecimento — daí a limitação dos temas possíveis de arguição em embargos do devedor (CLT, art. 884, § 1º). 1.3. O art. 114, VII, da Constituição Federal trouxe à Justiça do Trabalho a competência para as ações relativas às penalidades administrativas impostas pelos órgãos fiscalizadores das relações de trabalho, aí incluída a execução fiscal, regida pela Lei n. 6.830/1980. 1.4. O procedimento tem gênese em título extrajudicial e admite ampla cognição, como se extrai do disposto no art. 16, § 2º, do diploma legal. 1.5. Resta claro que a regra consolidada, ao tempo de sua concepção e reedições, não tinha tal aspecto em foco. 1.6. Sob pena de se furtar ao TST o exercício de sua função interpretativa e uniformizadora do ordenamento, na Justiça do Trabalho, e porque, objetivamente, não se cuide de insurreição contra decisão proferida em execução de sentença ou processo incidente de embargos de terceiro, não cabe, na execução fiscal, o bloqueio do art. 896, § 2º, da CLT. [...] (AIRR 154400-18.2005.5.03.0024, Relator Ministro: Alberto Luiz Bresciani de Fontan Pereira, Data de Julgamento: 24.9.2014, 3ª Turma, Data de Publicação: DEJT 26.9.2014);
>
> AGRAVO DE INSTRUMENTO EM RECURSO DE REVISTA. EXECUÇÃO FISCAL. NÃO APLICAÇÃO DA RESTRIÇÃO DO ART. 896, § 2º, DA CLT. É entendimento pacífico no âmbito desta Corte que não se aplica o óbice do art. 896, § 2º, da CLT às execuções fiscais, devendo ser examinada a admissibilidade do Recurso de Revista de acordo com as hipóteses de cabimento, previstas nas alíneas *a* a *c* do referido artigo. [...] (AIRR 108700-28.2005.5.01.0039, Relatora

Ministra: Maria de Assis Calsing, Data de Julgamento: 24.9.2014, 4ª Turma, Data de Publicação: DEJT 3.10.2014).

Essa interpretação baseia-se na compreensão segundo a qual a incidência do óbice mencionado impediria que, nesse tipo de ação, o TST exercesse a sua função interpretativa e uniformizadora do ordenamento e, mais, deixaria as decisões proferidas pelos TRTs fora do controle da legalidade e de constitucionalidade, papeis que também desempenha em face do cabimento do recurso de revista por violação de lei federal ou ofensa à Constituição.

Portanto, em se tratando de execução fiscal, é cabível o recurso de revista em três hipóteses: a) violação a lei federal; b) divergência jurisprudencial; c) ofensa à Constituição Federal.

Passou-se também a permitir o exame das controvérsias, em execução, relacionadas à Certidão Negativa de Débitos Trabalhistas — CNDT, importante aliada em busca da efetividade da execução trabalhista, criada pela Lei n. 12.440/2011 e regulamentada por meio da Resolução Administrativa n. 1.470/2011 (alterada pelos Ato TST.GP n. 772/2011 e Ato TST.GP n. 1/2012).

Isso porque o interessado em participar de processos licitatórios deve comprovar a regularidade trabalhista (art. 27, IV, da Lei n. 8.666/1993),[33] o que se faz mediante a apresentação, dentre outros documentos, da aludida Certidão (art. 29, V, da Lei referida).[34]

Publicação extraída do sítio do TST na internet contempla as informações relevantes sobre a Certidão e explica o seu alcance[35]:

> Para expedição da CNDT, organizou-se o **Banco Nacional de Devedores Trabalhistas — BNDT**, centralizado no Tribunal Superior do Trabalho, a partir de informações remetidas por todos os 24 Tribunais Regionais do Trabalho do país. Deste Banco — BNDT — constam as pessoas físicas e jurídicas que são devedoras inadimplentes em processo de **execução trabalhista definitiva**.
>
> [...]

---

(33) Art. 2º O inciso IV do art. 27 da Lei n. 8.666, de 21 de junho de 1993, passa a vigorar com a seguinte redação:
"Art. 27. [...]
IV — regularidade fiscal e trabalhista;

(34) Art. 3º O art. 29 da Lei n. 8.666, de 21 de junho de 1993, passa a vigorar com a seguinte redação:
Art. 29. A documentação relativa à regularidade fiscal e trabalhista, conforme o caso, consistirá em:
[...]
V — prova de inexistência de débitos inadimplidos perante a Justiça do Trabalho, mediante a apresentação de certidão negativa, nos termos do Título VII-A da Consolidação das Leis do Trabalho, aprovada pelo Decreto-Lei n. 5.452, de 1º de maio de 1943. (NR)

(35) Disponível em: <www.tst.jus.br>. Acesso em: 17.12.2014.

As dívidas registradas no BNDT incluem as obrigações trabalhistas, de fazer ou de pagar, impostas por sentença, os acordos trabalhistas homologados pelo juiz e não cumpridos, os acordos realizados perante as Comissões de Conciliação Prévia (Lei n. 9.958/2000) e não cumpridos, os termos de ajuste de conduta firmados com o Ministério Público do Trabalho (Lei n. 9.958/2000) e não cumpridos, as custas processuais, emolumentos, multas, honorários de perito e demais despesas oriundas dos processos trabalhistas e não adimplidas.

A Certidão será **negativa** se a pessoa sobre quem deva versar não estiver inscrita como devedora no BNDT, após decorrido o prazo de regularização.

A Certidão será **positiva** se a pessoa sobre quem aquela deva versar tiver execução definitiva em andamento, já com ordem de pagamento não cumprida, após decorrido o prazo de regularização.

A Certidão será **positiva com efeito de negativa**, se o devedor, intimado para o cumprimento da obrigação em execução definitiva, houver garantido o juízo com depósito, por meio de bens suficientes à satisfação do débito ou tiver em seu favor decisão judicial que suspenda a exigibilidade do crédito.

A Certidão **positiva com efeito de negativa** possibilita o titular de participar de licitações.

[...]

A Certidão é nacional, tem validade de 180 dias e apresenta a situação da pessoa jurídica pesquisada em relação a todos os seus estabelecimentos, agências ou filiais.

A certidão, eletrônica e gratuita, pode ser obtida em todos os portais da Justiça do Trabalho na rede mundial de computadores (Tribunal Superior do Trabalho, Conselho Superior da Justiça do Trabalho e Tribunais Regionais do Trabalho).

Nos mesmos endereços, o interessado obtém relatório de processos em prazo de regularização, com a indicação da data de lançamento no pré-cadastro do BNDT.

Para garantir a sua autenticidade, as certidões expedidas devem ser validadas neste mesmo Portal.

O vazio normativo é suprido e inúmeras podem ser as controvérsias, desde a própria inclusão do nome da empresa no Banco Nacional de Devedores Trabalhistas — BNDT, passando por questionamentos quanto à existência, subsistência da dívida ou exclusão do nome.

Veja-se que, até então, carente o sistema de norma jurídica autorizadora, precedentes do Tribunal inviabilizavam o exame da controvérsia por implicar violação reflexa de norma constitucional e envolver prévio exame de norma infraconstitucional, como destaco:

AGRAVO DE INSTRUMENTO. RECURSO DE REVISTA EM AGRAVO DE PETIÇÃO. BANCO NACIONAL DE DEVEDORES TRABALHISTAS — BNDT. VIOLAÇÃO REFLEXA DE NORMA CONSTITUCIONAL. INVIABILIDADE. Deve ser negado seguimento a recurso de revista fundado em violação direta e literal do art. 5º, II e XXXVI, da Constituição da República, quando o tema debatido — inclusão no Banco Nacional de Devedores Trabalhistas — exigir prévio exame de norma infraconstitucional (art. 642-A da Consolidação das Leis do Trabalho), pois a violação reflexa da Constituição da República não viabiliza recurso de revista, atraindo a incidência da Súmula n. 266 deste Colendo Tribunal Superior do Trabalho, conforme a qual a admissibilidade do recurso de revista interposto de acórdão proferido em agravo de petição, na liquidação de sentença ou em processo incidente na execução, inclusive os embargos de terceiro, depende de demonstração inequívoca de violência direta à Constituição Federal. Agravo de instrumento improvido. (AIRR 47000-88.2008.5.03.0007, Relator Ministro: José Maria Quadros de Alencar, Data de Julgamento: 27.8.2014, 1ª Turma, Data de Publicação: DEJT 29.8.2014).

A alteração é marcante, como visto.

5

Correção de Defeitos Formais

Um dos temas que certamente despertará acirrado debate na doutrina e na jurisprudência diz respeito à possibilidade conferida ao relator de permitir seja sanado ou desconsiderado o defeito formal não reputado grave, em recurso tempestivamente interposto, proposta encaminhada pelo Ministério da Justiça e encampada no parecer do Relator na CTASP, Deputado Roberto Santiago, que antecipou novidade contida no projeto do novo CPC, aprovado pelo Congresso Nacional.[36]

Segundo as suas próprias palavras constantes do Parecer emitido na citada Comissão:

> Entretanto não podemos ficar alheios às alterações que podem vir a ser implementadas com o novo Código de Processo Civil, que tramita nesta casa, o Projeto de Lei n. 8.046, de 2010.
>
> Isso porque, ao fazermos um cotejo com o sistema recursal contido no projeto em exame, em especial no que tange aos recursos de natureza extraordinária (Recurso Especial e Recurso de Revista), verificamos que há uma tendência de relevar alguns defeitos formais contidos no recurso, desde que não se repute grave.
>
> Essa nova tendência revela a preponderância do direito material, relegando ao direito processual servir como instrumento para a obtenção do bem da vida pleiteado pelo autor, e não constituindo um fim em si mesmo.

---

(36) Texto constante do Relatório do Senador Vital do Rego, aprovado em 17.12.2014, com numeração provisória no art. 1.026:

"Art. 1.026. [...]

§ 3º O Supremo Tribunal Federal ou o Superior Tribunal de Justiça poderá desconsiderar vício formal de recurso tempestivo ou determinar sua correção, desde que não o repute grave.

> Nesse sentido, a proposta de redação do novo Código de Processo Civil, aprovada pelo Senado Federal, vislumbra, no art. 893, § 2º, a hipótese de, em casos excepcionais, os Tribunais Superiores desconsiderarem o vício contido em determinados recurso, ou mandar saná-lo, julgando o mérito.
>
> Esse dispositivo permite que os Tribunais Superiores possam conhecer determinado recurso, ainda que com defeito formal, desde que a apreciação do mérito nele contido possa contribuir para a ordem jurídica.
>
> Essa competência discricionária para conhecer determinado recurso, ora sugerida, a exemplo do *writ of certiorari* do direito comparado, pode contribuir para a atividade jurisdicional também no nosso ordenamento jurídico, a exemplo do que já ocorre na Suprema Corte Americana.

Extrai-se, como primeiro ponto a ser destacado, que o objetivo central consiste em valorizar a essência em detrimento da forma; o fim sobre o meio, pois muitos são os casos em que, em virtude de pequenos defeitos formais, o ato processual, no caso específico o recurso, não atinge o fim a que se destina.

Na essência, acentua a importância do princípio da instrumentalidade das formas, inerente ao processo do trabalho, que tem na simplicidade uma de suas características marcantes, quanto aos requisitos essenciais para a validade dos seus atos. A tanto se conclui pela autorização conferida no art. 791 da CLT, para a atuação de empregados e empregadores desacompanhados de advogados, o que, seguramente, é incompatível com a exigência do rigor técnico processual, como também ao apontar a necessidade de ocorrência de prejuízo manifesto para que seja declarada a nulidade, alegada na primeira oportunidade em que a parte se manifestar nos autos (arts. 794 e 795 da CLT).

Não é diferente no processo civil, como se vê na parte final do *caput* do art. 154 do CPC: desde que atingida a finalidade, mesmo que praticado de forma diversa, o ato deve ser convalidado.

A jurisprudência consolidada do TST contém exemplo dessa natureza, materializado na Orientação Jurisprudencial n. 257 da SBDI-1, que despreza o formalismo exacerbado no recurso de revista, fundado em violação legal, ao considerar suficiente que sejam invocados os preceitos legais ou constitucionais tidos como violados e afastar a exigência de que contenha expressões próprias indicativas de tal intento, como "contrariar", "ferir", "violar", etc.

> OJ-SDI1-257. RECURSO DE REVISTA. FUNDAMENTAÇÃO. VIOLAÇÃO DE LEI. VOCÁBULO VIOLAÇÃO. DESNECESSIDADE (alterada em decorrência da redação do inciso II do art. 894 da CLT, incluído pela Lei n. 11.496/2007). Res. n. 182/2012, DEJT divulgado em 19, 20 e 23.4.2012. A invocação expressa no recurso de revista dos preceitos legais ou constitucionais

tidos como violados não significa exigir da parte a utilização das expressões "contrariar", "ferir", "violar" etc.

Para melhor elucidar o debate, transcrevo a norma em questão com vistas a identificar o seu núcleo conceitual e os elementos que o compõem:

> § 11. Quando o **recurso tempestivo** (1) contiver **defeito formal** (2) que **não se repute grave** (3), o Tribunal Superior do Trabalho poderá **desconsiderar o vício ou mandar saná-lo** (4), julgando o mérito.
>
> § 12. Da decisão denegatória caberá agravo, no prazo de 8 (oito) dias.

Prudente assinalar que, embora esteja em parágrafo inserido no artigo que disciplina o recurso de revista, a possibilidade de correção pode — e deve — ser estendida aos demais recursos no âmbito do TST (recurso ordinário, agravo, agravo regimental, agravo de instrumento, embargos infringentes, embargos, embargos de declaração, remessa necessária e pedido de concessão de efeito suspensivo) e dos TRTs (agravo, agravo regimental, agravo de petição, agravo de instrumento, embargos de declaração, remessa necessária e recurso ordinário), em virtude de representar, menos uma regra, e mais a ampliação e concretização do princípio da instrumentalidade das formas, especificamente em matéria recursal.

5.1. Recurso tempestivo

O primeiro ponto se relaciona a uma espécie de **cláusula de barreira** estabelecida na própria norma para que possa ser concedida, pelo Ministro Relator[37], a oportunidade de ser corrigido o defeito: a **tempestividade do recurso**.

Pressuposto extrínseco de conhecimento, diz respeito à exigência de que tenha sido interposto no prazo fixado em lei que, em regra, é de oito dias, com exceção dos embargos declaratórios, reduzido para cinco.

Tempestivo, portanto, é o recurso que observa o limite estabelecido pela lei para a sua interposição, sob consequência de preclusão temporal, pois, como regra, os prazos são dotados de um atributo que lhes é inerente: **o efeito preclusivo temporal**. Uma vez esgotado, também será encerrada a possibilidade de ser praticado o ato.

Por ser fixado em lei, o prazo recursal é classificado, quanto à origem, como "**legal**", ou seja, a própria norma o define, o que constitui regra do processo,

---

(37) Embora a norma se refira ao Tribunal, trata-se de competência ao Ministro Relator, considerando ser incumbido do exame dos pressupostos recursais, ao exercer o juízo de admissibilidade dos recursos.

pois o tema guarda correlação com o princípio do devido processo legal, a necessidade de segurança jurídica do processo e o tratamento igualitário às partes.

Quanto à natureza jurídica, qualifica-se como "**peremptório**". Fixado por norma de ordem pública, cogente ou imperativa, não pode ser modificado, seja por vontade das partes, seja por ato do juiz, que somente tem permissão para dilatar o termo final, razão pela qual também é chamado de fatal ou improrrogável.

De maneira mais detalhada, o art. 182 do CPC, aplicável ao processo do trabalho, corrobora essa afirmação, ao mencionar ser "defeso às partes, ainda que todas estejam de acordo, reduzir ou prorrogar os prazos peremptórios"(38), embora, quanto à autorização para prorrogação, o dispositivo da CLT tenha expressão mais abrangente (força maior, ao invés de calamidade pública).

Há que se indagar a razão de ser da exigência contida na norma, o que seguramente decorre da natureza do recurso intempestivo: trata-se de **ato jurídico inexistente**. É o não ato e, por conseguinte, nenhum efeito produzirá no processo.

5.2. Defeito formal

O segundo elemento conceitual diz respeito à natureza do defeito que pode ensejar a possibilidade de sua reparação, qualificado como "defeito formal".

Remete-se, por conseguinte, à maneira pela qual o ato jurídico é praticado, seja no que diz respeito ao elemento externo à vontade manifestada — como a vontade foi exteriorizada —, seja em relação aos requisitos indicados na lei como imprescindíveis para ser considerado existente ou válido.

A regra é a liberdade. Por escritos, palavras, gestos, atitudes ou acenos, o sujeito pode manifestar o seu desejo íntimo e, o direito, emprestar validade a essa exteriorização. Por isso mesmo, prevalece o fim alcançado em detrimento da forma utilizada, como princípio vetor da possibilidade de produção de efeitos, embora, como salientado, em determinadas hipóteses, certamente inspirado pela importância de privilegiar-se a solenidade do ato jurídico, o legislador erigiu

---

(38) Art. 182. É defeso às partes, ainda que todas estejam de acordo, reduzir ou prorrogar os prazos peremptórios. O juiz poderá, nas comarcas onde for difícil o transporte, prorrogar quaisquer prazos, mas nunca por mais de 60 (sessenta) dias. Parágrafo único. Em caso de calamidade pública, poderá ser excedido o limite previsto neste artigo para a prorrogação de prazos.

a forma como elemento de validade e, em tais casos, acarreta a nulidade, caso não seja observada.

Prudente recordar, nesse aspecto, a lição de Caio Mário da Silva Pereira quando, ao abordar o tema, identifica situações em que, apesar da liberdade de forma constituir a regra no direito brasileiro, diante das transformações pelas quais passou a sociedade brasileira — e por que não dizer o mundo moderno — decorrentes do tempo e do progresso da cultura, em determinadas situações o legislador preserva o ritualismo ou a forma como elemento integrante da substância do ato.

Interessante observação faz Marcos Neves Fava em torno dos fundamentos para a inserção de requisitos de validade dos atos processuais. Para ele, destinam-se à garantia de observância do importantíssimo princípio do devido processo legal:

> O ato processual tem sua realização pautada pela lei: o atendimento e a observância das regras legais pertinentes ao ato garantem o equilíbrio entre as partes, apanágio do *due processo of law*. Iguais tornam-se as partes, no processo, quando e se são observados os ritos procedimentais, o que, ao contrário, faz concluir que o desrespeito leva à ineficácia do ato. É a forma do ato, como prevista pelo ordenamento, que garantirá seu conhecimento. Dela deflui sua eficácia.(39)

No âmbito do processo, consagrada doutrina assinala a existência de diferença essencial entre o sistema de invalidades e o referente aos atos no âmbito do direito privado, como afirmam, dentre muitos, Fredie Didier Jr.(40) e Alexandre de Freitas Câmara(41), pertinente à necessidade de haver pronunciamento judicial para obter-se o reconhecimento do defeito que atinge o ato praticado. Portanto, ainda que defeituoso, produz efeitos até que seja decretada a sua invalidade.

Defeito formal, portanto, é o que **decorre da não observância de regra disciplinadora da maneira pela qual o ato processual deve ser praticado**; são inúmeros os dispositivos que disciplinam a interposição do recurso e, por isso mesmo, constituem requisitos formais indispensáveis à produção das consequências que dele se originam.

Dizem respeito aos denominados **pressupostos extrínsecos ou objetivos**, assim compreendidos os requisitos relacionados ao modo de exercício do direito

---

(39) FAVA, Marcos Neves. Teoria geral das nulidades. *In:* CHAVES, Luciano Athayde. *Curso de processo do trabalho*. 2. ed. São Paulo: LTr, 2012. p. 576.

(40) DIDIER JR., Fredie. *Curso de direito processual civil*. 13. ed. Salvador: JusPodivm, 2011. v. 1, p. 278.

(41) CÂMARA, Alexandre de Freitas. *Lições de direito processual civil*. 23. ed. São Paulo: Atlas, 2012. v. 1, p. 289.

de recorrer ou, em outras palavras, os que dizem respeito aos aspectos formais do recurso objetivamente considerado ou, nas palavras de José Carlos Barbosa Moreira, são os concernentes ao exercício do direito de recorrer.[42]

Para Júlio César Bebber, são os requisitos que "dizem respeito aos *fatores externos* à decisão impugnada, e *normalmente* são posteriores ao referido pronunciamento".[43]

Com pequena divergência, para a doutrina são: preparo, tempestividade (já analisada), representação processual e regularidade formal.

Recurso adequadamente preparado é aquele em que a parte efetuou o pagamento das despesas (custas) fixadas na decisão impugnada e, se for o caso, o recolhimento do depósito.

Regularidade formal indica a necessidade de observância do princípio da dialeticidade, ou seja, a obrigatoriedade de que a parte indique as razões com base nas quais pretende a reforma da decisão, o que nada mais é do que a aplicação, na seara recursal, do princípio da impugnação específica inerente ao processo em geral.

5.3. Que não se repute grave

De todos os elementos conceituais componentes do núcleo da norma em análise, sem dúvida, a qualificação do defeito que possibilitará a concessão de oportunidade para que a parte venha a saná-lo constitui **a mais intrincada das questões a serem resolvidas pela jurisprudência**.

Trata-se de regra propositadamente redigida de forma aberta, característica predominante nos textos legais contemporâneos, para, por primeiro, permitir a sua constante atualidade; segundo, ser dotada de amplo alcance e, finalmente, pela impossibilidade de o legislador disciplinar todas as situações de sua incidência.

Contém, por isso, conceito jurídico indeterminado, assim compreendido como o uso intencional de uma *fattispecie* (tipificação completa e rigorosa), repita-se, caracterizada pela sua natureza vaga e incompleta; possui definição aberta.

---

(42) MOREIRA, José Carlos Barbosa. *O novo processo civil brasileiro:* exposição sistemática do procedimento. 29. ed. rev. e ampl. Rio de Janeiro: Forense, 2012. p. 116.

(43) BEBBER, Júlio César. Teoria geral dos recursos trabalhistas. *In:* CHAVES, Luciano Athayde. *Curso de processo do trabalho*. 2. ed. São Paulo: LTr, 2012. p. 884.

José Augusto Delgado, após valer-se das lições de Nélson Nery Júnior e Rosa Maria de Andrade Nery, o define como

> [...] palavras ou expressões indicadas na lei, de conteúdo e extensão vagos, imprecisos e genéricos. [...] entregam ao intérprete a missão de atuar no preenchimento dos claros, permitindo que ele extraia da norma, para o caso concreto em evidência, o que, realmente, ela pretende.(44)

Judith Martins-Costa salienta o caráter impreciso e aberto dos termos utilizados pelo legislador como sua característica, o que os aproxima das cláusulas gerais, ambos marcados pelo alto grau de vagueza semântica, entendida esta como imprecisão de significado.(45)

Diferenciam-se, contudo, entre si em função do grau de indeterminação da *fattispecie*, que se apresenta mais limitado, permitindo, com isso e em virtude do caráter vago mencionado, a discricionariedade por quem deles se utilizar. Resume:

> Enquanto nos conceitos indeterminados o juiz se limita a reportar ao fato concreto o elemento (vago) indicado na *fattispecie* (devendo, pois, individuar os confins da hipótese abstratamente posta, cujos efeitos já foram predeterminados legislativamente), na cláusula geral a operação intelectiva do juiz é mais complexa. Este deverá, além de averiguar a possibilidade de subsunção de uma série de casos-limite na *fattispecie*, averiguar a exata individuação das mutáveis regras sociais às quais envia a metanorma jurídica. Deverá, por fim, determinar também quais são os efeitos incidentes ao caso concreto, ou, se estes já vierem indicados, qual a graduação que lhes será conferida no caso concreto, à vista das possíveis soluções existentes no sistema.(46)

---

(44) BEBBER, Júlio César. Teoria geral dos recursos trabalhistas. *In:* CHAVES, Luciano Athayde. *Curso de processo do trabalho.* 2. ed. São Paulo: LTr, 2012. p. 399.

(45) Alberto Gosson Jorge Júnior, com base em Claudio Luzzati, afirma que a vagueza contida nos conceitos jurídicos indeterminados corresponde ao que denomina de vagueza socialmente típica; não seria qualquer indeterminação de sentido, mas o reenvio pelo legislador a valores objetivamente assentados pela moral social (JORGE JÚNIOR, Alberto Gosson. *Cláusulas gerais no novo código civil*: coleção prof. Agostinho Alvim. São Paulo: Saraiva, 2004. p. 6). No mesmo sentido Judith Martins-Costa salienta, apoiada no mesmo autor italiano, que implica utilizar "valorações tipicizantes das regras sociais, porque o legislador renunciou a determinar diretamente os critérios (ainda que parciais) para a qualificação dos fatos, fazendo implícito ou explícito reenvio a parâmetros variáveis no tempo e no espaço (regras morais, sociais e de costume). (MARTINS-COSTA, Judith. *A boa-fé no direito privado.* São Paulo: Revista dos Tribunais, 1999. p. 313).

(46) MARTINS-COSTA, Judith. *A boa-fé no direito privado.* São Paulo: Revista dos Tribunais, 1999. p. 326-327.

O que particulariza os conceitos jurídicos indeterminados, portanto, é o fato de serem dotados, propositadamente, ao definir-se a *fattispecie*, de elementos de conteúdo vago e assim se mantêm quando de sua aplicação, perdendo-os somente mediante a análise das circunstâncias no caso específico. Possuem grande abertura semântica e permitem a construção das respostas aos problemas cuja solução se dá por meio da jurisprudência.

Em muito se assemelham às cláusulas gerais, exceto quanto ao grau de complexidade da atividade intelectiva do magistrado, ao promover a sua concretude no caso em análise. Por isso, cabem as ponderações feitas por Judith Martins-Costa, ao assinalar a peculiaridade segundo a qual remetem o juiz à valoração, sem dar lugar, contudo, à discricionariedade, na medida em que, ao fazê-lo, enseja a possibilidade de circunscrever, em determinada hipótese legal (estatuição), uma ampla variedade de casos cujas características específicas serão formadas pela via jurisprudencial, e não legal.(47)

Ainda de acordo com a citada autora, a sua principal característica é a utilização intencional de expressões ou termos vagos no delineamento da *fattispecie* ou mesmo a permissão para que o juiz possa dar concretude às consequências normativas que busca alcançar, não sendo, necessariamente, nem gerais, nem genéricas, nem ambíguas.(48)

Nélson Nery Júnior e Rosa Maria de Andrade Nery, a partir da lição de vários autores, as consideram "normas orientadoras sob forma de diretrizes, dirigidas precipuamente ao juiz, vinculando-o ao mesmo tempo em que lhe dão liberdade para decidir". São

> [...] formulações contidas em lei, de caráter significativamente genérico e abstrato, [...] cujos valores devem ser preenchidos pelo juiz, autorizado para assim agir em decorrência da formulação legal da própria cláusula geral, que tem natureza de diretriz.(49)

Alberto Gosson Jorge Júnior, com respaldo em Karl Engisch, destaca o aspecto de contraposição à elaboração casuística das hipóteses legais como o ponto a ser destacado na definição das cláusulas gerais, reafirmando a conceituação do autor citado como "uma formulação de hipótese legal que, em termos de grande generalidade, abrange e submete a tratamento jurídico todo um domínio de casos".(50)

---

(47) MARTINS-COSTA, Judith. *A boa-fé no direito privado*. São Paulo: Revista dos Tribunais, 1999. p. 298-299.

(48) *Ibidem*, p. 360.

(49) NERY JÚNIOR, Nélson; NERY, Rosa Maria de Andrade. *Novo código civil e legislação extravagante anotados*. São Paulo: Revista dos Tribunais, 2002. p. 6.

(50) JORGE JÚNIOR, Alberto Gosson. *Cláusulas gerais no novo código civil:* coleção prof. Agostinho Alvim. São Paulo: Saraiva, 2004. p. 1.

São normas que não prescrevem certa conduta, mas, simplesmente, definem valores e parâmetros hermenêuticos, tornando-se referencial interpretativo para o aplicador do Direito, notadamente o juiz na elaboração das normas de decisão, oferecendo critérios axiológicos e limites para a incidência das demais disposições normativas.(51)

Permitem preencher os claros com os valores designados para o caso concreto, para que encontre a solução que lhe pareça mais correta, ou seja, "concretizando os princípios gerais de Direito e dando aos conceitos legais indeterminados uma determinalidade pela função que têm de exercer no caso concreto".(52)

Não se tratou, por conseguinte, de imperfeição ou deslize do legislador, mas de acurado zelo na redação de regra consentânea com a moderna técnica legislativa.

Resta, então, analisar o cerne da norma: **o que é defeito formal não considerado grave?**

A resposta indica a necessidade de serem revisitados os conceitos pertinentes aos elementos de validade do ato jurídico, transportados para o campo processual. A doutrina igualmente agrupa tipos diferentes de defeitos, os quais produzem distintas consequências.

Podem ser classificadas conforme a natureza da norma atingida, na concepção de Alexandre de Freitas Câmara, em(53):

a) nulidade absoluta, quando for violada norma cogente de proteção do interesse público, a exemplo de ato praticado por juiz absolutamente incompetente (art. 113, § 2º, do CPC), que, em virtude de se tratar de vício insanável, pode ser reconhecida de ofício ou mediante requerimento das partes, a qualquer tempo durante o processo;

b) nulidade relativa, quando a norma atingida é de natureza cogente de tutela de interesse privado, como ocorre com a necessidade de autorização

---

(51) NUNES, Gabriel Turiano Moraes. *Responsabilidade civil pelo risco da atividade no novo código civil brasileiro*. Monografia apresentada ao curso de graduação em Direito, Universidade Salvador — UNIFACS, como requisito parcial para obtenção do grau de Bacharel em Direito, Salvador, 2004. p. 14-15.
(52) NERY JÚNIOR, Nélson; NERY, Rosa Maria de Andrade. *Novo código civil e legislação extravagante anotados*. São Paulo: Revista dos Tribunais, 2002. p. 6.
(53) CÂMARA, Alexandre de Freitas. *Lições de direito processual civil*. 23. ed. São Paulo: Atlas, 2012. v. 1, p. 290-291.

do cônjuge (art. 11 do CPC) para a propositura das ações enumeradas no art. 10 do CPC. A exigência se mostra imprescindível, não pode ser afastada por vontade das partes, mas o objetivo é a defesa do patrimônio familiar, interesse de natureza privada, portanto. Trata-se de vício sanável, pode ser reconhecido de ofício ou mediante provocação;

c) anulabilidade, quando se atinge norma dispositiva, a exemplo do que ocorre com a penhora de bem relativamente impenhorável (art. 650 do CPC), a qual somente pode ser acatada pelo juiz se alegado pela parte interessada.

Marcos Neves Fava(54) prefere classificar as nulidades de acordo com a gravidade e as agrupa em: irregularidades irrelevantes, nulidades absolutas e nulidades relativas, além das irregularidades que acarretam sanções extraprocessuais, que não interessam ao presente trabalho.

Para ele, irregularidades irrelevantes são considerados os defeitos mínimos e que não geram qualquer invalidade, como a inserção de quotas marginais nos autos, vedadas pelo art. 161 do CPC, mas sem qualquer sanção para a eficácia do ato.

Nulidades absolutas, por sua vez, se caracterizam nos atos que guardam ofensa a comando de natureza cogente e com implicação no interesse público; por isso, podem ser tratadas de ofício, em virtude de não interessarem apenas às partes.

As nulidades relativas, ainda segundo o mesmo autor, se relacionam com normas dispositivas, por serem afetas a interesses meramente particulares.

5.4. Recursos inexistentes

De início, sempre lúcida e oportuna a lição de Pontes de Miranda em torno dos elementos pertinentes à existência do ato jurídico, em nota de atualização de sua obra:

> O ato jurídico existe quanto todos os dados previstos para compor o núcleo do seu suporte fático se concretizam no mundo. Se existe, e somente se existe, então, pode ser válido e eficaz, ou válido e ine-

---

(54) FAVA, Marcos Neves. Teoria geral das nulidades. *In:* CHAVES, Luciano Athayde. *Curso de processo do trabalho*. 2. ed. São Paulo: LTr, 2012. p. 577-578.

ficaz, inválido e ineficaz ou inválido e eficaz, dependendo de haver ou não deficiência nos elementos complementares ou integrativos de seu suporte fático. Como mostra Pontes de Miranda, validade e eficácia, como invalidade e ineficácia, não são conceitos coextensivos, nem correlacionados. Os dois, porém, dependem umbilicalmente do existir: só o que existe pode ser qualificado e validade e eficácia são tão somente qualidades atribuídas aos negócios jurídicos e atos jurídicos *stricto sensu*.(55)

Em outra passagem, o próprio autor destaca:

> Para que algo valha é preciso que exista. Não tem sentido falar-se em validade ou invalidade a respeito do que não existe. A questão da existência é questão prévia. Somente depois de se afirmar que existe é possível pensar-se em validade ou invalidade.(56)

Transportando tais elementos para o campo do processo, Alexandre de Freitas Câmara afirma:

> O estudo de qualquer ato jurídico só será realizado adequadamente se se tiver em vista que o mesmo deve ser analisado em três esferas distintas: a da existência, a da validade, a da eficácia. É preciso, antes de mais nada, verificar se o ato jurídico em exame *existe* juridicamente. Em caso negativo, nada mais haverá a ser analisado. [...]
>
> Todas as considerações feitas até aqui são adequadas também para os atos processuais. Assim é que os mesmos devem ser analisados no plano da existência. Em sendo juridicamente inexistentes, nada mais haverá que considerar. Existindo o ato, contudo, há que se examinar o mesmo nos planos da validade e eficácia.
>
> O ato processual é inexistente quando lhe falta elemento constitutivo mínimo. Em outros termos, para que o ato processual exista é preciso que se faça presente um elemento identificador mínimo, que permita a quem o examine reconhecê-lo.(57)

Na sequência do raciocínio, exemplifica hipóteses que caracterizam o ato processual inexistente com a sentença sem dispositivo ou a petição inicial subscrita por quem não seja advogado regularmente constituído e conclui de modo enfático:

---

(55) MIRANDA, Pontes de. *Tratado de direito privado*. São Paulo: Revista dos Tribunais, 2012. t. IV, p. 65.

(56) *Ibidem*, p. 66.

(57) CÂMARA, Alexandre de Freitas. *Lições de direito processual civil*. 23. ed. São Paulo: Atlas, 2012. v. 1, p. 288.

> A inexistência não convalesce jamais. Em outros termos, o ato inexistente não passa a existente em qualquer hipótese. Não há meio de se fazer com que o ato inexistente passe a existir. [...]
>
> Presentes todos os elementos constitutivos mínimos do ato processual, o que significa dizer presentes todos os elementos identificadores essenciais do ato, este existe.[58]

O mesmo ocorre com o **recurso interposto por advogado que não possui instrumento de mandato**, pois, também nesse caso, o recurso deve ser considerado inexistente, na linha de precedente da Casa:

> AGRAVO DE INSTRUMENTO EM RECURSO DE REVISTA — IRREGULARIDADE DE REPRESENTAÇÃO — SUBSTABELECIMENTO — AUSÊNCIA DE PROCURAÇÃO QUE OUTORGA PODERES AO SUBSTABELECENTE — SÚMULA N. 164 DO TST. O traslado do substabelecimento da subscritora do recurso não supre a necessidade de se juntar a cópia da procuração passada ao advogado substabelecente. Nesse sentido, a ausência de procuração válida nos autos, outorgando poderes à subscritora do recurso no momento de sua interposição, importa o seu não conhecimento, por inexistente, nos termos da Súmula n. 164 do TST. Agravo de instrumento não conhecido. (AIRR 14441-66.2005.5.05.0221, Relator Juiz Convocado: Douglas Alencar Rodrigues, Data de Julgamento: 12.8.2009, 3ª Turma, Data de Publicação: DEJT 4.9.2009).

Esse entendimento decorre da interpretação, além da regra contida nos §§ 1º e 2º do art. 5º da Lei n. 8.906/1994 (Estatuto da Ordem),[59] que reafirma a necessidade de que seja feita a prova do mandato como condição para a atuação do advogado, ressalvado os casos urgentes, e independentemente de haver anteriormente praticado atos no processo, ou as intimações da Secretaria da Vara terem sido a ele enviada, do art. 37 do CPC, que reafirma a exigência como elemento imprescindível à atuação do advogado em juízo:

> Art. 37. Sem instrumento de mandato, o advogado não será admitido a procurar em juízo. Poderá, todavia, em nome da parte, intentar ação, a fim de evitar decadência ou prescrição, bem como intervir, no processo, para praticar atos reputados urgentes. Nestes casos, o advogado se obrigará, independentemente de caução,

---

(58) CÂMARA, Alexandre de Freitas. *Lições de direito processual civil*. 23. ed. São Paulo: Atlas, 2012. v. 1, p. 289.

(59) Art. 5º O advogado postula, em juízo ou fora dele, fazendo prova do mandato.

§ 1º O advogado, afirmando urgência, pode atuar sem procuração, obrigando-se a apresentá-la no prazo de quinze dias, prorrogável por igual período.

§ 2º A procuração para o foro em geral habilita o advogado a praticar todos os atos judiciais, em qualquer juízo ou instância, salvo os que exijam poderes especiais.

a exibir o instrumento de mandato no prazo de 15 (quinze) dias, prorrogável até outros 15 (quinze), por despacho do juiz.

Parágrafo único. Os atos, não ratificados no prazo, serão havidos por inexistentes, respondendo o advogado por despesas e perdas e danos.

A jurisprudência, quanto ao tema, é consolidada na Súmula n. 164 do TST, que proclama a inexistência do recurso.

SUM-164. PROCURAÇÃO. JUNTADA (nova redação). Res. n. 121/2003, DJ 19, 20 e 21.11.2003. O não cumprimento das determinações dos §§ 1º e 2º do art. 5º da Lei n. 8.906, de 4.7.1994 e do art. 37, parágrafo único, do Código de Processo Civil importa o não conhecimento de recurso, por inexistente, exceto na hipótese de mandato tácito.

É exatamente o que ocorre com o **recurso intempestivo**: **o ato não existe**, por lhe faltar o elemento constitutivo mínimo apto a possibilitar o exame do que nele se contém; não foi praticado no curso do intervalo reservado para a parte fazê-lo. Por isso, não protrai o prazo decadencial para a propositura da ação rescisória, na linha da jurisprudência do TST, conforme previsto na Súmula n. 100, III, transcrita:

III — Salvo se houver dúvida razoável, a interposição de recurso intempestivo ou a interposição de recurso incabível não protrai o termo inicial do prazo decadencial. (ex-Súmula n. 100 — alterada pela Res. n. 109/2001, DJ 20.4.2001)

Afirma-se, em consequência, que os defeitos formais que importem a inexistência do recurso interposto não admitem convalidação, diante da gravidade do vício constatado.

5.5. Erro grosseiro

Os atos nulos, como visto, são aqueles cuja prática deixou de observar requisito intransponível exigido pela norma para que pudessem ser válidos, tal como previsto no art. 104 do Código Civil.

No que diz respeito à forma, a admissibilidade do recurso é regida pelo princípio da instrumentalidade e, a rigor, não há hipótese de incidência da regra aludida, pois ainda que interposto de forma equivocada, o recurso deve ser admitido.

Exceção a essa compreensão se relaciona ao denominado "**erro grosseiro**". Não se trata propriamente de ato nulo, mas, em análise extensiva do conceito, pode ser a ele equiparado, diante do fato de deixar de ser observado requisito mínimo formal para viabilizar a análise da pretensão recursal.

Na sua compreensão atual, alcança a denominada "dúvida objetiva", reveladora de dúvida razoavelmente aceita pela doutrinaria e jurisprudência quanto ao seu cabimento, a partir de elementos objetivos.

Portanto, **em se tratando de hipótese que configure erro grosseiro, também não incide a nova lei** e, em sendo assim, a jurisprudência consolidada do TST não sofrerá repercussões e será mantida. Tomem-se como exemplo as hipóteses a seguir enumeradas, que reconhecem a sua caracterização e rejeitam a aplicação do princípio da fungibilidade, acompanhadas da indicação de precedentes específicos (sem embargo da existência de outros), súmula ou orientação jurisprudencial que regem o tema:

1. **Interposição de agravo de instrumento para impugnação de decisão monocrática proferida pelo Ministro Relator**. Precedente:

> AGRAVO DE INSTRUMENTO EM RECURSO DE REVISTA. APLICAÇÃO DO PRINCÍPIO DA FUNGIBILIDADE RECURSAL. AGRAVO DE INSTRUMENTO INTERPOSTO EM FACE DE DECISÃO MONOCRÁTICA PROFERIDA PELO RELATOR POR MEIO DA QUAL SE DENEGOU SEGUIMENTO AO RECURSO ORDINÁRIO COM FULCRO NO ART. 557 DO CÓDIGO DE PROCESSO CIVIL. É incabível, na sistemática processual em vigor, a interposição de agravo de instrumento à decisão monocrática proferida pelo Desembargador Relator do que denegou seguimento ao recurso ordinário. Na hipótese dos autos, dúvida não há acerca do cabimento do agravo previsto no § 1º do art. 557 do Código de Processo Civil, aplicado subsidiariamente no Processo do Trabalho, nos termos do art. 769 do texto consolidado e da Instrução Normativa n. 17 desta Corte uniformizadora. Logo, a interposição de agravo de instrumento para impugnar a aludida decisão monocrática constitui erro grosseiro. Configurada essa hipótese, não tem guarida a aplicação do princípio da fungibilidade dos recursos ao caso sob exame. Incólume, portanto, o disposto no art. 5º, LV, da Constituição da República. Agravo de instrumento a que se nega provimento. (AIRR 13600-21.2010.5.14.0003, Relator Ministro: Lelio Bentes Corrêa, Data de Julgamento: 5.11.2014, 1ª Turma, Data de Publicação: DEJT 7.11.2014);

2. **Interposição de agravo inominado (art. 557, § 1º, do CPC) ou agravo regimental (art. 235 do RITST) contra decisão proferida por Órgão colegiado.** Orientação Jurisprudencial n. 412 da SBDI-1:

> OJ-SBDI-1 — 412. AGRAVO INOMINADO OU AGRAVO REGIMENTAL. INTERPOSIÇÃO EM FACE DE DECISÃO COLEGIADA. NÃO CABIMENTO. ERRO GROSSEIRO. INAPLICABILIDADE DO PRINCÍPIO DA FUNGIBILIDADE RECURSAL. (DEJT divulgado em 14, 15 e 16.2.2012)
>
> É incabível agravo inominado (art. 557, § 1º, do CPC) ou agravo regimental (art. 235 do RITST) contra decisão proferida por Órgão colegiado. Tais recursos

destinam-se, exclusivamente, a impugnar decisão monocrática nas hipóteses expressamente previstas. Inaplicável, no caso, o princípio da fungibilidade ante a configuração de erro grosseiro.

Precedentes:

AGRAVO EM EMBARGOS DE DECLARAÇÃO EM AGRAVO DE INSTRUMENTO EM RECURSO DE REVISTA. DECISÃO PROFERIDA POR COLEGIADO. RECURSO INCABÍVEL. Nos termos da Orientação Jurisprudencial n. 412 da SBDI-1 do TST, é incabível agravo inominado (art. 557, § 1º, do CPC) ou agravo regimental (art. 235 do RITST) contra decisão proferida por Órgão colegiado. Tais recursos destinam-se, exclusivamente, a impugnar decisão monocrática nas hipóteses expressamente previstas. Inaplicável, no caso, o princípio da fungibilidade ante a configuração de erro grosseiro. Agravo não conhecido. (AgR-ED-AIRR 128400-15.2012.5.13.0005, Relatora Ministra: Delaíde Miranda Arantes, Data de Julgamento: 29.10.2014, 2ª Turma, Data de Publicação: DEJT 7.11.2014);

AGRAVO. AGRAVO DE INSTRUMENTO EM RECURSO DE REVISTA. DECISÃO PROFERIDA POR ÓRGÃO COLEGIADO. INAPLICABILIDADE DO CRITÉRIO DA FUNGIBILIDADE. Nos termos da OJ n. 412/SBDI-1 do TST. É incabível agravo inominado (art. 557, § 1º, do CPC) ou agravo regimental (art. 235 do RITST) contra decisão proferida por Órgão colegiado. Tais recursos destinam-se, exclusivamente, a impugnar decisão monocrática nas hipóteses expressamente previstas. Inaplicável, no caso, o princípio da fungibilidade ante a configuração de erro grosseiro. Agravo não conhecido. (Ag-AIRR 711-78.2012.5.10.0002, Relator Ministro: Mauricio Godinho Delgado, Data de Julgamento: 29.10.2014, 3ª Turma, Data de Publicação: DEJT 31.10.2014);

AGRAVO. INTERPOSIÇÃO CONTRA DECISÃO COLEGIADA PROFERIDA EM SEDE DE AGRAVO DE INSTRUMENTO. NÃO CONHECIMENTO. À luz do art. 239 do Regimento Interno desta Corte, o agravo não é o recurso adequado para impugnar decisão colegiada, porquanto expressamente previsto o seu cabimento apenas contra decisões proferidas monocraticamente. Em sendo assim, incorre em manifesto erro grosseiro, apto a afastar a aplicação do princípio da fungibilidade recursal, a parte que indevidamente se utiliza do agravo regimental para impugnar acórdão prolatado por Turma desta colenda Corte Superior proferido em sede de agravo de instrumento. Agravo não conhecido. (Ag-AIRR 1649-66.2010.5.02.0002, Relator Ministro: Guilherme Augusto Caputo Bastos, Data de Julgamento: 24.6.2014, 5ª Turma, Data de Publicação: DEJT 24.10.2014);

AGRAVO. AGRAVO DE INSTRUMENTO EM RECURSO DE REVISTA. INTERPOSIÇÃO DO AGRAVO EM FACE DE DECISÃO COLEGIA-

DA. RECURSO INCABÍVEL. O agravo inominado (art. 557, § 1º, do CPC) e o agravo (art. 239, I e II, do Regimento Interno do TST) são aplicáveis apenas para impugnar decisão monocrática nas hipóteses expressamente previstas, e são incabíveis, portanto, contra decisão proferida por órgão colegiado. Inaplicável, no caso, o princípio da fungibilidade, ante a configuração de erro grosseiro. Agravo de que não se conhece. (Ag-AIRR 786-97.2010.5.01.0080, Relatora Ministra: Kátia Magalhães Arruda, Data de Julgamento: 5.11.2014, 6ª Turma, Data de Publicação: DEJT 7.11.2014);

AGRAVO REGIMENTAL EM AGRAVO DE INSTRUMENTO EM RECURSO DE REVISTA. INSURGÊNCIA CONTRA DECISÃO DE TURMA. RECURSO INADEQUADO. PRINCÍPIO DA FUNGIBILIDADE RECURSAL INAPLICÁVEL. A interposição de agravo ou de agravo regimental em face de decisão colegiada constitui "erro grosseiro". Hipótese em que não se aplica o princípio da fungibilidade recursal. Nesse sentido, a Orientação Jurisprudencial n. 412 da SBDI-1 do Tribunal Superior do Trabalho. Agravo regimental de que não se conhece. (AgR-AIRR 280-69.2010.5.02.0056, Relator Ministro: Cláudio Mascarenhas Brandão, Data de Julgamento: 15.10.2014, 7ª Turma, Data de Publicação: DEJT 17.10.2014);

3. **Interposição de recurso de revista contra decisão do TRT em ação rescisória**. Precedente:

AGRAVO DE INSTRUMENTO. IRREGULARIDADE DE REPRESENTAÇÃO DO ADVOGADO SUBSCRITOR DO RECURSO DE REVISTA E DO AGRAVO DE INSTRUMENTO. AUSÊNCIA DE PROCURAÇÃO NOS AUTOS. RECURSO DE REVISTA INTERPOSTO CONTRA DECISÃO DO TRT EM AÇÃO RESCISÓRIA. INAPLICABILIDADE DO PRINCÍPIO DA FUNGIBILIDADE. ERRO GROSSEIRO. Confirmada a ordem de obstaculização do recurso de revista, na medida em que não demonstrada a satisfação dos requisitos de admissibilidade, insculpidos no art. 896 da CLT. Agravo de instrumento não provido. (AIRR 10069-34.2013.5.03.0000, Relator Ministro: Augusto César Leite de Carvalho, Data de Julgamento: 29.10.2014, 6ª Turma, Data de Publicação: DEJT 31.10.2014);

4. **Interposição de agravo de instrumento contra decisões proferidas pelo Tribunal Regional, em grau de recurso ordinário, em dissídio individual**. Precedentes:

AGRAVO DE INSTRUMENTO EM RECURSO DE REVISTA AGRAVO DE INSTRUMENTO DIRIGIDO AO TRIBUNAL SUPERIOR DO TRABALHO, INTERPOSTO CONTRA DECISÃO PROFERIDA PELO TRIBUNAL REGIONAL DO TRABALHO. INCABÍVEL. INAPLICABILIDADE DO PRINCÍPIO DA FUNGIBILIDADE. Na sistemática processual trabalhista, segundo o disposto no art. 896 da CLT, das decisões proferidas pelo Tribunal Regional, em grau de recurso ordinário, em dissídio individual, cabe recurso de revista para Turma do Tribunal Superior do Trabalho. Com efeito, a interposição de agravo de instrumento no âmbito do Tribunal Superior do Trabalho só é possível dos despachos que denegarem seguimento a recursos, cuja competência para conhecimento também é atribuída a esta Corte, conforme dispõe o art. 897, alínea *b*, e § 4º, da CLT. Nesse contexto, a interposição de agravo de instrumento contra decisão de Tribunal Regional do Trabalho configura erro grosseiro, de forma que é juridicamente inviável a aplicação do princípio da fungibilidade. Agravo de instrumento não conhecido. (AIRR 832-88.2010.5.06.0002, Relator Ministro: José Roberto Freire Pimenta, Data de Julgamento: 22.10.2014, 2ª Turma, Data de Publicação: DEJT 31.10.2014);

AGRAVO DE INSTRUMENTO EM RECURSO ORDINÁRIO — PRINCÍPIO DA FUNGIBILIDADE — INAPLICABILIDADE. A interposição diretamente de agravo de instrumento, e não de recurso de revista, contra acórdão proferido por Turma de Tribunal Regional do Trabalho em recurso ordinário, de fato, constitui erro grosseiro, motivo pelo qual é inaplicável o princípio da fungibilidade. Agravo de instrumento desprovido. (AIRO-AIRR 2682-02.2011.5.22.0002, Relator Ministro: Luiz Philippe Vieira de Mello Filho, Data de Julgamento: 19.3.2014, 7ª Turma, Data de Publicação: DEJT 29.8.2014);

5. **Interposição de agravo de instrumento para o TST para impugnação de decisão monocrática proferida pelo Desembargador Relator — no TRT, portanto — em que se denegou seguimento a recurso ordinário**. Precedente:

AGRAVO DE INSTRUMENTO EM RECURSO ORDINÁRIO. INTERPOSIÇÃO CONTRA DECISÃO MONOCRÁTICA EM QUE NÃO SE CONHECEU DO RECURSO ORDINÁRIO POR IRREGULARIDADE DE REPRESENTAÇÃO. NÃO CABIMENTO. I. O art. 557, § 1º, do CPC estabelece que da decisão do relator que negar seguimento a recurso "caberá agravo, no prazo de cinco dias, ao órgão competente para o julgamento do recurso, e, se não houver retratação, o relator apresentará o processo em mesa, proferindo voto; provido o agravo, o recurso terá seguimento". II. Ocorre que, da decisão monocrática em que se denegou seguimento ao recurso ordinário, a Recorrente interpôs o presente agravo de instrumento ao invés de apresentar agravo para a Turma Regional, nos termos do art. 557, § 1º, do CPC. III. Há erro grosseiro quanto à interposição do agravo de instrumento, pois o recurso cabível contra decisão monocrática em que se nega seguimento a recurso ordinário é o agravo, na forma do art. 557, § 1º, do CPC, não sendo possível a aplicação do princípio da fungibilidade. Agravo de instrumento de que não se conhece. (AIRR 1376-89.2011.5.11.0006, Relator Ministro: Fernando Eizo Ono, Data de Julgamento: 22.10.2014, 4ª Turma, Data de Publicação: DEJT 24.10.2014);

6. **Interposição de recurso de embargos em face de acórdão da SBDI-2**. Precedente:

RECURSO DE EMBARGOS INTERPOSTO EM FACE DE ACÓRDÃO DA SBDI-2. NÃO CABIMENTO. PRINCÍPIO DA FUNGIBILIDADE INAPLICÁVEL. Não cabe recurso de embargos contra acórdão proferido pela Subseção II Especializada em Dissídios Individuais, ante a ausência de tipicidade no art. 894 da CLT. Não se cogita, por outro lado, na aplicação do princípio da fungibilidade recursal, na medida em que configurado o erro grosseiro. Precedentes. Embargos não conhecidos. (RO 7381-97.2011.5.02.0000, Relator Ministro: Emmanoel Pereira, Data de Julgamento: 21.10.2014, Subseção II Especializada em Dissídios Individuais, Data de Publicação: DEJT 24.10.2014);

7. **Interposição de agravo de instrumento contra decisão de Presidente de Turma que denega seguimento a recurso de embargos para a SBDI-1**. Precedente:

> AGRAVO DE INSTRUMENTO INTERPOSTO EM FACE DE DECISÃO DE PRESIDENTE DE TURMA QUE DENEGA SEGUIMENTO A RECURSO DE EMBARGOS À SBDI-1. ERRO GROSSEIRO. NÃO CONHECIMENTO. Configura erro grosseiro a interposição de agravo de instrumento para atacar decisão monocrática do Ministro Presidente de Turma, no exercício do exame prévio de admissibilidade do recurso de embargos. O recurso cabível para a hipótese é o agravo (IN-TST n. 35/2012, art. 2º, § 2º) ou o agravo regimental (art. 235, X, do RITST), de maneira que, havendo recurso específico para a hipótese, não se pode aplicar o princípio da fungibilidade recursal. Nesse sentido é o entendimento desta Subseção. Precedentes. Agravo de instrumento não conhecido. (AgR-E-AIRR 43900-04.2009.5.15.0025, Relator Ministro: Hugo Carlos Scheuermann, Data de Julgamento: 2.10.2014, Subseção I Especializada em Dissídios Individuais, Data de Publicação: DEJT 10.10.2014);

8. **Interposição de agravo de instrumento contra decisão de Turma do TST**. Precedente:

> AGRAVO. AGRAVO DE INSTRUMENTO EM RECURSO DE REVISTA. RECURSO INTERPOSTO CONTRA ACÓRDÃO EMANADO DE TURMA DESTA CORTE. ERRO GROSSEIRO. INAPLICABILIDADE DO PRINCÍPIO DA FUNGIBILIDADE RECURSAL. NÃO CABIMENTO. Não merece conhecimento agravo interposto contra decisão de órgão colegiado, uma vez que seu cabimento está adstrito às decisões monocráticas previstas no art. 235 do RITST. Agravo regimental não conhecido. (Ag-AIRR 2565-95.2011.5.02.0057, Relator Ministro: José Roberto Freire Pimenta, Data de Julgamento: 15.10.2014, 2ª Turma, Data de Publicação: DEJT 24.10.2014);

9. **Interposição de agravo de instrumento contra acórdão de Tribunal Regional do Trabalho em agravo de petição**. Precedente:

> AGRAVO DE INSTRUMENTO. INTERPOSIÇÃO EM FACE DE ACÓRDÃO DO REGIONAL EM AGRAVO DE PETIÇÃO. RECURSO INCABÍVEL. ERRO GROSSEIRO. É incabível agravo de instrumento contra acórdão do Regional em agravo de petição. A utilização desse recurso constitui erro grosseiro, o que torna insuscetível a aplicação do princípio da fungibilidade recursal. Agravo de instrumento de que não se conhece. (AIRR 1782-11.2012.5.06.0008, Relatora Ministra: Kátia Magalhães Arruda, Data de Julgamento: 22.10.2014, 6ª Turma, Data de Publicação: DEJT 24.10.2014);

10. **Oposição de embargos declaratórios de despacho denegatório do seguimento do recurso de revista**. Orientação Jurisprudencial n. 377 da SBDI-1:

> **OJ SBDI-1-377 — EMBARGOS DE DECLARAÇÃO. DECISÃO DENEGATÓRIA DE RECURSO DE REVISTA EXARADO POR PRESIDENTE DO TRT. DESCABIMENTO. NÃO INTERRUPÇÃO DO PRAZO RECURSAL** (DEJT divulgado em 19, 20 e 22.4.2010). Não cabem embargos de declaração interpostos contra decisão de admissibilidade do recurso de revista, não tendo o efeito de interromper qualquer prazo recursal;

11. **Interposição de agravo regimental de despacho denegatório do conhecimento do recurso de revista**. Precedente:

> AGRAVO DE INSTRUMENTO EM RECURSO DE REVISTA. AGRAVO REGIMENTAL INTERPOSTO EM FACE DE DESPACHO DENEGATÓRIO DO RECURSO DE REVISTA. NÃO CABIMENTO. AGRAVO DE INSTRUMENTO INTEMPESTIVO. A interposição de agravo regimental em face de despacho denegatório de recurso de revista constitui erro grosseiro, e, por isso, não afeta o prazo para o oferecimento do agravo de instrumento. A hipótese se assemelha à prevista na Orientação Jurisprudencial n. 377 da SDI-1 do TST, de seguinte teor "não cabem embargos de declaração opostos a decisão de admissibilidade de recurso de revista, e, por isso, não possui o efeito de interromper o prazo recursal". Desse modo, interposto o agravo de instrumento após o prazo de oito dias, revela-se intempestivo. Precedentes desta Corte. Agravo de instrumento de que não se conhece. (AIRR 118500-25.2009.5.02.0003, Relator Ministro: Cláudio Mascarenhas Brandão, Data de Julgamento: 15.10.2014, 7ª Turma, Data de Publicação: DEJT 17.10.2014);

12. **Interposição de embargos de decisão da SBDI-1 proferida em agravo regimental de despacho do Ministro Relator denegatório de seguimento de embargos interpostos para a SBDI-1**. Precedente:

> EMBARGOS REGIDOS PELA LEI N. 11.496/2007. EMBARGOS INTERPOSTOS CONTRA DECISÃO COLEGIADA DA SBDI-1 DO TST EM QUE SE JULGOU AGRAVO CONTRA DESPACHO DENEGATÓRIO DE SEGUIMENTO DE EMBARGOS. RECURSO INCABÍVEL. ART. 894, INCISO II, DA CLT. O recurso não merece ser conhecido, por ser incabível. Os embargos à SBDI são regidos pelo art. 894 da CLT, que dispõe o seguinte em seu inciso II quanto ao cabimento desse recurso: "das decisões das Turmas que divergirem entre si, ou das decisões proferidas pela Seção de Dissídios Individuais, salvo se a decisão recorrida estiver em consonância com súmula ou orientação jurisprudencial do Tribunal Superior do Trabalho ou do Supremo Tribunal Federal". No caso em exame, o reclamante interpõe este recurso de embargos contra decisão colegiada desta Subseção em que se negou provimento a agravo, mantendo despacho denegatório de seguimento dos primeiros embargos à SBDI-1. Assim, está evidenciado que não foi observado pelo ora embargante o disposto no referido art. 894 da CLT,

razão por que é incabível seu recurso. Por fim, vale destacar que se trata, neste caso, de erro grosseiro, não sendo possível aplicar o princípio da fungibilidade. Embargos não conhecidos. (E-AgR-E-AIRR 11600-46.2009.5.23.0031, Relator Ministro: José Roberto Freire Pimenta, Data de Julgamento: 28.8.2014, Subseção I Especializada em Dissídios Individuais, Data de Publicação: DEJT 5.9.2014);

13. **Interposição de recurso de revista contra decisão monocrática do Desembargador Relator que denega seguimento a recurso ordinário**. Precedente:

> RECURSO DE REVISTA. INTERPOSIÇÃO DE RECURSO DE REVISTA CONTRA DECISÃO MONOCRÁTICA EM QUE SE NEGA SEGUIMENTO A RECURSO ORDINÁRIO. NÃO CABIMENTO. I. Por meio de decisão monocrática proferida pelo Desembargador Relator, nos termos do art. 557 do CPC, foi denegado seguimento ao recurso ordinário interposto pela segunda Reclamada (Fiocruz). Em face dessa decisão, a segunda Reclamada (Fiocruz) interpôs recurso de revista. II. O recurso de revista mostra-se totalmente inadequado, uma vez que foi interposto contra decisão monocrática proferida pelo Desembargador Relator do recurso ordinário, na forma do art. 557 do CPC. Contra tal decisão, o recurso admitido em lei é o agravo, nos termos do art. 557, § 1º, do CPC e não o recurso de revista, conforme entendimento uniforme deste Tribunal Superior. III. Ressalte-se, ainda, que a jurisprudência desta Corte Superior é no sentido de que a interposição de recurso de revista contra decisão monocrática proferida nos termos do art. 557 constitui erro grosseiro, insuscetível de correção pelo princípio da fungibilidade recursal. IV. Recurso de revista de que não se conhece. (RR 157900-65.2009.5.03.0020, Relator Ministro: Fernando Eizo Ono, Data de Julgamento: 1º.10.2014, 4ª Turma, Data de Publicação: DEJT 10.10.2014);

14. **Interposição de recurso de revista contra acórdão de tribunal regional que julga ação rescisória ou mandado de segurança**. (Orientação Jurisprudencial n. 152 da SBDI-1):

> OJ-SDI2-152. AÇÃO RESCISÓRIA E MANDADO DE SEGURANÇA. RECURSO DE REVISTA DE ACÓRDÃO REGIONAL QUE JULGA AÇÃO RESCISÓRIA OU MANDADO DE SEGURANÇA. PRINCÍPIO DA FUNGIBILIDADE. INAPLICABILIDADE. ERRO GROSSEIRO NA INTERPOSIÇÃO DO RECURSO. (DEJT divulgado em 3, 4 e 5.12.2008). A interposição de recurso de revista de decisão definitiva de Tribunal Regional do Trabalho em ação rescisória ou em mandado de segurança, com fundamento em violação legal e divergência jurisprudencial e remissão expressa ao art. 896 da CLT, configura erro grosseiro, insuscetível de autorizar o seu recebimento como recurso ordinário, em face do disposto no art. 895, "b", da CLT.

Precedentes:

> AGRAVO DE INSTRUMENTO EM RECURSO DE REVISTA. RECURSO DE REVISTA INTERPOSTO AO ACÓRDÃO REGIONAL PROFERIDO EM AÇÃO RESCISÓRIA. NÃO CABIMENTO. PRINCÍPIO DA FUNGIBI-

LIDADE INAPLICÁVEL. ERRO GROSSEIRO. INCIDÊNCIA DA OJ N. 152 DA SDI-2 DO TST. Inviável cogitar da aplicação do princípio da fungibilidade dos recursos, haja vista a caracterização de erro grosseiro, pois o autor interpôs recurso de revista contra decisão definitiva do Tribunal Regional proferida em ação rescisória. Nesse sentido, esta Corte cristalizou seu entendimento por meio da OJ n. 152 de sua SDI-2. Mantém-se o despacho agravado. Agravo de instrumento conhecido e não provido. (AIRR 1551-89.2012.5.03.0000, Relatora Ministra: Dora Maria da Costa, Data de Julgamento: 1º.10.2014, 8ª Turma, Data de Publicação: DEJT 3.10.2014);

RECURSO DE REVISTA EM AÇÃO RESCISÓRIA. ERRO GROSSEIRO. PRINCÍPIO DA FUNGIBILIDADE. DESCABIMENTO. INCIDÊNCIA DA COMPREENSÃO DEPOSITADA NA ORIENTAÇÃO JURISPRUDENCIAL N. 152 DA SBDI-2 DO TST. "A interposição de recurso de revista de decisão definitiva de Tribunal Regional do Trabalho em ação rescisória ou em mandado de segurança, com fundamento em violação legal e divergência jurisprudencial e remissão expressa ao art. 896 da CLT, configura erro grosseiro, insuscetível de autorizar o seu recebimento como recurso ordinário, em face do disposto no art. 895, *b*, da CLT". Inteligência da Orientação Jurisprudencial n. 152 da SBDI-2 desta Corte. Recurso de revista não conhecido. (RO 535-19.2012.5.06.0000, Relator Ministro: Alberto Luiz Bresciani de Fontan Pereira, Data de Julgamento: 5.8.2014, Subseção II Especializada em Dissídios Individuais, Data de Publicação: DEJT 8.8.2014);

15. **Interposição de recurso de revista contra decisão monocrática do Desembargador Relator proferida em embargos de declaração em recurso ordinário**. Precedente:

AGRAVO DE INSTRUMENTO. PROCEDIMENTO SUMARÍSSIMO. ADMISSIBILIDADE. RECURSO DE REVISTA INTERPOSTO A DECISÃO MONOCRÁTICA PROFERIDA PELO RELATOR EM SEDE DE EMBARGOS DE DECLARAÇÃO EM RECURSO ORDINÁRIO. NÃO CABIMENTO. ERRO GROSSEIRO. IMPOSSIBILIDADE DE OBSERVÂNCIA DO PRINCÍPIO DA FUNGIBILIDADE DOS RECURSOS. É incabível, na sistemática processual trabalhista em vigor, a interposição de recurso de revista a decisão monocrática proferida pelo relator, em sede de embargos de declaração em recurso ordinário, com fulcro no art. 557, *caput*, do Código de Processo Civil. O art. 896 da Consolidação das Leis do Trabalho estabelece as hipóteses de cabimento do recurso de revista na Justiça do Trabalho, não se referindo à possibilidade de seu aviamento contra decisão proferida monocraticamente. Ademais, o art. 557, § 1º, do Código de Processo Civil (aplicável subsidiariamente ao Processo do Trabalho, nos termos da Instrução Normativa n. 17) prevê a interposição de agravo às decisões monocráticas. Logo, a interposição de recurso de revista para impugnar decisão monocrática constitui erro grosseiro, em face da inexistência de previsão em lei ou em regimento. Configurada essa hipótese, não tem guarida a aplicação do princípio da fungibilidade dos recursos ao caso sob exame. Agravo de instrumento a que se nega provimento. (AIRR 1669-58.2012.5.10.0004, Relator Ministro: Lelio Bentes Corrêa, Data de Julgamento: 1º.10.2014, 1ª Turma, Data de Publicação: DEJT 3.10.2014);

16. **Interposição de agravo regimental contra decisão de Turma do TST em embargos de declaração em agravo regimental**. Precedente:

> AGRAVO REGIMENTAL. NÃO CABIMENTO. DECISÃO PROFERIDA PELA TURMA DO TRIBUNAL SUPERIOR DO TRABALHO EM EMBARGOS DE DECLARAÇÃO EM AGRAVO REGIMENTAL. 1. O Regimento Interno desta Corte superior, em seu art. 235, prevê, nos incisos VII, VIII e IX, o cabimento do agravo regimental a decisão monocrática do relator, quando negar prosseguimento a recurso, com ressalva da hipótese do art. 239, indeferir inicial de ação de competência originária desta Corte superior, ou que venha a causar prejuízo ao direito da parte, ressalvados aqueles contra os quais haja recursos previstos na legislação ou no Regimento Interno. 2. Não havendo previsão em lei, a interposição de agravo regimental a decisão proferida por Turma do Tribunal Superior do Trabalho no julgamento de embargos de declaração em agravo configura erro grosseiro, insuscetível de correção mediante a aplicação do princípio da fungibilidade. Precedentes da Corte superior. 3. Agravo regimental de que não se conhece. (AgR-ED-Ag-AIRR 96900-25.2009.5.17.0101, Relator Ministro: Lelio Bentes Corrêa, Data de Julgamento: 17.9.2014, 1ª Turma, Data de Publicação: DEJT 19.9.2014);

17. **Interposição de agravo de instrumento contra decisão monocrática do Ministro Relator que denega seguimento a embargos interpostos para a SBDI-1**. Precedente:

> AGRAVO DE INSTRUMENTO EM EMBARGOS EM RECURSO DE REVISTA — PROCESSO ELETRÔNICO — INTERPOSIÇÃO CONTRA DECISÃO MEDIANTE A QUAL SE DENEGA SEGUIMENTO A RECURSO DE EMBARGOS. INADEQUAÇÃO. Nos termos do art. 235, X, do Regimento Interno do Tribunal Superior do Trabalho, o recurso cabível da decisão mediante a qual se denega seguimento a recurso de embargos é o agravo regimental. Havendo, pois, previsão regimental expressa do recurso cabível, constitui erro grosseiro a interposição de Agravo de Instrumento, situação que afasta a aplicabilidade do princípio da fungibilidade recursal. Agravo de Instrumento não conhecido. (AgR-E-RR 26300-20.2013.5.21.0006, Relator Ministro: Márcio Eurico Vitral Amaro, Data de Julgamento: 28.8.2014, Subseção I Especializada em Dissídios Individuais, Data de Publicação: DEJT 5.9.2014);

18. **Interposição de recurso de revista sem juntada das razões**. Precedente:

> AGRAVO DE INSTRUMENTO. RECURSO DE REVISTA. PETICIONAMENTO PELO SISTEMA e-DOC. AUSÊNCIA DE APRESENTAÇÃO DAS RAZÕES RECURSAIS. APELO INEXISTE. A ausência de juntada das razões

do recurso de revista, interposto pelo sistema e-DOC, importa em apelo inexistente. O erro grosseiro não se pode remediar, ainda que em razão dos princípios informativos da apelação, contidos na Constituição Federal. O encaminhamento do recurso sem a juntada das respectivas razões, não importa concluir que o recorrente está manifestando contrariedade em relação à decisão recorrida, isto porque não se dá a conhecer os efetivos motivos da divergência recursal. Agravo de Instrumento conhecido e não provido. (AIRR 86100-53.2005.5.06.0013, Relator Desembargador Convocado: Cláudio Soares Pires, Data de Julgamento: 3.9.2014, 3ª Turma, Data de Publicação: DEJT 5.9.2014);

19. **Interposição de agravo de instrumento contra decisão do Órgão especial que negou provimento a agravo regimental de decisão denegatória de recurso extraordinário**. Precedente:

AGRAVO DE INSTRUMENTO INTERPOSTO EM FACE DE ACÓRDÃO DO ÓRGÃO ESPECIAL, PELO QUAL SE NEGARA PROVIMENTO A AGRAVO INTERPOSTO ANTERIORMENTE CONTRA DECISÃO DENEGATÓRIA DE RECURSO EXTRAORDINÁRIO — RECURSO MANIFESTAMENTE INCABÍVEL — NÃO CONHECIMENTO. 1. Contra acórdão exarado no âmbito do Órgão Especial do TST, que nega provimento a agravo do art. 557, § 1º, do CPC, não cabe agravo de instrumento para o Pretório Excelso, na esteira de precedentes do STF. 2. Delineado o não cabimento do agravo de instrumento contra decisão colegiada, segue-se a conclusão sobre o seu não conhecimento, afastada a alternativa de recebê-lo como embargos de declaração, que, em tese, seria o recurso cabível, por conta do erro grosseiro e inescusável em que incorrera o Agravante, elidente da aplicação do princípio da fungibilidade recursal. Agravo do qual não se conhece, por manifestamente incabível. (ARE 40700-70.2005.5.18.0081, Relator Ministro: Ives Gandra Martins Filho, Data de Julgamento: 4.8.2014, Órgão Especial, Data de Publicação: DEJT 15.8.2014);

20. **Interposição de agravo regimental contra decisão do Órgão Especial proferida em agravo**. Precedente:

AGRAVO REGIMENTAL INTERPOSTO EM FACE DE DECISÃO COLEGIADA DO ÓRGÃO ESPECIAL — RECURSO MANIFESTAMENTE INCABÍVEL — NÃO CONHECIMENTO. A interposição de agravo regimental contra decisão colegiada do Órgão Especial do TST proferida em sede de agravo do art. 557, § 1º, do CPC, constitui erro grosseiro e inescusável da Parte, o que inviabiliza o conhecimento do apelo, por manifesta inadequação, não sendo possível invocar o princípio da fungibilidade recursal. Recurso de que não se conhece, por manifestamente incabível. (Ag-Ag-ED-AIRR 380-91.2010.5.02.0066, Relator Ministro: Ives Gandra Martins Filho, Data de Julgamento: 2.6.2014, Órgão Especial, Data de Publicação: DEJT 8.8.2014);

21. **Interposição de recurso ordinário contra decisão monocrática homologatória de acordo proferida pelo Desembargador Relator no Tribunal**

Regional, em havendo previsão, no respectivo regimento interno, de cabimento de agravo regimental. Precedente:

> AGRAVO DE INSTRUMENTO EM RECURSO DE REVISTA. DECISÃO MONOCRÁTICA HOMOLOGATÓRIA DE ACORDO PERANTE TRIBUNAL REGIONAL DO TRABALHO. RECURSO ORDINÁRIO. PRINCÍPIO DA FUNGIBILIDADE. INAPLICABILIDADE. 1. Hipótese em que o Tribunal Regional não conheceu do recurso ordinário interposto pela União (PGF) contra decisão monocrática homologatória de acordo. 2. Há naquela Corte previsão expressa de cabimento de agravo regimental em face de decisão monocrática em seu Regimento Interno. 3. Dessa forma, trata-se de erro grosseiro, insuscetível de aplicação do princípio da fungibilidade, a interposição de recurso ordinário, pois, no caso, não há dúvida sobre qual recurso seria cabível. Precedente. Agravo de instrumento não provido. (AIRR 72800-73.2006.5.02.0086, Relatora Ministra: Delaíde Miranda Arantes, Data de Julgamento: 11.6.2014, 2ª Turma, Data de Publicação: DEJT 20.6.2014);

23. **Interposição de embargos contra decisão monocrática proferida com amparo no art. 557 do CPC e § 5º do art. 896 da CLT**. Orientação Jurisprudencial n. 378, da SBDI-1:

> OJ-SDI1-378. EMBARGOS. INTERPOSIÇÃO CONTRA DECISÃO MONOCRÁTICA. NÃO CABIMENTO (DEJT divulgado em 19, 20 e 22.4.2010). Não encontra amparo no art. 894 da CLT, quer na redação anterior quer na redação posterior à Lei n. 11.496, de 22.6.2007, recurso de embargos interposto à decisão monocrática exarada nos moldes dos arts. 557 do CPC e 896, § 5º, da CLT, pois o comando legal restringe seu cabimento à pretensão de reforma de decisão colegiada proferida por Turma do Tribunal Superior do Trabalho.

Precedente:

> AGRAVO EM EMBARGOS EM AGRAVO DE INSTRUMENTO EM RECURSO DE REVISTA. NEGATIVA DE SEGUIMENTO DO RECURSO DE EMBARGOS CALCADA NA ORIENTAÇÃO JURISPRUDENCIAL N. 378 DA SBDI-1. INTERPOSIÇÃO CONTRA DECISÃO MONOCRÁTICA. IMPOSSIBILIDADE DE APLICAÇÃO DO PRINCÍPIO DA FUNGIBILIDADE RECURSAL. Incontroversa a interposição de recurso de embargos contra decisão monocrática, impõe-se confirmar a negativa de seguimento proferida pela Presidência da Turma com amparo na Orientação Jurisprudencial n. 378 desta SBDI-1, a qual preconiza ser incabível o recurso de embargos em tal hipótese, não se cogitando de aplicação do princípio da fungibilidade recursal, por se tratar de erro grosseiro da parte, à falta de dúvida objetiva quanto ao apelo cabível na espécie. Precedentes. Recurso de agravo não provido. (Ag-E-AIRR 244200-08.2008.5.02.0080, Relator Ministro: Alexandre de Souza Agra Belmonte, Data de Julgamento: 24.4.2014, Subseção I Especializada em Dissídios Individuais, Data de Publicação: DEJT 6.6.2014).

5.6. REPRESENTAÇÃO — MANDATO

No TST, a defesa do direito das partes — inclusive quando na condição de empregados e empregadores — é condicionada, como se sabe, à atuação mediante representação por meio de advogado, diante da interpretação fixada para o art. 791, *caput*, da CLT[(60)] e consolidada na Súmula n. 425:

> SUM-425. *JUS POSTULANDI* NA JUSTIÇA DO TRABALHO. ALCANCE. Res. n. 165/2010, DEJT divulgado em 30.4.2010 e 3 e 4.5.2010. O *jus postulandi* das partes, estabelecido no art. 791 da CLT, limita-se às Varas do Trabalho e aos Tribunais Regionais do Trabalho, não alcançando a ação rescisória, a ação cautelar, o mandado de segurança e os recursos de competência do Tribunal Superior do Trabalho.

A outorga de mandato é pressuposto processual intransponível para a prática do ato por advogado, previsto no art. 37 do CPC que, também de forma clara, define as exceções em que é dispensável.

> Art. 37. Sem instrumento de mandato, o advogado não será admitido a procurar em juízo. Poderá, todavia, em nome da parte, intentar ação, a fim de evitar decadência ou prescrição, bem como intervir, no processo, para praticar atos reputados urgentes. Nestes casos, o advogado se obrigará, independentemente de caução, a exibir o instrumento de mandato no prazo de 15 (quinze) dias, prorrogável até outros 15 (quinze), por despacho do juiz.
>
> Parágrafo único. Os atos, não ratificados no prazo, serão havidos por inexistentes, respondendo o advogado por despesas e perdas e danos.

Veja-se que o comando inicial extraído da norma é a **vedação da prática do ato sem outorga de mandato**, como se constata na expressão: "Sem instrumento de mandato, o advogado não será admitido a procurar em juízo".

Na sequência, enumera — e faz de forma peremptória — os casos que constituem exceções: a) para evitar decadência ou prescrição; e b) intervir no processo, para praticar atos urgentes.

A interposição de Recurso de Revista, etapa última do exercício do direito à revisão da decisão proferida, após todo o desenrolar do processo em duas instâncias, definitivamente **não constitui ato urgente** e menos ainda tem qualquer relação com decadência ou prescrição.

Vale salientar que não se exige mandato expresso; inúmeras são as decisões que admitem o mandato tácito, caracterizado pela presença simultânea da parte e do advogado em audiência, por meio do qual são conferidos os poderes

---

(60) Art. 791. Os empregados e os empregadores poderão reclamar pessoalmente perante a Justiça do Trabalho e acompanhar as suas reclamações até o final.

gerais para o foro. Portanto, se nos autos houver ata que registre a presença do empregado ou do preposto da empresa acompanhado do advogado, estará o causídico autorizado a, em seu nome, agir em Juízo, conforme Orientação Jurisprudencial n. 286 da SBDI-1:

> OJ-SDI1-286. AGRAVO DE INSTRUMENTO. TRASLADO. MANDATO TÁCITO. ATA DE AUDIÊNCIA. CONFIGURAÇÃO (alterada) — Res. n. 167/2010, DEJT divulgado em 30.4.2010 e 3 e 4.5.2010
>
> I — A juntada da ata de audiência, em que consignada a presença do advogado, desde que não estivesse atuando com mandato expresso, torna dispensável a procuração deste, porque demonstrada a existência de mandato tácito.
>
> II — Configurada a existência de mandato tácito fica suprida a irregularidade detectada no mandato expresso.

Subsiste à nova lei, por conseguinte, a jurisprudência consagrada no item I da Súmula n. 383 do TST:

> SUM-383. MANDATO. ARTS. 13 E 37 DO CPC. FASE RECURSAL. INAPLICABILIDADE (conversão das Orientações Jurisprudenciais ns. 149 e 311 da SBDI-1) — Res. n. 129/2005, DJ 20, 22 e 25.4.2005.
>
> I — É inadmissível, em instância recursal, o oferecimento tardio de procuração, nos termos do art. 37 do CPC, ainda que mediante protesto por posterior juntada, já que a interposição de recurso não pode ser reputada ato urgente. (ex-OJ n. 311 da SBDI-1 — DJ 11.8.2003).

Vale ressaltar que a outorga de **substabelecimento sem poderes** para tanto equivale à **ausência de mandato** e, por conseguinte, pelos mesmos fundamentos, não acarreta a concessão de prazo para regularização. Precedentes:

> AGRAVO DE INSTRUMENTO. RECURSO DE REVISTA. NÃO CONHECIMENTO DO RECURSO ORDINÁRIO. ADVOGADO SEM PODERES EXPRESSOS CONFERIDOS MEDIANTE PROCURAÇÃO, SUBSTABELECIMENTO OU MANDATO TÁCITO. 1. Hipótese em que o Tribunal de origem não conheceu do recurso ordinário da reclamada, por irregularidade de representação, ao fundamento de que o advogado da reclamada subscritor do recurso ordinário não possui poderes expressos conferidos mediante procuração, substabelecimento e sequer participação em audiência. 2. Caracterizada a irregularidade de representação do recurso ordinário e não configurado o mandato tácito, o seu não conhecimento, por inexistente, guarda harmonia com o teor da Súmula n. 164/TST (O não cumprimento das determinações dos §§ 1º e 2º do art. 5º da Lei n. 8.906, de 4.7.1994 e do art. 37, parágrafo único, do Código de Processo Civil importa o não conhecimento de recurso, por inexistente, exceto na hipótese de mandato tácito). 3. Esta Casa já firmou entendimento, cristalizado

> no item II da Súmula n. 383, no sentido de que a possibilidade de regularização da representação processual, de que trata o art. 13 do CPC, não se estende às instâncias recursais. A pretensão recursal vai de encontro à jurisprudência iterativa, notória e atual desta Corte Superior, consubstanciada no referido verbete. 4. A garantia constitucional albergada no art. 5º, LV, da Lei Maior não exonera as partes de observarem os pressupostos de admissibilidade — extrínsecos e intrínsecos — exigidos para cada recurso. Não há cogitar, pois, de ofensa ao referido preceito pela decisão que não conhece do recurso ordinário porque não preenchido o pressuposto extrínseco referente à regularidade da representação processual. Incidência do art. 896, § 4º, da CLT e aplicação da Súmula n. 333/TST. Agravo de instrumento conhecido e não provido. (AIRR 2474-30.2010.5.02.0060, Relator Ministro: Hugo Carlos Scheuermann, Data de Julgamento: 29.10.2014, 1ª Turma, Data de Publicação: DEJT 7.11.2014);

> AGRAVO DE INSTRUMENTO EM RECURSO DE REVISTA. IRREGULARIDADE DE REPRESENTAÇÃO PROCESSUAL. INEXISTÊNCIA DE PROCURAÇÃO. AUSÊNCIA DE MANDATO TÁCITO. Considera-se inexistente o recurso de revista quando não comprovada a regularidade de representação do subscritor do apelo, exceto na hipótese de mandato tácito — não configurada neste caso —, nos termos do que dispõe a Súmula n. 164 do TST. Assim, a ausência de poderes que legitimem a atuação do advogado subscritor do recurso de revista demonstra a sua irregularidade na representação. Ressalta-se não ser possível regularizar a representação processual na fase recursal — arts. 13 e 37 do CPC —, consoante o disposto na Súmula n. 383, também desta Corte. Agravo de instrumento desprovido. (AIRR 188340-70.2009.5.10.0013, Relator Ministro: José Roberto Freire Pimenta, Data de Julgamento: 15.10.2014, 2ª Turma, Data de Publicação: DEJT 24.10.2014).

De maneira idêntica, também não é cabível a concessão de prazo para o mesmo fim, no caso de recurso assinado eletronicamente por advogado diverso daqueles que constam na peça recursal, desde que não figure na procuração juntada aos autos e não possua mandato tácito. **A jurisprudência não deve sofrer alteração**. Precedentes:

> AGRAVO DE INSTRUMENTO EM RECURSO DE REVISTA. RECURSO ORDINÁRIO NÃO CONHECIDO. RECURSO ASSINADO ELETRONICAMENTE POR ADVOGADO DIVERSO DAQUELES NOMINADOS NA PEÇA RECURSAL. 1. O Tribunal Regional não conheceu do recurso ordinário da reclamada ao fundamento de que "não consta no apelo a assinatura da referida advogada que efetuou a transmissão. Desse modo, a advogada transmissora não participou do ato processual. Sua assinatura digital foi usada apenas para acesso ao sistema". 2. Hipótese em que a advogada que assinou eletronicamente o recurso detém poderes nos autos. 3. Aparente violação do art. 5º, LV, da Carta Magna, nos moldes do art. 896, alínea "c", da CLT, a ensejar o provimento do agravo de

instrumento, nos termos do art. 3º da Resolução Administrativa n. 928/2003. Agravo de instrumento conhecido e provido. RECURSO DE REVISTA. RECURSO ORDINÁRIO NÃO CONHECIDO. RECURSO ASSINADO ELETRONICAMENTE POR ADVOGADO DIVERSO DAQUELES NOMINADOS NA PEÇA RECURSAL. IRRELEVÂNCIA. REGULARIDADE DE REPRESENTAÇÃO PROCESSUAL. ADVOGADO DEVIDAMENTE CONSTITUÍDO NOS AUTOS. 1. O Tribunal Regional não conheceu do recurso ordinário da reclamada ao fundamento de que "não consta no apelo a assinatura da referida advogada que efetuou a transmissão. Desse modo, a advogada transmissora não participou do ato processual. Sua assinatura digital foi usada apenas para acesso ao sistema". 2. O titular do certificado digital utilizado é o "real" subscritor do recurso, é quem por ele tem total responsabilidade. Assim, para a finalidade de aferir a assinatura da peça e a regularidade de representação processual, basta que aquele cuja chave de assinatura foi registrada esteja devidamente constituído nos autos. Precedentes. 3. Constatado que a advogada que assinou eletronicamente o recurso detém poderes nos autos, conforme se constata da procuração e dos substabelecimentos juntados, conclui-se que a recorrente estava regularmente representada, razão pela qual o não conhecimento do seu recurso ordinário importou violação do art. 5º, LV, da Carta Magna. Recurso de revista conhecido e provido. (RR 2118-69.2011.5.15.0082, Relator Ministro: Hugo Carlos Scheuermann, Data de Julgamento: 29.10.2014, 1ª Turma, Data de Publicação: DEJT 7.11.2014);

AGRAVO EM AGRAVO DE INSTRUMENTO EM RECURSO DE REVISTA. IRREGULARIDADE DE REPRESENTAÇÃO. AUSÊNCIA DE PROCURAÇÃO NOS AUTOS. MANDATO TÁCITO NÃO CONFIGURADO. Extrai-se dos autos que o subscritor do recurso de revista interposto pela reclamada não possui procuração juntada aos autos, o que torna inexistente o recurso, conforme o disposto na Súmula n. 164 desta Corte. Mandato tácito não configurado (fls. 159 e 811/812). Ressalte-se que, no caso da utilização do sistema eletrônico, a representação processual deve ser comprovada em relação àquele que assina digitalmente o processo. Ademais, a concessão de prazo para sanar a irregularidade é inadmissível na esfera recursal, conforme entendimento expresso na Súmula n. 383/TST. Óbice contido na Súmula n. 333 do TST. Agravo conhecido e não provido. (Ag-AIRR 187700-48.2009.5.15.0039, Relatora Ministra: Dora Maria da Costa, Data de Julgamento: 29.10.2014, 8ª Turma, Data de Publicação: DEJT 31.10.2014).

O mesmo não ocorre com a constatação de **irregularidades na outorga de mandato**, hipótese na qual tem inteira aplicação o dispositivo em análise. Significa dizer que a principal questão nesse aspecto consistirá na identificação das situações que caracterizam a inexistência de mandato e os casos em que, existente, contém defeitos sanáveis.

No particular, vários são os casos detectados na jurisprudência atual, alguns deles analisados a seguir, passíveis de correção, ao lado de outros em que o recurso não poderá ser conhecido:

1. **Interposição por quem não seja parte**. A legitimação para recorrer constitui pressuposto processual intrínseco, pois somente pode impugnar a decisão as partes, o terceiro interessado ou o Ministério Público do Trabalho (art. 499 do CPC). Portanto, se o recorrente não comprova o preenchimento desse requisito, o recurso é **considerado inexistente** e, por isso mesmo, não há que se falar em concessão de prazo para que seja sanada a irregularidade que, no caso, importaria em abertura de verdadeiro incidente processual em fase recursal para que fosse alterado o polo da relação processual. Precedente:

> AGRAVO DE INSTRUMENTO EM RECURSO DE REVISTA. ILEGITIMIDADE DE PARTE. ALTERAÇÃO DE RAZÃO SOCIAL. FALTA DE NOVA PROCURAÇÃO NOS AUTOS. O momento recursal apropriado para a demonstração de eventual alteração na denominação da empresa é a época da interposição do recurso de revista, não havendo que se acolher a pretensão de demonstrar a regularidade de interposição do recurso, em relação a empresa que não compôs a lide, apenas na interposição do agravo de instrumento. Dessa forma, a interposição de recurso sem comprovação da alteração da razão social implica não conhecimento do apelo, uma vez que não demonstrada a legitimidade da parte. Precedentes. Agravo de instrumento desprovido. (AIRR 3174900-16.2009.5.09.0002, Relator Ministro: José Roberto Freire Pimenta, Data de Julgamento: 8.10.2014, 2ª Turma, Data de Publicação: DEJT 17.10.2014).

2. **Procuração sem assinatura do outorgante.** Equivale a mandato inexistente, motivo pelo qual não constitui apenas defeito formal, mas grave irregularidade que afeta a sua própria existência e impossibilitará a sua regularização. A jurisprudência atual deverá prevalecer. Precedente:

> AGRAVO DE INSTRUMENTO. RECURSO DE REVISTA. RECLAMANTE LÚCIO DE ALMEIDA MATOS — IRREGULARIDADE DE REPRESENTAÇÃO PROCESSUAL — PROCURAÇÃO APÓCRIFA. FRAUDE À EXECUÇÃO. 1) Mantem-se a irregularidade de representação apontada como óbice para o seguimento do recurso de revista em relação ao reclamante Lúcio de Almeida Matos, porquanto comprovada a ausência de assinatura do recorrente na procuração que outorgava poderes à subscritora do recurso. Assim, não se conhece de recurso subscrito por advogado sem procuração regular nos autos. Cumpre observar que a aplicação do art. 13 do Código de Processo Civil está restrita à instância de primeiro grau, daí porque a regularidade da representação processual há de ser manifesta, no momento da interposição do recurso. 2) A admissibilidade do recurso de revista contra acórdão proferido em agravo de petição depende de demonstração inequívoca de afronta direta à Constituição da República. Aplicabilidade da Súmula n. 266/TST e do art. 896, § 2º, da CLT. Agravo desprovido. (AIRR 694-64.2011.5.03.0069, Relator Ministro: Renato de Lacerda Paiva, Data de Julgamento: 25.6.2014, 2ª Turma, Data de Publicação: DEJT 1º.7.2014).

3. **Procuração outorgada pelo sócio, na condição de representante da pessoa jurídica, e atuação em seu nome pessoal**. É outra hipótese de mandato

inexistente, diante da autonomia reconhecida à pessoa jurídica (art. 41 do Código Civil), o que impede possa ser confundida com a pessoa dos sócios que a compõem e, por conseguinte, se é outorgada a representação por ela, por meio de um dos seus sócios, na condição de representante legal, não pode o advogado atuar em nome diverso de quem lhe conferiu os poderes decorrentes.

É mais um caso em que não se configura o mero defeito formal, mas vício de natureza grave, insanável, portanto, em relação ao qual não se poderá aplicar a nova regra. A jurisprudência do Tribunal deverá permanecer sem alterações. Precedente:

> AGRAVO DE INSTRUMENTO. RECURSO DE REVISTA. EXECUÇÃO. AGRAVO DE PETIÇÃO NÃO CONHECIDO — IRREGULARIDADE DE REPRESENTAÇÃO PROCESSUAL — ADVOGADO HABILITADO A POSTULAR EM NOME DA EMPRESA — DESCONSIDERAÇÃO DA PERSONALIDADE JURÍDICA — AUSÊNCIA DE NOVA PROCURAÇÃO DO CAUSÍDICO PARA REPRESENTAR A PESSOA DO SÓCIO. Não se conhece de recurso subscrito por advogado sem procuração regular nos autos. Cumpre observar que a aplicação do art. 13 do Código de Processo Civil está restrita à instância de primeiro grau, daí porque a regularidade da representação processual há de ser manifesta, no momento da interposição do recurso. Agravo desprovido. (AIRR 219000-62.1996.5.01.0010, Relator Ministro: Renato de Lacerda Paiva, Data de Julgamento: 18.6.2014, 2ª Turma, Data de Publicação: DEJT 1º.7.2014).

4. **Substabelecimento outorgado em detrimento de cláusula contida na procuração que o veda**. Esse é um tema particularmente interessante. O Tribunal não reconheceu validade à representação processual por vários motivos indicados em precedente, dentre os quais a ausência de autenticação e por conter cláusula restritiva do substabelecimento de poderes e o subscritor do recurso não possuir mandato tácito. Precedente:

> AGRAVO DE INSTRUMENTO. RECURSO DE REVISTA. IRREGULARIDADE DE REPRESENTAÇÃO NA INTERPOSIÇÃO DE RECURSO ORDINÁRIO. VÍCIO INSANÁVEL. O Tribunal Regional não conheceu do recurso ordinário da empresa Seara por irregularidade de representação. O acórdão recorrido assinala que a empresa apresentou cópia de procuração sem qualquer autenticação; tal procuração veda o substabelecimento; e o subscritor do substabelecimento e do recurso ordinário, Dr. Marcos Paulo Lemos, não tem procuração nos autos nem mandato tácito. Consoante o disposto na Súmula n. 164 do TST, é inexistente o recurso quando não há instrumento de mandato nos autos, exceto na hipótese de mandato tácito, o que não é o caso dos autos. Além disso, não é possível nesta fase recursal a conversão do feito em diligência para sanar a irregularidade, nos termos da Súmula n. 383, II, do TST, que dispõe que é "inadmissível na fase recursal a regularização da representação processual, na forma do art. 13 do CPC, cuja aplicação se restringe ao Juízo de 1º grau". Do

mesmo modo inviável a correção de eventuais irregularidades pela via do § 4º do art. 515 do Código de Processo Civil, visto que a regularidade de representação é pressuposto extrínseco de admissibilidade do recurso, a qual, não comprovada ao tempo de sua interposição leva ao seu não conhecimento. Agravo de instrumento conhecido e não provido. (AIRR 60-76.2012.5.03.0152, Relator Ministro: Alexandre de Souza Agra Belmonte, Data de Julgamento: 24.9.2014, 3ª Turma, Data de Publicação: DEJT 26.9.2014).

A autenticação da procuração é irregularidade passível de ser corrigida, no novo cenário legal. A regra contida no art. 667, § 1º, do Código Civil trata da responsabilidade do substabelecente quando transfere os poderes recebidos, ainda que haja cláusula que vede tal prática, hipótese em que responderá perante o seu constituinte pelos prejuízos ocorridos em virtude dos atos praticados pelo substabelecido.(61) Já a ausência de mandato é mais um caso que não constitui defeito formal.

Em relação à ausência de poderes, a regência encontra-se no § 4º do art. 667 do Código Civil e no item III da Súmula n. 395, no sentido de validação dos atos praticados pelo substabelecido.

§ 4º Sendo omissa a procuração quanto ao substabelecimento, o procurador será responsável se o substabelecido proceder culposamente.

III — São válidos os atos praticados pelo substabelecido, ainda que não haja, no mandato, poderes expressos para substabelecer (art. 667, e parágrafos, do Código Civil de 2002). (ex-OJ n. 108 da SBDI-1 — inserida em 1º.10.1997)

5. **Procuração com prazo vencido**. Uma das causas de extinção do mandato é o término do prazo nele fixado (art. 682, IV, do Código Civil), motivo pelo qual não se reconhece validade ao ato praticado após expirado o prazo definido pelo outorgante.

Sequer se pode falar em irregularidade, na hipótese de o ato haver sido praticado em detrimento da vontade do outorgante que, ao escolher alguém para, em seu nome, praticar atos jurídicos, definiu que somente seria possível durante o prazo que ele próprio fixou. Assim, ao não conhecer do recurso, o Tribunal estará apenas respeitando o quanto por ele definido.

A jurisprudência da Casa não deverá sofrer alterações. Precedente:

AGRAVO DE INSTRUMENTO DA RECLAMADA TIM CELULAR S.A. IRREGULARIDADE DE REPRESENTAÇÃO PROCESSUAL — SUBS-

(61) § 1º Se, não obstante proibição do mandante, o mandatário se fizer substituir na execução do mandato, responderá ao seu constituinte pelos prejuízos ocorridos sob a gerência do substituto, embora provenientes de caso fortuito, salvo provando que o caso teria sobrevindo, ainda que não tivesse havido substabelecimento.

TABELECIMENTO — PROCURAÇÃO COM PRAZO DE VIGÊNCIA VENCIDO. Não se conhece de recurso de revista subscrito por advogado sem procuração regular nos autos. Cumpre observar que a aplicação do art. 13 do Código de Processo Civil está restrita à instância de primeiro grau, daí porque a regularidade da representação processual há de ser manifesta, no momento da interposição do recurso. Agravo desprovido. RECURSO DE REVISTA DA RECLAMADA A&C CENTRO DE CONTATOS S.A. RECURSO DE REVISTA. TERCEIRIZAÇÃO — ATIVIDADE INERENTE — EMPRESA DE TELEFONIA — SERVIÇOS DE *CALL CENTER* — IMPOSSIBILIDADE (alegação de violação aos arts. 5º, II, da Constituição Federal, 94, II, da Lei n. 9.472/1997 e 25, § 1º, da Lei n. 8.987/1995 e divergência jurisprudencial). A jurisprudência majoritária da SBDI-1 entende que o art. 94, II, da Lei n. 9.472/1997 não autoriza a terceirização de serviços na atividade-fim das empresas de telefonia, sendo aplicável o entendimento contido nos itens I e III da Súmula/TST n. 331 (com ressalva de entendimento). Recurso de revista não conhecido. (ARR 1299-15.2010.5.03.0111, Relator Ministro: Renato de Lacerda Paiva, Data de Julgamento: 20.8.2014, 2ª Turma, Data de Publicação: DEJT 29.8.2014).

Essa interpretação também se aplica ao substabelecimento decorrente do mesmo mandato; expirado o prazo deste último, aquele também se encerra e, por conseguinte, não há que ser conhecido recurso interposto desde então, por não mais existirem poderes hábeis à representação processual. Precedente:

AGRAVO DE INSTRUMENTO. IRREGULARIDADE DE REPRESENTAÇÃO. SUBSTABELECIMENTO. PROCURAÇÃO. PRAZO DE VALIDADE EXPIRADO. O requisito da regularidade da representação processual da parte recorrente deve estar evidenciado na oportunidade em que o ato de recorrer é praticado no processo. No presente caso, os poderes de representação outorgados ao subscritor do presente agravo derivam de instrumento de mandato cujo prazo de vigência encontrava-se expirado quando da interposição do apelo. Expirado o prazo de validade da procuração outorgada ao substabelecente, o substabelecimento também perde a validade. Agravo de instrumento de que não se conhece. (AIRR 90700-98.2009.5.01.0019, Relator Ministro: Walmir Oliveira da Costa, Data de Julgamento: 27.11.2013, 1ª Turma, Data de Publicação: DEJT 29.11.2013).

Conclusão diversa se verifica na hipótese de, em que pese haver prazo, a procuração também contiver autorização para o advogado atuar até o final da demanda. Neste caso, estes poderes prevalecem sobre o limite temporal mencionado e se aplicam a ambos os instrumentos (mandato e substabelecimento). Jurisprudência sedimentada nos termos do item I, da Súmula n. 395:

SÚMULA N. 395. MANDATO E SUBSTABELECIMENTO. CONDIÇÕES DE VALIDADE (conversão das Orientações Jurisprudenciais ns. 108, 312, 313 e 330 da SBDI-1). Res. n. 129/2005, DJ 20, 22 e 25.4.2005

I — Válido é o instrumento de mandato com prazo determinado que contém cláusula estabelecendo a prevalência dos poderes para atuar até o final da demanda. (ex-OJ n. 312 da SBDI-1 — DJ 11.8.2003)

Precedente:

AGRAVO DE INSTRUMENTO EM RECURSO DE REVISTA. REGULARIDADE DE REPRESENTAÇÃO. SUBSTABELECIMENTO VÁLIDO. MANDATO TÁCITO CONFIGURADO. SÚMULA N. 395, ITEM I, DO TST E ORIENTAÇÃO JURISPRUDENCIAL N. 286 DA SBDI-1 DO TST. A Súmula n. 395 do TST trata das condições de validade das procurações e do substabelecimento, dispondo o seguinte em seu item I: "Válido é o instrumento de mandato com prazo determinado que contém cláusula estabelecendo a prevalência dos poderes para atuar até o final da demanda". No caso dos autos, verifica-se que a reclamada outorgou poderes de representação processual por meio de procuração pública. Não obstante essa procuração, efetivamente, tenha prazo determinado de um ano, expirada em 2.2.2010, ficou nela consignado que a representação perdurará "até final decisão". Em 5.8.2009, foram substabelecidos poderes ao advogado subscritor do recurso de revista quando ainda válida a procuração outorgada pela ora reclamada. Diante disso, e em face do disposto na Súmula n. 395, item I, do TST, tem-se como válido o substabelecimento passado ao advogado subscritor do recurso de revista, estando afastada a irregularidade de representação declarada no despacho denegatório do recurso de revista. Destaque-se, por oportuno, que o advogado subscritor do recurso de revista compareceu às audiências, estando configurado, ainda, o mandato tácito, o que, de acordo com o item II da Orientação Jurisprudencial n. 286 da SBDI-1 do TST, também supriria a irregularidade no mandato expresso. Afastada a irregularidade de representação declarada no despacho denegatório de seguimento do recurso de revista, passa-se à análise da admissibilidade do recurso de revista, quanto aos temas nele trazidos, nos termos da Orientação Jurisprudencial n. 282 da SBDI-1 deste Tribunal. [...] (AIRR 152840-22.2009.5.23.0096, Relator Ministro: José Roberto Freire Pimenta, Data de Julgamento: 6.8.2014, 2ª Turma, Data de Publicação: DEJT 22.8.2014).

6. **Juntada de nova procuração e ausência de ressalva**. A revogação — ato exclusivo do mandante — é causa de extinção do mandato, conforme regra prevista no art. 682, I, do Código Civil.[62] Há de ocorrer de forma expressa, para que não haja dúvida quanto à vontade manifestada pelo outorgante. Contudo, a jurisprudência do Tribunal, expressa na Orientação Jurisprudencial n. 349 da SBDI-1, firmou-se no sentido de configurar revogação tácita a juntada de novo instrumento de mandato, sem que nele conste cláusula expressa de manutenção de poderes conferidos ao anterior mandatário.

(62) Art. 682. Cessa o mandato: I — pela revogação ou pela renúncia.

> OJ-SDI1-349. MANDATO. JUNTADA DE NOVA PROCURAÇÃO. AUSÊNCIA DE RESSALVA. EFEITOS (DJ 25.4.2007). A juntada de nova procuração aos autos, sem ressalva de poderes conferidos ao antigo patrono, implica revogação tácita do mandato anterior.

É mais uma situação que não será alterada pela nova lei pois, na hipótese, apenas se dá cumprimento à vontade do outorgante e não constitui irregularidade sanável. Precedente:

> AGRAVO DE INSTRUMENTO. IRREGULARIDADE DE REPRESENTAÇÃO. MANDATO. JUNTADA DE NOVA PROCURAÇÃO. AUSÊNCIA DE RESSALVA. ORIENTAÇÃO JURISPRUDENCIAL N. 349 DA SBDI-1 DO TST. NÃO CONHECIMENTO. A regularidade de representação constitui um dos pressupostos extrínsecos de admissibilidade do agravo de instrumento. A inobservância desse requisito desautoriza o conhecimento do apelo, quando configurada a hipótese da Orientação Jurisprudencial n. 349 desta Corte, a qual dispõe que "a juntada de nova procuração aos autos, sem ressalva de poderes conferidos ao antigo patrono, implica revogação tácita do mandato anterior". Agravo de instrumento não conhecido. (AIRR 951-03.2012.5.03.0054, Relator Desembargador Convocado: Tarcísio Régis Valente, Data de Julgamento: 13.8.2014, 5ª Turma, Data de Publicação: DEJT 15.8.2014).

Essa mesma interpretação se aplica à juntada de novo substabelecimento igualmente sem reserva de poderes, o que, na linha da jurisprudência do Tribunal, configura revogação tácita do instrumento anterior. Precedente:

> AGRAVO DE INSTRUMENTO. EXECUÇÃO. IRREGULARIDADE DE REPRESENTAÇÃO DO AGRAVO DE PETIÇÃO. 1. Não se cogita em violação dos princípios assecuratórios do direito ao contraditório e à ampla defesa, uma vez que deles não se extrai salvaguarda à parte que deixa de atentar para a obrigação de satisfazer pressuposto extrínseco de admissibilidade recursal — no caso, a regularidade de representação. Ileso, portanto, o art. 5º, LV, da Constituição da República. 2. O substabelecimento sem reservas de poderes é o ato definitivo pelo qual o advogado ou procurador transfere a outrem os poderes que lhe foram outorgados por procuração, renunciando, assim, ao mandato que lhe fora outorgado. 3. Diante disso, observa-se que o advogado subscritor do agravo de petição, ao protocolizar substabelecimento sem reserva de poderes, no dia 11.7.2005, deixou de deter poderes para a prática de qualquer ato processual quando da interposição do agravo de petição em 18.11.2007, tornando a representação da parte naquele ato irremediavelmente viciada. 4. Agravo de instrumento a que se nega provimento. AGRAVO DE INSTRUMENTO. RECURSO DE REVISTA EM EXECUÇÃO. MULTA POR EMBARGOS DE DECLARAÇÃO CONSIDERADOS PROTELATÓRIOS. AUSÊNCIA DE FUNDAMENTAÇÃO. A interposição de recurso de revista a decisões proferidas em execução de sentença vincula-se à demonstração de violação direta e inequívoca de preceito da Constituição da República. Se a

parte não aponta violação de dispositivo constitucional, pressuposto específico de recorribilidade na fase de execução, resulta carente de fundamentação o apelo, à míngua do seu correto enquadramento, nos termos do art. 896, § 2º, da Consolidação das Leis do Trabalho. Agravo de instrumento não provido. (AIRR 83840-66.2001.5.04.0023, Relator Ministro: Lelio Bentes Corrêa, Data de Julgamento: 26.6.2013, 1ª Turma, Data de Publicação: DEJT 5.7.2013).

7. **Incompatibilidade entre mandatos expresso e tácito**. Com ressalva de meu entendimento pessoal, a jurisprudência do Tribunal não admite a coexistência de mandatos expresso e tácito. Portanto, não se trata de irregularidade e, estando a parte representada por procurador constituído mediante instrumento escrito, não se conhece de recurso interposto por procurador constituído de forma tácita, situação que não será alterada pela nova Lei.

Essa interpretação encontra eco na Orientação Jurisprudencial n. 286, da SBDI-1:

OJ-SDI1-286. AGRAVO DE INSTRUMENTO. TRASLADO. MANDATO TÁCITO. ATA DE AUDIÊNCIA. CONFIGURAÇÃO (alterada) — Res. n. 167/2010, DEJT divulgado em 30.4.2010 e 3 e 4.5.2010

I — A juntada da ata de audiência, em que consignada a presença do advogado, desde que não estivesse atuando com mandato expresso, torna dispensável a procuração deste, porque demonstrada a existência de mandato tácito.

II — Configurada a existência de mandato tácito fica suprida a irregularidade detectada no mandato expresso.

Precedente:

AGRAVO DE INSTRUMENTO EM RECURSO DE REVISTA. IRREGULARIDADE DE REPRESENTAÇÃO PROCESSUAL. EXISTÊNCIA DE MANDATO EXPRESSO REGULAR. IMPOSSIBILIDADE DE REPRESENTAÇÃO PROCESSUAL MEDIANTE MANDATO TÁCITO. IRREGULARIDADE DE REPRESENTAÇÃO CONFIGURADA. De acordo com o entendimento desta Corte, somente se configura mandato tácito na hipótese de a parte não se encontrar representada mediante mandato expresso regular. Essa é a interpretação a ser conferida à Orientação Jurisprudencial n. 286, itens I e II, do TST. No caso, ante a existência de procuração expressa regular outorgada pela reclamada, na qual não consta o nome da advogada subscritora do recurso de revista, não cabe falar em regularidade de representação, em face de mandato tácito. Precedentes desta Corte no mesmo sentido. Agravo de instrumento desprovido. (AIRR 11600-69.2012.5.17.0011, Relator Ministro: José Roberto Freire Pimenta, Data de Julgamento: 11.2.2014, 2ª Turma, Data de Publicação: DEJT 14.2.2014).

8. **Fase para regularização da representação processual**. Esse tema, em particular, poderá sofrer impacto. Isso porque a jurisprudência precedente à nova

Lei consolidou-se no sentido de não admitir a concessão de prazo para que seja sanada irregularidade de representação na fase recursal, pois a regra contida no art. 13 do CPC somente teria aplicação na instância de primeiro grau, conforme posicionamento contido na Orientação Jurisprudencial n. 383, II, da SBDI-1:

> II — Inadmissível na fase recursal a regularização da representação processual, na forma do art. 13 do CPC, cuja aplicação se restringe ao Juízo de 1º grau. (ex-OJ n. 149 da SBDI-1 — inserida em 27.11.1998)

Precedente:

> RECURSO DE REVISTA. IRREGULARIDADE DE REPRESENTAÇÃO. Não se conhece de recurso de revista subscrito por advogado sem procuração regular nos autos. Cumpre observar que a aplicação do art. 13 do Código de Processo Civil está restrita à instância de primeiro grau, daí porque a regularidade da representação processual há de ser manifesta, no momento da interposição do recurso. Recurso de revista não conhecido. (RR 341900-77.2005.5.09.0020, Relator Ministro: Renato de Lacerda Paiva, Data de Julgamento: 21.8.2013, 2ª Turma, Data de Publicação: DEJT 30.8.2013).

Contudo, como a nova regra objetiva possibilitar, em alguns casos, a correção de defeitos de gravidade reduzida (formais não reputados graves), constitui preceito específico em matéria recursal e, por isso, terá campo próprio de incidência a autorizar que o Ministro Relator permita corrigi-los também na fase recursal.

9. **Representação processual da União, Estados e Municípios.** Esse tema é objeto de Súmula (n. 436) e, em linhas gerais, dispensa-se a juntada de instrumento de mandato e comprovação de ato de nomeação, sendo suficiente a indicação, pelo procurador, de que exerce tal cargo, não bastando a indicação do número de inscrição na OAB:

> SUM-436. REPRESENTAÇÃO PROCESSUAL. PROCURADOR DA UNIÃO, ESTADOS, MUNICÍPIOS E DISTRITO FEDERAL, SUAS AUTARQUIAS E FUNDAÇÕES PÚBLICAS. JUNTADA DE INSTRUMENTO DE MANDATO (conversão da Orientação Jurisprudencial n. 52 da SBDI-I e inserção do item II à redação). Res. n. 185/2012, DEJT divulgado em 25, 26 e 27.9.2012
>
> I — A União, Estados, Municípios e Distrito Federal, suas autarquias e fundações públicas, quando representadas em juízo, ativa e passivamente, por seus procuradores, estão dispensadas da juntada de instrumento de mandato e de comprovação do ato de nomeação.
>
> II — Para os efeitos do item anterior, é essencial que o signatário ao menos declare-se exercente do cargo de procurador, não bastando a indicação do número de inscrição na Ordem dos Advogados do Brasil.

Contudo, ainda em consonância com a jurisprudência consagrada na mencionada Súmula, não viabiliza o conhecimento do recurso a ausência de identificação do procurador municipal como tal, embora tenha inserido o seu número de inscrição na OAB, como revela o precedente transcrito:

> RECURSO DE REVISTA. 1. IRREGULARIDADE DE REPRESENTAÇÃO. RECURSO ORDINÁRIO. SÚMULA N. 436. PROCURADOR MUNICIPAL. NÃO COMPROVAÇÃO. Mostra-se irregular a representação processual na hipótese em que o subscritor do recurso ordinário não detém procuração nos autos. *In casu,* não se aplica o entendimento da Súmula n. 436 (ex-Orientação Jurisprudencial n. 52 da SBDI-1), porquanto o subscritor do recurso ordinário não se identificou como sendo procurador do município reclamado, mas apenas indicou o seu número de inscrição na Ordem dos Advogados do Brasil, o que não é suficiente para demonstrar a regularidade da representação processual. Precedentes desta Corte Superior. Recurso de revista não conhecido. (RR 1133-68.2010.5.15.0007, Relator Ministro: Guilherme Augusto Caputo Bastos, Data de Julgamento: 22.5.2013, 5ª Turma, Data de Publicação: DEJT 31.5.2013).

Considero que, nesse caso, não há que se falar em defeito formal de natureza grave. Isso porque o mandato, efetivamente, foi outorgado e os poderes constituídos. Trata-se de identificação do outorgado, vício, a meu sentir, sanável.

10. **Mandatos de sucessora e sucedida.** Em virtude de serem pessoas jurídicas diferentes, a outorga de mandato apenas à empresa incorporadora em processo movido contra a empresa incorporada não viabiliza o conhecimento do recurso, em virtude da irregularidade da representação processual. Precedente:

> RECURSO DE REVISTA. PRESSUPOSTOS DE ADMISSIBILIDADE DO RECURSO ORDINÁRIO. REGULARIDADE DE REPRESENTAÇÃO PROCESSUAL. SUCESSÃO DE EMPRESAS. EXISTÊNCIA DE PROCURAÇÃO APENAS EM NOME DA SUCEDIDA. 1. A existência de mandato apenas em nome da empresa incorporada, ABN AMRO Real S.A., não chancela a representação processual da incorporadora, pois constituem pessoas jurídicas distintas. Precedentes. 2. Constatada a irregularidade de representação do recurso ordinário, deve ser acolhida a preliminar de não conhecimento, com o consequente restabelecimento da sentença de origem. Recurso de revista conhecido e provido. (RR 196700-17.2008.5.02.0315, Relatora Ministra: Delaíde Miranda Arantes, Data de Julgamento: 6.11.2013, 7ª Turma, Data de Publicação: DEJT 22.11.2013).

11. **Procuração juntada em cópia não autenticada**. Também com ressalva de entendimento pessoal, a jurisprudência do Tribunal consolidou-se no sentido de não reconhecer validade ao instrumento de mandato juntado mediante cópia não autenticada, ressalvada a situação em que o próprio advogado subscreve declaração de autenticidade, conforme previsto no art. 830 da CLT. Precedentes:

RECURSO DE REVISTA. REGULARIDADE DE REPRESENTAÇÃO DO RECURSO ORDINÁRIO. PROCURAÇÃO. DECLARAÇÃO DE AUTENTICIDADE FIRMADA POR ADVOGADO. VALIDADE. A jurisprudência deste colendo TST é pacífica no sentido de que é inválida a procuração juntada em cópia simples, sem autenticação ou declaração de autenticidade. Contudo, constatada nos autos a declaração de autenticidade pelo próprio advogado, nos termos do art. 830 da CLT, não se há falar em irregularidade da representação processual. Recurso de revista conhecido e provido. (RR 1172-09.2012.5.04.0781, Relator Ministro: Mauricio Godinho Delgado, Data de Julgamento: 29.10.2014, 3ª Turma, Data de Publicação: DEJT 31.10.2014);

AGRAVO DE INSTRUMENTO EM RECURSO DE REVISTA. PROCURAÇÃO EM CÓPIA INAUTÊNTICA. IRREGULARIDADE DE REPRESENTAÇÃO PROCESSUAL. Tratando-se de procuração em cópia inautêntica, conforme assinalado no acórdão, configurada a irregularidade de representação processual, incidem os arts. 37 do CPC, 5º, da Lei n. 8.906/1994 e as Súmulas n. 164 e 383 do TST. Agravo de instrumento desprovido. (AIRR 1375-82.2012.5.15.0063, Relator Desembargador Convocado: Arnaldo Boson Paes, Data de Julgamento: 15.10.2014, 7ª Turma, Data de Publicação: DEJT 17.10.2014).

Essa irregularidade não deve ser considerada de gravidade elevada a ponto de não permitir a concessão de prazo para que seja corrigida, pois, nesses casos, o Tribunal considera existente o mandato, embora conferido de forma irregular, o que leva à inexistência do recurso. Precedentes:

AGRAVO DE INSTRUMENTO. RECURSO DE REVISTA. SUMARÍSSIMO. IRREGULARIDADE DE REPRESENTAÇÃO. PROCURAÇÃO EM CÓPIA INAUTÊNTICA. INEXISTÊNCIA DE MANDATO TÁCITO. 1. Caracterizada a irregularidade de representação processual do recurso de revista da segunda reclamada (Indústrias Nucleares do Brasil S.A. — INB), uma vez que a procuração que conferia poderes à advogada que substabeleceu à subscritora do recurso fora apresentada em fotocópia inautêntica. 2. A procuradora da parte nem mesmo se valeu da prerrogativa legal de declarar a autenticidade do referido documento, sob sua responsabilidade pessoal. 3. Tampouco se configurou o mandato tácito, que ocorreria mediante o comparecimento da subscritora da revista às audiências, e não pela simples prática de atos processuais. 4. Inviável o processamento do recurso de revista, e, consequentemente, o provimento do agravo de instrumento. Agravo de instrumento conhecido e não provido. (AIRR 205-20.2010.5.01.0521, Relator Ministro: Hugo Carlos Scheuermann, Data de Julgamento: 10.9.2014, 1ª Turma, Data de Publicação: DEJT 19.9.2014);

AGRAVO DE INSTRUMENTO. RECURSO DE REVISTA. IRREGULARIDADE DE REPRESENTAÇÃO PROCESSUAL 1. A regularidade de representação processual constitui pressuposto extrínseco de admissibilidade do recurso, que deve ser satisfeito no momento de sua interposição. 2. A apresentação de cópia da procuração sem a devida autenticação acarreta a irregularidade de representação

> processual, bem como a ausência de instrumento válido capaz de comprovar a representação processual torna inexistente o recurso. Inteligência da Súmula n. 164 do TST. 3. Agravo de instrumento de que se conhece e a que se nega provimento. (AIRR 2047-14.2012.5.24.0072, Relator Ministro: João Oreste Dalazen, Data de Julgamento: 1º.10.2014, 4ª Turma, Data de Publicação: DEJT 17.10.2014).

A simples visualização do instrumento respectivo permite identificar as partes e os poderes conferidos, além dos demais elementos constitutivos, razões mais do que suficientes para que o Ministro Relator, com base no dispositivo em foco, conceda prazo para que, pelo menos, seja declarada a autenticidade.

Essa exigência não se aplica aos documentos juntados por meio do sistema e-DOC. Em virtude dos atributos gerados pela assinatura digital nele utilizada e conferidos pela MP n. 2.200-2/2001 ao arquivo, seja ele originariamente digital ou digitalizado a partir de um documento físico, a autenticidade decorre da própria assinatura, motivo pelo qual não há mais que se falar nesse requisito formal para a validade da prova documental produzida nessas condições. Precedentes:

> RECURSO DE REVISTA. PROCEDIMENTO SUMARÍSSIMO. REGULARIDADE DE REPRESENTAÇÃO PROCESSUAL. PROCURAÇÃO TRAZIDA VIA e-DOC. DESNECESSIDADE DE APRESENTAÇÃO POSTERIOR DE ORIGINAL. LEI N. 11.419/2006. INSTRUÇÃO NORMATIVA N. 30/2007 DO TST. 1. O envio de petição e documentos pelo e-DOC dispensa a apresentação posterior de originais ou de fotocópias autenticadas. 2. A exigência de apresentação posterior de originais de documentos trazidos via e-DOC não observa a garantia da ampla defesa, assegurada no art. 5º, LV, da Constituição Federal. 3. Recurso de revista de que se conhece e a que se dá provimento. (RR 496-87.2011.5.03.0146, Relator Ministro: João Oreste Dalazen, Data de Julgamento: 16.10.2013, 4ª Turma, Data de Publicação: DEJT 25.10.2013);

> RECURSO DE REVISTA REPRESENTAÇÃO PROCESSUAL INSTRUMENTOS DE PROCURAÇÃO ENCAMINHADOS EM CONJUNTO COM PETIÇÃO POR PETICIONAMENTO ELETRÔNICO (e-DOC) DESNECESSIDADE DE AUTENTICAÇÃO. O envio da petição por intermédio do e-DOC dispensa a apresentação posterior dos originais ou de fotocópias autenticadas. Portanto, os instrumentos de procuração e substabelecimentos encaminhados por meio de peticionamento eletrônico são válidos e considerados como originais, a teor do art. 10, § 1º, da Medida Provisória n. 2.200-2/2001, do art. 11 da Lei n. 11.419/2006 e do art. 25 da Instrução Normativa n. 30 do TST. Recurso de revista conhecido e provido. (RR 1395-64.2010.5.01.0053, Relator Ministro: Luiz Philippe Vieira de Mello Filho, Data de Julgamento: 21.8.2013, 7ª Turma, Data de Publicação: DEJT 4.10.2013);

> RECURSO DE REVISTA. PROCEDIMENTO SUMARÍSSIMO. RECURSO ORDINÁRIO. REGULARIDADE DE REPRESENTAÇÃO. TRANSMISSÃO DE PROCURAÇÃO VIA SISTEMA e-DOC. EQUIVALÊNCIA A ORIGINAL.

ARTS. 11 DA LEI N. 11.419/2006 E 25 DA INSTRUÇÃO NORMATIVA N. 30/2007. O Tribunal Regional não conheceu do recurso ordinário interposto pelas reclamadas, por irregularidade de representação, ante a ausência de autenticação da procuração juntada. Ocorre, todavia, que as reclamadas interpuseram recurso ordinário mediante o Sistema de Peticionamento Eletrônico (e-DOC), oportunidade em que, também pelo Sistema e-DOC, juntaram instrumento de procuração ao subscritor do recurso. Nos termos do art. 11 da Lei n. 11.419/2006 e do art. 25 da Instrução Normativa n. 30/2007 desta Corte, os documentos produzidos eletronicamente e juntados aos processos eletrônicos com garantia da origem e de seu signatário, serão considerados originais para todos os efeitos legais, de forma que se faz inexigível a autenticação prevista no art. 830 da CLT. Recurso de revista conhecido e provido. (RR 523-70.2011.5.03.0146, Relator Ministro: Walmir Oliveira da Costa, Data de Julgamento: 13.8.2013, 1ª Turma, Data de Publicação: DEJT 16.8.2013).

O art. 1º da citada Medida Provisória atribui ao denominado "arquivo digital" três importantes atributos:

a) integridade de conteúdo: o arquivo deve reunir atributos que permitam ao destinatário, a qualquer momento, verificar se o conteúdo encontra-se íntegro e se sofreu alteração durante a transmissão ou posteriormente. Possibilita, por conseguinte, aferir se o arquivo foi modificado, após haver sido assinado e, para tanto, os tribunais disponibilizam nas páginas na internet endereços para a respectiva conferência;

b) autenticidade da origem: diz respeito à identificação do remetente e a confirmação da autoria do arquivo; é a associação do autor ao conteúdo. A partir dos dados pessoais do usuário gravados no chip instalado no componente físico (cartão ou *token*), correspondentes às suas chaves pública e privada, é promovida a identificação de quem assinou o arquivo digital.

Vale ressaltar que o usuário é identificado a partir do número do CPF, gerador de sua identidade digital e, no caso do processo judicial, irá promover a identificação de quem praticou o ato processual e responsabilizá-lo pela autenticidade dos documentos.

c) garantia de não repúdio: representa a garantia de que ao emissor da mensagem não será possível negar a sua autoria. Esse elemento, aliás, é de suma importância para viabilizar a prática de atos no ambiente eletrônico, na medida em que evita qualquer alegação ou mesmo dúvida quanto à sua validade.

Veja-se o citado dispositivo:

Art. 1º Fica instituída a Infraestrutura de Chaves Públicas Brasileira — ICP-Brasil, para garantir a autenticidade, a integridade e a validade jurídica de documentos em forma eletrônica, das aplicações de suporte e das aplicações habilitadas que utilizem certificados digitais, bem como a realização de transações eletrônicas seguras. (grifos postos)

Trata-se de norma geral que disciplina a produção de efeitos aos atos jurídicos praticados no ambiente digital, no que toca à sua validade.

Ainda que assim não fosse, a Lei n. 11.419/2006, que dispõe sobre a informatização do processo judicial, é aplicada no âmbito desta Justiça do Trabalho e em qualquer grau de jurisdição, conforme previsão no art. 1º e § 1º:

> Art. 1º O uso de meio eletrônico na tramitação de processos judiciais, comunicação de atos e transmissão de peças processuais será admitido nos termos desta Lei.
>
> § 1º Aplica-se o disposto nesta Lei, indistintamente, aos processos civil, penal e trabalhista, bem como aos juizados especiais, em qualquer grau de jurisdição.

Esse Diploma Normativo possui regra específica, a partir daquela já mencionada, que atribui força probante plena a tais documentos, por equipará-los aos originais, sejam aqueles originariamente digitais ou a eles convertidos, salvo, no caso destes últimos, alegação motivada e fundamentada de adulteração antes ou durante o processo de digitalização, como se constata no art. 11, *caput*, e § 1º, que transcrevo:

> Art. 11. Os documentos produzidos eletronicamente e juntados aos processos eletrônicos com garantia da origem e de seu signatário, na forma estabelecida nesta Lei, serão considerados originais para todos os efeitos legais.
>
> § 1º Os extratos digitais e os documentos digitalizados e juntados aos autos pelos órgãos da Justiça e seus auxiliares, pelo Ministério Público e seus auxiliares, pelas procuradorias, pelas autoridades policiais, pelas repartições públicas em geral e por advogados públicos e privados têm a mesma força probante dos originais, ressalvada a alegação motivada e fundamentada de adulteração antes ou durante o processo de digitalização.
>
> § 2º A arguição de falsidade do documento original será processada eletronicamente na forma da lei processual em vigor.
>
> § 3º Os originais dos documentos digitalizados, mencionados no § 2º o deste artigo, deverão ser preservados pelo seu detentor até o trânsito em julgado da sentença ou, quando admitida, até o final do prazo para interposição de ação rescisória.
>
> § 4º (Vetado)
>
> § 5º Os documentos cuja digitalização seja tecnicamente inviável devido ao grande volume ou por motivo de ilegibilidade deverão ser apresentados ao cartório ou secretaria no prazo de 10 (dez) dias contados do envio de petição eletrônica comunicando o fato, os quais serão devolvidos à parte após o trânsito em julgado.
>
> § 6º Os documentos digitalizados juntados em processo eletrônico somente estarão disponíveis para acesso por meio da rede externa para suas respectivas partes processuais e para o Ministério Público, respeitado o disposto em lei para as situações de sigilo e de segredo de justiça.

Além disso, há regra específica referente ao envio de petições, mesmo para os casos de processos físicos nos Tribunais que usem as denominadas ferramentas da tecnologia da informação e das comunicações (art. 2º), cuja validade é condicionada à observância dos requisitos já mencionados:

> Art. 2º O envio de petições, de recursos e a prática de atos processuais em geral por meio eletrônico serão admitidos mediante uso de assinatura eletrônica, na forma do art. 1º desta Lei, sendo obrigatório o credenciamento prévio no Poder Judiciário, conforme disciplinado pelos órgãos respectivos.

Por outro lado, observa-se que consta tarja inserida pelo sistema a qual registra o número do respectivo protocolo, nome e CPF da pessoa que os assina, data e horário do envio e quantas folhas os compõem, já que são inseridas em um único arquivo em cada remessa.

Esses elementos permitem aferir o cumprimento dos requisitos legais mencionados, inclusive por terceiros, neste caso por meio de endereço específico disponibilizado no próprio sítio do Tribunal, como, de resto, deve ocorrer com todos os demais Tribunais, inclusive existente no TST, no "Portal do Advogado", no campo próprio para verificação e autenticidade ("Autenticação de Documentos Eletrônicos").

Significa, portanto, afirmar que no ambiente do processo eletrônico a regra de autenticação de documentos é definida pelos dispositivos citados, os quais, no particular, derrogaram o preceituado no art. 830 da CLT.

Essa observação se mostra importante porque as ações processadas no âmbito do processo judicial eletrônico, assim como ocorre com as peças processuais enviadas para os processos físicos por meio do e-DOC (sistema utilizado em toda a Justiça do Trabalho), dispensam tal requisito para que tenham validade jurídica, ou seja, não há que se falar em necessidade da declaração de autenticidade, uma vez que a assinatura eletrônica aposta no arquivo valida tais documentos. Precedente:

> AGRAVO DE INSTRUMENTO EM RECURSO DE REVISTA. AUSÊNCIA DE AUTENTICAÇÃO OU DE DECLARAÇÃO DE AUTENTICIDADE DA GUIA DE RECOLHIMENTO DAS CUSTAS PROCESSUAIS. e-DOC. DESERÇÃO NÃO CONFIGURADA. Uma vez processado o recurso ordinário pelo órgão colegiado, falece competência ao Presidente do Tribunal Regional para, em ato monocrático, reapreciar a decisão proferida, em verdadeiro juízo rescisório, embora restrito ao conhecimento. De outro modo, não há se falar em inautenticidade dos documentos referentes ao preparo do recurso de revista, interposto por meio do e-Doc, já que assinados digitalmente. Nesse caso, a autenticidade decorre de expressa previsão na Medida Provisória n. 2.200-2, de 24.8.2001, especificamente o art. 1º, que atribui ao denominado — arquivo digital — três importantes atributos: integridade de conteúdo, autenticidade da origem

e garantia de não repúdio. Ainda que assim não fosse, a Lei n. 11.419/2006, que dispõe sobre a informatização do processo judicial, atribui força probante plena aos documentos enviados por esse sistema, por equipará-los aos originais, sejam aqueles originariamente digitais ou a eles convertidos, salvo, no caso destes últimos, alegação motivada e fundamentada de adulteração antes ou durante o processo de digitalização (art. 11, *caput*, e § 1º). Afastado o óbice do despacho agravado, passa-se ao exame dos pressupostos intrínsecos do recurso de revista, com esteio Orientação Jurisprudencial n. 282 da SBDI-1 desta Corte. [...]. (RR 150800-70.2011.5.17.0191, Relator Ministro: Cláudio Mascarenhas Brandão, Data de Julgamento: 10.9.2014, 7ª Turma, Data de Publicação: DEJT 12.9.2014);

RECURSO DE REVISTA — NÃO CONHECIMENTO DO RECURSO ORDINÁRIO DA RECLAMADA — PETICIONAMENTO ELETRÔNICO — SUBSTABELECIMENTO — REGULARIDADE DA REPRESENTAÇÃO PROCESSUAL. Em se tratando de peticionamento eletrônico, a regularidade da representação processual do recurso fica condicionada à utilização da assinatura eletrônica por advogado devidamente investido de poderes. Praticado o ato processual, através de meio eletrônico, por advogado devidamente investido de poderes, é irrelevante que o substabelecimento não contenha a assinatura física do advogado substabelecente, não tornando irregular a representação do subscritor do recurso ordinário, porquanto a assinatura eletrônica, por informar nome e número de inscrição da OAB do causídico, é suficiente à aferição de existência e validade do ato. Assim, a Corte regional, ao recusar a prática de ato processual por advogado devidamente habilitado, na forma do art. 38 do CPC, obsta indevidamente o regular acesso da parte ao Poder Judiciário, subvertendo a lógica facilitadora do processo eletrônico. Precedentes. Recurso de revista conhecido e provido. (RR 2560-16.2012.5.15.0077, Relator Ministro: Luiz Philippe Vieira de Mello Filho, Data de Julgamento: 10.12.2014, 7ª Turma, Data de Publicação: DEJT 12.12.2014).

12. **Irregularidade na impressão ou na digitalização de procuração ou substabelecimento enviado pelo e-Doc**. O art. 7º da Instrução Normativa n. 30/2007 do TST estabelece que o envio de petições por intermédio do Sistema Integrado de Protocolização e Fluxo de Documentos Eletrônicos (e-DOC) dispensa a apresentação posterior dos originais ou fotocópias autenticadas.

Já o art. 11, IV, da referida Norma atribui ao usuário responsabilidade exclusiva quanto ao envio da petição em conformidade com as restrições impostas pelo serviço, no que se refere à formatação e ao tamanho do arquivo enviado, não sendo admitido o fracionamento de petição ou documentos que a acompanham (art. 6º, parágrafo único).

É, portanto, do recorrente a responsabilidade quanto ao atendimento dos requisitos formais relativos ao preparo do recurso, cuja inobservância autoriza o não conhecimento do recurso. Precedente:

RECURSO DE REVISTA. RECLAMADA. PROCURAÇÃO ENVIADA POR E-DOC. ASSINATURA ELETRÔNICA ILEGÍVEL. IMPOSSIBILIDADE DE IDENTIFICAR O ADVOGADO QUE ENVIOU O ARQUIVO. RECIBO TAMBÉM É ILEGÍVEL. 1 — Constata-se que a assinatura eletrônica da procuração, transmitida por e-doc, está ilegível, e não é possível identificar se quem a enviou tem poderes para representar a empresa. Configura-se, portanto, a irregularidade da representação processual do recurso ordinário. 2 — A Instrução Normativa n. 30/2007 desta Corte estabelece, em seu art. 11, que "são de exclusiva responsabilidade dos usuários: [...] IV — a edição da petição e anexos em conformidade com as restrições impostas pelo serviço, no que se refere à formatação e tamanho do arquivo enviado". Logo, é da recorrente a responsabilidade pela regularidade formal da procuração enviada por meio de e-doc. Recurso de revista de que não se conhece. (RR 419-86.2012.5.03.0035, Relatora Ministra: Kátia Magalhães Arruda, Data de Julgamento: 4.6.2014, 6ª Turma, Data de Publicação: DEJT 6.6.2014).

Todavia, nada impede que o Ministro Relator se valha da nova regra e permita a regularização do mandato, considerando ser vício formal que não atinge a essência do ato e decorre da digitalização ou impressão do documento.

13. **Ausência do nome ou identificação do outorgante**. Consoante entendimento consolidado na Súmula n. 456, a ausência do nome ou identificação do outorgante, em caso de procuração outorgada por pessoa jurídica, conduz à invalidade e sem a possibilidade de correção do defeito, pois, como salientado inúmeras vezes, o Tribunal considera somente é possível de fazê-lo na instância ordinária (SUM-456).

SUM-456. REPRESENTAÇÃO. PESSOA JURÍDICA. PROCURAÇÃO. INVALIDADE. IDENTIFICAÇÃO DO OUTORGANTE E DE SEU REPRESENTANTE (conversão da Orientação Jurisprudencial n. 373 da SBDI-1 com nova redação). Res. n. 194/2014, DEJT divulgado em 21, 22 e 23.5.2014. É inválido o instrumento de mandato firmado em nome de pessoa jurídica que não contenha, pelo menos, o nome do outorgante e do signatário da procuração, pois estes dados constituem elementos que os individualizam.

Esse é um caso que pode indicar novos rumos em função da nova regra, tendo em vista não se tratar de defeito que se volta à substância do ato. O mandato existe, os poderes foram conferidos e está assinado; apenas não contém o nome de quem o subscreveu.

14. **Procuração enviada por e-DOC para a Vara e o recurso de revista para o TRT**. Esse é mais um caso em que tem aplicação o regramento contido na Instrução Normativa n. 30 do TST, especificamente quanto à responsabilidade do usuário relacionada à equivalência entre os dados informados para o envio (número do processo e unidade judiciária) e os constantes da petição remetida (art. 11, II).

Em precedente específico, o Tribunal reconheceu a irregularidade de representação quando a parte enviou o substabelecimento que lhe conferia poderes para a Vara do Trabalho onde tramitava originariamente o processo e o recurso de revista para o TRT; adotou como fundamento a jurisprudência contida nas Súmulas ns. 164 e 383:

> AGRAVO EM AGRAVO DE INSTRUMENTO EM RECURSO DE REVISTA. INTERPOSIÇÃO DO RECURSO DE REVISTA POR MEIO ELETRÔNICO. PEDIDO DE JUNTADA DO SUBSTABELECIMENTO DA PROCURAÇÃO DO SUBSCRITOR DESSE APELO, TAMBÉM POR MEIO ELETRÔNICO, EFETUADO PARA A VARA DO TRABALHO. DECISÃO DENEGATÓRIA QUE RECONHECE IRREGULARIDADE DE REPRESENTAÇÃO MANTIDA. RECURSO DE REVISTA JURIDICAMENTE INEXISTENTE. A regularidade de representação constitui pressuposto extrínseco de admissibilidade do recurso, que deve ser satisfeito no momento da sua interposição. Logo, não há como reputar regular a representação do advogado que, por meio eletrônico, encaminha o recurso de revista para o Tribunal Regional e o substabelecimento da procuração que lhe confere poderes para Vara de trabalho. Decisão agravada que se encontra em conformidade com as Súmulas ns. 164 e 383 do TST, a inviabilizar o conhecimento do apelo do BNDES. *In casu*, o r. despacho agravado foi proferido em estrita consonância com a jurisprudência desta Corte, consolidada nas Súmulas ns. 164 e 383. Agravo não provido. (Ag-AIRR 223700-90.2002.5.02.0027, Relator Ministro: Alexandre de Souza Agra Belmonte, Data de Julgamento: 6.8.2014, 3ª Turma, Data de Publicação: DEJT 8.8.2014).

Essa realidade não sofrerá alterações, considerando não se tratar de defeito formal, mas ausência de poderes do advogado que subscreveu o recurso, cuja análise se faz no momento de sua interposição.

15. **Procuração com assinatura ilegível enviada por e-DOC e recibo ilegível.** A assinatura eletrônica gerada pelo e-DOC (na verdade, assinatura digital) constitui "assinatura numérica, matemática, realizada por meio de um algoritmo, com a utilização de uma chave privada de criptografia assimétrica"(63) ou, para o Instituto Nacional de Tecnologia da Informação, é

> [...] uma modalidade de assinatura eletrônica, resultado de uma operação matemática que utiliza criptografia e permite aferir, com segurança, a origem e a integridade do documento. A assinatura digital fica de tal modo vinculada ao documento eletrônico que, caso seja feita qualquer alteração no documento, a assinatura se torna inválida. A técnica permite não só verificar a autoria do documento, como estabelece também uma "imutabilidade lógica" de seu conteúdo, pois

(63) LANTYER, Ângela Moisés Faria. *A utilização do processo eletrônico como instrumento para a celeridade da prestação jurisdicional:* peticionamento, acompanhamento e publicação. Monografia apresentada ao curso de graduação em Direito, Universidade Salvador — UNIFACS, com requisito parcial para obtenção do grau de Bacharel em Direito, Salvador, 2004.

qualquer alteração do documento, como por exemplo a inserção de mais um espaço entre duas palavras, invalida a assinatura.[64]

Em linguagem mais técnica, o ITI-Brasil a define como

> Código anexado ou logicamente associado a uma mensagem eletrônica que permite de forma única e exclusiva a comprovação da autoria de um determinado conjunto de dados (um arquivo, um *e-mail* ou uma transação). A assinatura digital comprova que a pessoa criou ou concorda com um documento assinado digitalmente, como a assinatura de próprio punho comprova a autoria de um documento escrito. A verificação da origem do dado é feita com a chave pública do remetente.

Caracteriza-se, ainda, pelo fato de as informações encriptadas[65] com uma chave pública só poderem ser decriptadas (decrifradas) com a chave privada equivalente e vice-versa. Garante-se autenticidade, integridade e validade jurídica dos documentos em forma eletrônica, das aplicações de suporte, das aplicações habilitadas que utilizem certificados digitais e a realização de transações eletrônicas seguras.

Para que seja possível a conferência dos dados gerados pelo algoritmo que autentica, no caso de documentos em formato texto, é inserida na peça respectiva uma tarja gerada pelo próprio sistema, a qual contém o número do protocolo que possibilita a verificação da versão que se encontra nos autos com o arquivo original armazenado no Tribunal.

Precedente do Tribunal considera irregularidade de representação processual a impossibilidade de identificar o advogado que enviou o arquivo:

> RECURSO DE REVISTA. RECLAMADA. PROCURAÇÃO ENVIADA POR e-DOC. ASSINATURA ELETRÔNICA ILEGÍVEL. IMPOSSIBILIDADE DE IDENTIFICAR O ADVOGADO QUE ENVIOU O ARQUIVO. RECIBO TAMBÉM É ILEGÍVEL. 1 — Constata-se que a assinatura eletrônica da procuração, transmitida por e-DOC, está ilegível, e não é possível identificar se quem a enviou tem poderes para representar a empresa. Configura-se, portanto, a irregularidade da representação processual do recurso ordinário. 2 — A Instrução Normativa n. 30/2007 desta Corte estabelece, em seu art. 11, que "são de exclusiva responsabilidade dos usuários: [...] IV — a edição da petição e anexos em conformidade com as restrições impostas pelo serviço, no que se refere à formatação e tamanho do arquivo enviado". Logo, é da recorrente a responsabilidade pela regularidade

---

(64) ICP-BRASIL. *Infraestrutura de chaves públicas brasileiras*. Disponível em: <https://www.icpbrasil.gov.br/duvidas/faq/como-funciona-um-certificado-digital>. Acesso em: 21.1.2009.

(65) O termo possui significado técnico, mas pode ser interpretado como espécie de codificação de mensagem ou arquivo digital.

> formal da procuração enviada por meio de e-doc. Recurso de revista de que não se conhece. (RR 419-86.2012.5.03.0035, Relatora Ministra: Kátia Magalhães Arruda, Data de Julgamento: 4.6.2014, 6ª Turma, Data de Publicação: DEJT 6.6.2014).

Considerando que a assinatura digital não se confunde com os dados inseridos na peça processual, por se tratar de arquivo digital e que se encontra armazenado no TST, trata-se de irregularidade sanável e, por isso, pode ser corrigida em prazo fixado pelo Ministro Relator, mais uma vez, no novo cenário normativo.

16. **Assinatura de sócio diverso daquele que figura na procuração, como representante da pessoa jurídica outorgante.** Precedente do Tribunal considerou inexistente o recurso, ao constatar divergência entre a pessoa que assinou a procuração e o sócio nela indicado como representante da pessoa jurídica. Em síntese: quem assinou foi uma pessoa e os dados são de outra. Confira-se:

> AGRAVO DE INSTRUMENTO EM RECURSO DE REVISTA. IRREGULARIDADE DE REPRESENTAÇÃO. PROCURAÇÃO QUE OUTORGA PODERES À ADVOGADA SUBSCRITORA DO AGRAVO DE INSTRUMENTO ASSINADA POR PESSOA DIVERSA DO SÓCIO INDICADO NO DOCUMENTO COMO REPRESENTANTE DA RECLAMADA. Considera-se inexistente o recurso quando não comprovada a regularidade de representação do subscritor do apelo, nos termos do que dispõe a Súmula n. 164 do TST, exceto na hipótese de mandato tácito, não configurado, na hipótese. Neste caso, o sócio da empresa, indicado no instrumento procuratório como responsável pela outorga dos poderes ali conferidos, não assinou o mencionado documento. Com efeito, consta ao final da procuração, assinatura de pessoa diversa daquela indicada no próprio bojo do documento, como sendo o representante da empresa outorgante dos poderes. Nesses termos, o instrumento de procuração não possui validade jurídica, uma vez que a outorga dos poderes em si, não chegou a ser efetivada na forma pretendida e autorizada pela empresa, porquanto o representante indicado pela reclamada não procedeu à assinatura do instrumento, a fim de que a transferência de poderes fosse juridicamente validada. Ressalta-se que a análise da satisfação dos pressupostos extrínsecos recursais, ainda que não deva ser maculada pelo rigor do formalismo, há que ser exercida com critério, a fim de que seja norteada pela segurança jurídica inerente às decisões judiciais. Assim, configurada está a ausência de poderes legitimando a atuação da advogada subscritora do recurso de revista e a irregularidade da sua representação nos autos, nos termos em que dispõe a Súmula n. 164 desta Corte. Agravo de instrumento não conhecido. (AIRR 1133-22.2012.5.05.0122, Relator Ministro: José Roberto Freire Pimenta, Data de Julgamento: 30.4.2014, 2ª Turma, Data de Publicação: DEJT 9.5.2014).

Considerou-se, nesse caso, não se tratar de mera irregularidade formal, mas ausência de poderes, sequer conferidos, em face da regra prevista no § 1º do art. 654 do Código Civil, que indica os elementos identificadores do mandato, dentre os quais a qualificação do outorgante e outorgado:

Art. 654. Todas as pessoas capazes são aptas para dar procuração mediante instrumento particular, que valerá desde que tenha a assinatura do outorgante.

§ 1º O instrumento particular deve conter a indicação do lugar onde foi passado, a qualificação do outorgante e do outorgado, a data e o objetivo da outorga com a designação e a extensão dos poderes conferidos.

Tema, portanto, objeto de debate, mas deverá prevalecer a jurisprudência exemplificada no acórdão mencionado, por não se tratar de mera irregularidade formal, mas de ausência de mandato, considerando a ausência de representação legal pela pessoa que outorgou o mandato.

17. **Envio do recurso para local distinto**. Também aqui, aplica-se o regramento contido na Instrução Normativa n. 30 do TST, quanto à responsabilidade do usuário relacionada à equivalência entre os dados informados para o envio (número do processo e unidade judiciária) e os constantes da petição remetida (art. 11, II).

Em precedentes específicos, reconheceu-se a incidência dessa regra nos casos em que a parte opôs embargos declaratórios por intermédio do e-Doc e, apesar de os autos se encontrarem no TRT, em virtude de julgamento de recurso ordinário, direcionou-os à Vara. Em virtude desse equívoco, foram considerados intempestivos ao serem juntados aos autos posteriormente:

> AGRAVO DE INSTRUMENTO. RECURSO DE REVISTA. INTEMPESTIVIDADE. EMBARGOS DE DECLARAÇÃO NÃO CONHECIDOS. EQUÍVOCO NO ENDEREÇAMENTO. PROTOCOLIZAÇÃO NO ÓRGÃO COMPETENTE FORA DO PRAZO. A tempestividade dos embargos de declaração somente pode ser aferida pela data de sua regular apresentação no Tribunal recorrido, uma vez que opostos contra acórdão. O egrégio Tribunal Regional consignou expressamente que o prazo para oposição do aludido recurso findou no dia 7.1.2013. Com efeito, a autora interpôs os referidos embargos utilizando-se do sistema de peticionamento eletrônico e-Doc, dirigindo-o, porém, à "4ª Vara do Trabalho de Salvador" no dia 9.1.2013. Em que pese à petição do recurso ter sido enviada eletronicamente dentro do prazo fixado pelo art. 897-A da CLT (5 dias) (fl. 584), a parte a encaminhou para juízo diverso do previsto em lei, somente sendo recebida pelo TRT após o transcurso do quinquídio legal. O art. 9º, § 1º, II, da Instrução Normativa n. 30/2007 do TST estabelece que incumbe ao remetente a correta alimentação do sistema e-Doc no que concerne à informação do local ao qual se destina o apelo. Agravo de instrumento conhecido e não provido. (AIRR 1357-91.2010.5.05.0004, Relator Ministro: Alexandre de Souza Agra Belmonte, Data de Julgamento: 5.11.2014, 3ª Turma, Data de Publicação: DEJT 7.11.2014);
>
> AGRAVO DE INSTRUMENTO EM RECURSO DE REVISTA. SISTEMA E-DOC. EMBARGOS DE DECLARAÇÃO ENDEREÇADOS A JUÍZO DIVERSO. INTEMPESTIVIDADE. RECURSO ORDINÁRIO INTEMPESTIVO.

De acordo com o art. 9º, § 1º, II, da Instrução Normativa n. 30/2007 do TST, cabe à parte remetente a correta alimentação do sistema e-DOC no que concerne ao Juízo destinatário do apelo. Assim, considera-se interposto o recurso no momento em que ele é recebido no órgão jurisdicional competente para realizar o primeiro juízo de admissibilidade, não sendo observada, para fins de aferição da tempestividade da interposição do apelo, a data do envio pelo sistema e-DOC. Nesse passo, inexiste violação do art. 5º, XXXV, LIV e LV, da CF/88, prevalecendo o entendimento de que o princípio da instrumentalidade das formas não tem a aptidão de se sobrepor à disposição expressa do art. 897-A da CLT. Agravo de instrumento a que se nega provimento. (AIRR 464-22.2012.5.15.0079, Relator Ministro: André Genn de Assunção Barros, Data de Julgamento: 4.11.2014, 7ª Turma, Data de Publicação: DEJT 7.11.2014).

Por não se tratar de defeito formal e diante da regra mencionada, não deverá ocorrer alterações na jurisprudência.

18. **Divergência entre assinatura eletrônica e nomes de advogados que constam da petição de recurso**. No caso de o advogado se valer de assinatura digital, é dele a autoria do ato processual, especialmente em virtude dos atributos conferidos ao arquivo por ele anexado aos autos, por força da Medida Provisória n. 2.200-2/2001, já referida. Por conseguinte, pouco importa se esteja mencionado o seu nome na folha de rosto ou nas razões respectivas e também **de nada valem assinaturas cursivas contidas nessas peças**. Interessa saber apenas se o advogado que assinou digitalmente o arquivo, contendo o recurso, possui poderes nos autos.

Precedentes espelham essa realidade, que não deve sofrer modificações:

RECURSO DE REVISTA. CINEMARK BRASIL. PRINCÍPIO DA TRANSCENDÊNCIA. A aplicação do princípio da transcendência, previsto no art. 896-A da CLT, ainda não foi regulamentada no âmbito deste Tribunal. Recurso de revista não conhecido. IRREGULARIDADE DE REPRESENTAÇÃO. EMBARGOS DECLARATÓRIOS OPOSTOS VIA SISTEMA e-DOC. ASSINATURA DIGITAL POR ADVOGADO DIVERSO DAQUELE QUE CONSTA NA FOLHA DE ROSTO DO RECURSO. EXISTÊNCIA DE MANDATO REGULAR. O Tribunal Regional entendeu que, como requisito formal de validade jurídica do recurso enviado eletronicamente, deve constar da folha de rosto da petição do apelo o nome do signatário da assinatura digital. Com vênia, inexigível tal requisito, pois a assinatura digital identifica o seu signatário e o vincula à peça recursal enviada eletronicamente. O requisito exigível é a vinculação do advogado que assina digitalmente a petição do recurso com o instrumento de representação processual (regularidade da representação processual), sendo irrelevante se consta, ou não, da folha de rosto do apelo também o nome do titular da assinatura digital ou os de outros advogados. No presente caso, tanto o advogado que assinou digitalmente os embargos declaratórios, portanto, o transmissor do apelo, quanto o subscritor das razões dos referidos embargos, estão devidamente habilitados. Portanto, regular a representação processual. Recurso de revista conhecido e provido. (RR 69400-29.2009.5.04.0203, Relator Ministro: Augusto César Leite de Carvalho, Data de Julgamento: 5.11.2014, 6ª Turma, Data de Publicação: DEJT 7.11.2014);

RECURSO DE REVISTA INTERPOSTO PELO SISTEMA e-DOC. REGULARIDADE DE REPRESENTAÇÃO. ASSINATURA ELETRÔNICA. ADVOGADO DIVERSO DO QUE CONSTA DO RECURSO. MANDATO REGULAR. A Lei n. 11.419/2006 exige a assinatura digital baseada em certificado digital emitido por autoridade certificadora credenciada, e que seja mediante cadastro de usuário no Poder Judiciário. Portanto, o recurso transmitido eletronicamente por advogado que possui procuração nos autos, ainda que outro conste na folha de rosto do recurso ordinário, não enseja irregularidade de representação processual. Recurso de revista a que se dá provimento. (RR 666-94.2012.5.15.0015, Relatora Ministra: Kátia Magalhães Arruda, Data de Julgamento: 24.9.2014, 6ª Turma, Data de Publicação: DEJT 26.9.2014).

19. **Procuração com poderes específicos para ajuizamento de reclamação trabalhista e propositura de ação rescisória**. Caracteriza-se inexistência de mandato e falta de representação quando é outorgado ao advogado mandato para a propositura de ação específica e ele ingressa com outra (ex.: expressamente para reclamação trabalhista e impetra mandado de segurança), diante da natureza dos poderes concedidos. Não há possibilidade de concessão de prazo para sanar a irregularidade, quando constatada na fase recursal (Súmula n. 383, II, do TST). OJ n. 151 da SBDI-2.

OJ-SDI2-151. AÇÃO RESCISÓRIA E MANDADO DE SEGURANÇA. IRREGULARIDADE DE REPRESENTAÇÃO PROCESSUAL VERIFICADA NA FASE RECURSAL. PROCURAÇÃO OUTORGADA COM PODERES ESPECÍFICOS PARA AJUIZAMENTO DE RECLAMAÇÃO TRABALHISTA. VÍCIO PROCESSUAL INSANÁVEL (DEJT divulgado em 3, 4 e 5.12.2008). A procuração outorgada com poderes específicos para ajuizamento de reclamação trabalhista não autoriza a propositura de ação rescisória e mandado de segurança, bem como não se admite sua regularização quando verificado o defeito de representação processual na fase recursal, nos termos da Súmula n. 383, item II, do TST.

5.7. Preparo

Como visto acima, o preparo é um dos pressupostos extrínsecos de admissibilidade e compreende o recolhimento das custas fixadas na decisão e do depósito previsto no art. 899, § 1º, da CLT, cujo valor é periodicamente atualizado em instruções normativas do TST, exigido também para o agravo de instrumento interposto contra decisões denegatórias de seguimento do recurso de revista, conforme previsão contida no § 7º do art. 899 da CLT.

Inovação interessante, mas que pode resultar no aumento do número de agravos de instrumento, se refere à dispensa de recolhimento do depósito exigido para o caso de a decisão do Tribunal Regional haver sido proferida em contrariedade à jurisprudência uniforme do TST, consubstanciada nas suas súmulas ou em orientações jurisprudenciais, diante da introdução do § 8º ao citado art. 899, adiante comentado.

5.7.1. Preparo — custas

O preparo recursal inclui o recolhimento das custas fixadas no acórdão e deve ser obedecida a forma prevista no Ato Conjunto n. 21/TST.CSJT.GP.SG, de 7 de dezembro de 2010, o que implica a utilização da Guia de Recolhimento da União — GRU Judicial.

A **ausência de juntada** do documento comprobatório não autorizará o conhecimento do recurso, por se tratar de pressuposto extrínseco intransponível e se aplicam os mesmos fundamentos mencionados acima para o depósito recursal.

De referência à **ocorrência de irregularidades**, prediz-se a existência de debate mais intenso e poderá provocar a alteração na jurisprudência do TST, diante da nova regra e em face, mais uma vez, da aplicação do princípio da instrumentalidade das formas, na linha do quanto decidido pela SBDI-1, em recentes acórdãos da lavra dos Ministros Alexandre Agra Belmonte e Augusto César de Carvalho:

> RECURSO DE EMBARGOS EM RECURSO DE REVISTA. RECURSO ORDINÁRIO. PREPARO. CUSTAS. JUNTADA APENAS DO COMPROVANTE DE PAGAMENTO ELETRÔNICO (CONVÊNIO STN — GRU JUDICIAL) SEM A RESPECTIVA GRU. Esta colenda Corte vem se posicionando no sentido de que a falta de apresentação da Guia de Recolhimento da União, por si só, não é suficiente para acarretar a deserção do recurso, quando há elementos que permitam identificar o recolhimento das custas judiciais no prazo e valor corretos, na forma do art. 789, § 1º, da CLT. No caso, o documento à fl. 444, contendo a expressão "Convênio STN — GRU JUDICIAL", o valor fixado na sentença e a data do respectivo recolhimento, juntado quando da interposição do recurso ordinário, constitui comprovante de pagamento eletrônico das custas suficiente a permitir o exame da regularidade do preparo. Nesse contexto, em que o ato processual atingiu a sua finalidade e em homenagem ao princípio da instrumentalidade das formas, impõe-se o reconhecimento de que o recurso ordinário preencheu o requisito extrínseco relativo ao preparo. Precedentes. Recurso conhecido por divergência jurisprudencial e desprovido. (E-RR 137400-61.2010.5.21.0013, Relator Ministro: Alexandre de Souza Agra Belmonte, Data de Julgamento: 30.10.2014, Subseção I Especializada em Dissídios Individuais, Data de Publicação: DEJT 7.11.2014);

RECURSO DE EMBARGOS REGIDO PELA LEI N. 11.496/2007. DESERÇÃO DO RECURSO DE REVISTA. COMPROVANTE ELETRÔNICO DE RECOLHIMENTO DE CUSTAS. DOCUMENTO TERMOSSENSÍVEL. O papel térmico usado notória e hodiernamente em larga escala em estabelecimentos comerciais, instituições financeiras, entre outros, é definido como —um papel impregnado com uma mistura sólida de corante e ácido, e uma matriz apropriada. Quando a matriz é aquecida acima de seu ponto de fusão, o corante reage com o ácido, muda para a forma colorida e esta é então conservada quando a matriz torna a se solidificar com a suficiente rapidez (disponível em: <http://pt.wikipedia.org/wiki/Papel_t%C3%A9rmico>. Acesso em: 7.10.2014). Assim, não se trata de uma impressão à tinta, mas térmica, e, justamente por esse motivo, é extremamente suscetível a se apagar no decorrer do tempo, em razão de sol, calor, umidade, plástico e produtos químicos em geral. Sem embargo da diligência que deve sempre balizar a parte na prática de seus atos processuais, não se pode olvidar aqui que o esmaecimento dos dados do papel termossensível referente ao pagamento das custas deu-se em razão do tempo decorrido entre a interposição do apelo e seu respectivo julgamento. Não se pode, assim, imputar à parte responsabilidade pelo que não deu causa. Além disso, deve-se levar em conta o carimbo aposto por serventuário de justiça, o qual goza de fé pública, conferindo a existência de dois documentos, referindo-se, pois, ao comprovante bancário em papel termossensível e à guia DARF, com o nome da reclamada, número do processo e o valor correspondente às custas fixadas no acórdão regional, a revelar, desse modo, a regularidade daquele documento à época da interposição do recurso de revista. Fosse diferente, o carimbo aposto no comprovante seria — em branco —, e a análise prévia dos pressupostos extrínsecos realizada pelo juízo de admissibilidade a quo não teria constatado ter sido satisfeito o preparo. Portanto, estando as custas à disposição da União e tendo sido recolhidas mediante guia própria e regular, no valor arbitrado no acórdão regional, bem como no prazo recursal previsto em lei, o preparo está satisfeito, e a conclusão da Turma cerceou o direito de defesa da recorrente. Recurso de embargos conhecido e provido. (E-RR 127600-85.2007.5.04.0401, Relator Ministro: Augusto César Leite de Carvalho, Data de Julgamento: 30.10.2014, Subseção I Especializada em Dissídios Individuais, Data de Publicação: DEJT 7.11.2014).

O pagamento de tributo (taxa) à União, fixado em determinado processo, pelo contribuinte e em valor indicado na decisão é o objetivo do ato processual em análise. Por conseguinte, se é ele alcançado, ainda que por meio diverso, a nova regra deverá ter incidência, o que inclui, por exemplo, a utilização do Documento de Arrecadação de Receitas Federais — DARF, desde que presentes os requisitos mínimos exigidos, como os nomes do Recorrente e do Recorrido; o número do processo; a designação do juízo por onde tramitou o feito; o valor; a autenticação do banco recebedor; o código da receita.

Portanto, há que se distinguir a falta do comprovante de recolhimento da existência de irregularidades no seu preenchimento. Neste caso, o Ministro Relator poderá conhecer do recurso, observadas as premissas indicadas.

5.7.2. Preparo — depósito recursal

Debate semelhante certamente ocorrerá com o depósito recursal, item integrante do preparo, cujo objetivo, como de todos sabido, é a garantia de futura execução, para dar cumprimento à regra prevista no art. 899, §§ 4º e 5º, da CLT.

O recolhimento é disciplinado na Instrução Normativa n. 15/1998, com as alterações introduzidas pela Instrução Normativa n. 26/2004, e exige, dentre outros requisitos formais, a utilização da Guia de Recolhimento do FGTS e Informações à Previdência Social — GFIP, de conformidade com o disposto no item 10.2 da Circular Caixa n. 321, de 20 de maio de 2004, gerada pelo aplicativo da Caixa Econômica Federal denominado *Sistema Empresa de Recolhimento do FGTS e Informações à Previdência Social — SEFIP* (emitida eletronicamente), ou por intermédio da GFIP avulsa, disponível no comércio e no sítio da Caixa Econômica Federal na internet.

Exceção a essa regra ocorre com os processos originados de relação de trabalho não submetida ao regime do FGTS, diante da impossibilidade de ser aberta conta vinculada em nome do trabalhador, parte na ação, como contido na Súmula n. 426:

> SUM-426. DEPÓSITO RECURSAL. UTILIZAÇÃO DA GUIA GFIP. OBRIGATORIEDADE (editada em decorrência do julgamento do processo TST-IUJEEDRR 91700-09.2006.5.18.0006). Res. n. 174/2011, DEJT divulgado em 27, 30 e 31.5.2011. Nos dissídios individuais o depósito recursal será efetivado mediante a utilização da Guia de Recolhimento do FGTS e Informações à Previdência Social — GFIP, nos termos dos §§ 4º e 5º do art. 899 da CLT, admitido o depósito judicial, realizado na sede do juízo e à disposição deste, na hipótese de relação de trabalho não submetida ao regime do FGTS.

Inúmeras são as discussões em torno da regularidade do preparo envolvendo esse item e vão desde a utilização de formulário diverso (Depósito Judicial) até defeitos no preenchimento, quanto aos dados obrigatórios.

A interpretação que me parece razoável deve coadunar-se com o princípio da instrumentalidade das formas, mencionado alhures, de maneira a considerar a possibilidade de o Ministro Relator conceder prazo para regularização, ao constatar a ocorrência de defeitos formais que não afetem a finalidade do ato, também já mencionada.

Como se destina à garantia da futura execução, se este objetivo foi alcançado, o recurso poderá ser conhecido, o que colocará em xeque o entendimento jurisprudencial objeto da Súmula n. 426, já referida.

Para tanto, é necessário que os elementos mínimos referentes à validade do depósito estejam presentes, os quais podem ser identificados na Instrução

Normativa n. 18/99: nomes do Recorrente e do Recorrido; o número do processo; a designação do juízo por onde tramitou o feito e a explicitação do valor depositado, desde que autenticada pelo Banco recebedor.

Dentre as irregularidades que não permitem a correção encontra-se a **ausência de autenticação bancária**, pois indica, neste caso, que o depósito não foi efetuado e, por conseguinte, o pressuposto recursal não foi atendido. Não se trata, por conseguinte, de erro formal de gravidade reduzida, mas de inexistência da garantia. Precedente:

> AGRAVO DE INSTRUMENTO EM RECURSO DE REVISTA. DESERÇÃO DO RECURSO DE REVISTA. PETICIONAMENTO ELETRÔNICO. AUSÊNCIA DE AUTENTICAÇÃO BANCÁRIA NA GUIA DE DEPÓSITO RECURSAL. O Regional constatou que a guia utilizada para o recolhimento do depósito recursal não trouxe nenhuma autenticação bancária, tampouco se fez acompanhar por recibo de depósito. É indiscutível que o sistema e-Doc constitui meio idôneo para a apresentação de petições e documentos nos órgãos do Judiciário trabalhista. No entanto, nos termos do art. 4º da Lei n. 9.800/99, de aplicação analógica ao presente caso, e das disposições contidas na Instrução Normativa n. 30 do TST, se a parte opta pela utilização desse sistema, cabe a ela zelar pela correta transmissão dos documentos os quais pretende apresentar, sendo responsável por eventuais erros que venham a ocorrer. Logo, não sendo possível afirmar que o recolhimento do depósito recursal foi efetuado e comprovado da forma correta, não há falar em ato que alcançou sua finalidade. Ademais, nos termos da Súmula n. 245 desta Corte, o depósito recursal deve ser feito e comprovado no prazo alusivo ao recurso. Por conseguinte, inviável a posterior apresentação da guia autenticada pela parte com o intuito de sanar a irregularidade, então, detectada. Agravo de instrumento conhecido e não provido. (AIRR 235-24.2013.5.03.0059, Relatora Ministra: Dora Maria da Costa, Data de Julgamento: 22.10.2014, 8ª Turma, Data de Publicação: DEJT 31.10.2014).

Registram-se, todavia, decisões que têm admitido possam ser superados defeitos, se o documento respectivo contiver dados identificadores da ação trabalhista, desde que o recolhimento tenha sido efetuado no prazo respectivo. Adotam como fundamento, dentre outros, os princípios da boa-fé, da razoabilidade, da instrumentalidade e da finalidade dos atos processuais, como atestam os precedentes:

> RECURSO DE REVISTA. DESERÇÃO. PREENCHIMENTO INCORRETO DA GUIA DE RECOLHIMENTO E DE DEPÓSITO RECURSAL. Visando prestigiar os princípios da razoabilidade, da finalidade e da instrumentalidade das formas, não dá causa à deserção o preenchimento incorreto da GRU referente às custas processuais e da Guia e Depósito Recursal, se presentes outros elementos considerados essenciais e suficientes para vincular os recolhimentos ao processo, sob pena de violação do art. 5.º, LV, da Constituição Federal. Recurso de Revista conhecido e provido. (RR 1401-49.2012.5.15.0138, Relatora Ministra: Maria de

Assis Calsing, Data de Julgamento: 5.11.2014, 4ª Turma, Data de Publicação: DEJT 7.11.2014);

> RECURSO DE REVISTA. DEPÓSITO RECURSAL. DESERÇÃO DO RECURSO ORDINÁRIO. COMPROVANTE DE PAGAMENTO. AUSÊNCIA DE DADOS. PROVIMENTO. No caso, a recorrente efetuou o depósito recursal atinente ao seu recurso ordinário por meio de guia GFIP, juntando, na ocasião, o respectivo comprovante de pagamento, efetuado no Banco Itaú, dentro do prazo recursal. Na guia GFIP, consta o nome da reclamada e do reclamante, o número do processo, o valor a recolher e o mês de recolhimento, sendo que, no comprovante de pagamento, consta o mesmo valor, a data de pagamento no mês previsto, e a indicação do código de recolhimento, demonstrando que a quitação é referente ao respectivo depósito recursal. Tem-se se, portanto, que o depósito recursal foi corretamente efetuado, estando garantido o Juízo, não se podendo negar que foi atingida a finalidade legal, sob pena de violação do art. 5º, LV, da Constituição Federal. Precedentes. Recurso de revista conhecido e provido. (RR 1940-13.2012.5.02.0385, Relator Ministro: Guilherme Augusto Caputo Bastos, Data de Julgamento: 25.6.2014, 5ª Turma, Data de Publicação: DEJT 24.10.2014).

Interessante ressaltar, nesse aspecto, que o elemento principal de validação do recolhimento, consoante a jurisprudência do Tribunal, tem sido o **número do processo**. Ou seja, se está correto, ainda que se constatem incorreções nos demais elementos, o preparo é admitido. Todavia, se o erro ocorre exatamente na identificação do processo a que se refere o depósito, considera-se que se destina ao que se encontra nele indicado e, por conseguinte, não é tido por preparado o recurso, diante da possibilidade de existência de mais de um processo contra a mesma empresa. Veja-se, a propósito, precedente da lavra do Ministro Freire Pimenta:

> AGRAVO DE INSTRUMENTO EM RECURSO DE REVISTA. DESERÇÃO DO RECURSO ORDINÁRIO. DEPÓSITO RECURSAL. GUIA GFIP. PREENCHIMENTO INCORRETO. INDICAÇÃO DO NOME DA RECLAMANTE E NÚMERO DE PROCESSOS DIVERSOS. INVALIDADE. Para identificar a deserção em irregularidade no preenchimento da guia de recolhimento de custas, é imprescindível divisar duas hipóteses distintas: quando falta a identificação do número do processo e se há essa indicação; mas esta se revela incorreta, como no caso dos autos, no qual houve, na guia, a identificação de número de outro processo. Em relação à primeira hipótese, esta Corte vem entendendo que o preenchimento incompleto da guia de recolhimento de custas sem a identificação do número do processo, da Vara do Trabalho ou mesmo do nome do reclamante não acarreta a deserção do recurso ordinário, uma vez que o recolhimento, correto e a tempo, do valor das custas judiciais, atende aos requisitos legais que disciplinam a matéria. Com efeito, diante dos princípios da razoabilidade, da instrumentalidade e da finalidade dos atos processuais, a ausência de identificação do número do processo, da Vara do Trabalho ou dos nomes das partes na Guia DARF ou GRU Judicial ou ainda no comprovante de recolhimento efetuado por meio de sistema

on line não pode ter o condão de impedir que a parte tenha a sua pretensão apreciada, sob pena de ofensa ao art. 244 do CPC, se dos demais dados constantes possa aferir-se que o valor das custas do processo em julgamento fora efetivamente recolhido em favor da União, cumprindo sua finalidade legal. Isso ocorre porque, se há omissão no preenchimento da guia, vale mencionar, quando se encontra em branco o local da guia no qual deveria constar, por exemplo, o número do processo, mas consta a identificação correta dos demais dados, possibilitando-se aferir que o valor das custas do processo sub judice fora efetivamente recolhido em favor da União, existe uma presunção de que o pagamento se refira ao processo em julgamento. Por outro lado, na segunda hipótese, quando há equívoco ou incorreção no preenchimento da guia, indicando-se incorretamente o número do processo, esta Corte vem proferindo entendimento diverso, de que a presunção é inversa, ou seja, de que a guia se refere a outro processo, não sendo aproveitável, por haver a possibilidade, mesmo que eventual, da existência de dois processos contra a mesma empresa, ajuizados pelo mesmo reclamante e com dados similares, o que poderia ensejar a reutilização da guia, já que não há exigência de que ela seja acostada aos autos no original. Com efeito, a Subseção I Especializada em Dissídios Individuais desta Corte — SBDI-1, em 8.3.2012, com sua composição completa, no julgamento do Processo E-ED-RR-877540-47.2001.5.09.0013, publicado em 8.3.2012, em que foi designado, como Redator, o Ministro Lelio Bentes Corrêa, por maioria (oito votos contra seis), firmou o entendimento de que o preenchimento equivocado da guia GFIP, mediante a indicação incorreta do número do processo, acarreta a deserção do recurso, por ser inválida como meio de comprovação da efetuação do depósito recursal, diferentemente da hipótese em que há simples omissão na indicação do número do processo, circunstância que possibilita o aproveitamento da respectiva guia. Dessa forma, no caso dos autos, não se trata de falha no preenchimento da guia de custas, mediante omissão na informação de alguns dados ou erro material que não alteram a finalidade desse recolhimento, mas sim de juntada de guia com prestação de informações que se remetem a recolhimento concernente a outro processo, pois o número do processo indicado na guia GFIP juntada aos autos destoa daquele relativo a este processo, inviabilizando-se, portanto, a identificação da arrecadação. Desse modo, constatada a incorreção no preenchimento do número do processo e do nome da reclamante a que se fez referência na guia GFIP, não há falar em violação do art. 5º, inciso LV, da Constituição Federal. Agravo de instrumento desprovido. (AIRR 1562-36.2012.5.23.0106, Relator Ministro: José Roberto Freire Pimenta, Data de Julgamento: 29.10.2014, 2ª Turma, Data de Publicação: DEJT 7.11.2014).

Também pode ser considerado erro de menor gravidade a indicação incorreta, na Guia, do código de recolhimento, desde que presentes outros elementos, como valor, nomes das partes e número do processo, observada, de igual modo, a tempestividade, o que permite alcançar o fim do ato, como registrado no precedente:

RECURSO DE REVISTA EM FACE DE DECISÃO PUBLICADA ANTES DA VIGÊNCIA DA LEI N. 13.015/2014. CÓDIGO DA GUIA DE RECO-

> LHIMENTO DO DEPÓSITO RECURSAL INCORRETO. DESERÇÃO. NÃO OCORRÊNCIA. A jurisprudência desta Corte vem se firmando no sentido de que, comprovado o recolhimento do depósito, dentro do prazo para interposição do recurso, no valor correto e com a exata discriminação das partes e do número do respectivo processo, o ato cumpriu a sua precípua finalidade, qual seja a garantia do juízo da execução. Recurso de revista de que se conhece e a que se dá provimento. (RR 839-55.2012.5.06.0311, Relator Ministro: Cláudio Mascarenhas Brandão, Data de Julgamento: 22.10.2014, 7ª Turma, Data de Publicação: DEJT 31.10.2014).

Constatada a presença dos elementos identificadores mencionados, o Ministro Relator, autorizado pela norma, poderá desconsiderar o vício e julgar o recurso — o que entendo mais adequado — ou determinar seja transferido o valor para a conta própria (FGTS) — posicionamento que privilegia a forma —, mediante a emissão da Guia de Recolhimento do FGTS e Informações à Previdência Social — GFIP.

Dúvidas maiores ocorrerão se o depósito for efetuado em **valor inferior** ao devido. Nesse caso, não há que se falar em **irregularidade formal**, mas em **ausência de cumprimento de pressuposto extrínseco** e acarretará o não conhecimento do recurso, ainda que ínfima a diferença, na forma prevista na OJ-SDI1-140.

Poder-se-á objetar que tal posicionamento significa a adoção de **jurisprudência defensiva**. Todavia, a **segurança jurídica**, inerente ao processo, indica não ser possível deixar a cargo de cada Ministro Relator a decisão de definir o que lhe pareça razoável em termos de diferença (ínfima ou não) e autorizar a complementação do depósito. O elemento objetivo, por conseguinte, deverá prevalecer.

Se o recurso foi interposto mediante o uso do e-Doc, é do recorrente a responsabilidade quanto à regularidade do envio dos documentos respectivos, conforme se vê em precedente:

> RECURSO DE REVISTA. DESERÇÃO. GUIAS DE DEPÓSITO RECURSAL E CUSTAS PROCESSUAIS. ILEGIBILIDADE DE DOCUMENTAÇÃO TRANSMITIDA VIA e-DOC. A jurisprudência desta Corte tem se firmado no sentido da deserção do recurso quando, na ocasião de sua interposição, o documento alusivo ao recolhimento das custas, enviado pelo sistema e-DOC, contém falha em sua transmissão eletrônica, justamente na parte da autenticação bancária relativa ao valor recolhido. Ademais, não houve apresentação do documento legível no prazo conferido pelo art. 11, § 5º, da Lei n. 11.419/2006 e consoante diretriz da IN n. 30 do TST. Há precedentes. Recurso de revista não conhecido. (RR 628-38.2011.5.03.0052, Relator Ministro: Augusto César Leite de Carvalho, Data de Julgamento: 5.11.2014, 6ª Turma, Data de Publicação: DEJT 7.11.2014).

Tal ocorre com o envio de guias ilegíveis por meio do sistema e-DOC, situação constada não raras vezes. Não se trata de afastar ou amenizar a responsabilidade da parte pelo envio de documentos defeituosos por meio do sistema mencionado, cujo ônus é inteiramente seu quanto à transmissão correta, conforme art. 11, IV, da Instrução Normativa n. 30/2007, e registrado no precedente:

> RECURSO DE REVISTA. NEGATIVA DE PRESTAÇÃO JURISDICIONAL. O exame dos autos revela que a Corte a quo proferiu decisão completa, válida e devidamente fundamentada, razão pela qual não prospera a alegada negativa de prestação jurisdicional. Incólumes os arts. 832 da CLT, 458 do CPC e 93, IX, da Constituição Federal. Recurso de revista de que não se conhece. GUIA DE DEPÓSITO RECURSAL E DE CUSTAS PROCESSUAIS ILEGÍVEIS. RECURSO ORDINÁRIO. DESERÇÃO. Tendo a recorrente optado pelo envio do recurso ordinário e das respectivas guias de preparo pelo Sistema Integrado de Protocolização e Fluxo de Documentos Eletrônicos (e-DOC), assume o ônus da transmissão correta das peças processuais (art. 11, IV, da Instrução Normativa n. 30/2007). No caso, as guias de depósito recursal e das custas encontram-se ilegíveis, o que inviabiliza a aferição do correto recolhimento, nos termos da Súmula n. 245 do TST. Recurso de revista de que não se conhece. [...]. (RR 587-36.2012.5.05.0002, Relator Ministro: Cláudio Mascarenhas Brandão, Data de Julgamento: 3.9.2014, 7ª Turma, Data de Publicação: DEJT 19.9.2014).

Vê-se que, nesse caso, há elementos que indicam haver sido realizado o preparo recursal, também em decorrência do princípio da boa-fé, o que tornará possível, a meu sentir, a utilização do novo permissivo legal para correção do defeito. Evidentemente que, em qualquer caso, se ficar evidenciado que a parte agiu de modo temerário, sem dúvida caberá ser apenada por litigância abusiva, com apoio no art. 17, V, do CPC, de aplicação subsidiária.

5.8. Elementos formais dos pressupostos intrínsecos

A jurisprudência remansosa do Tribunal remete à parte o ônus de evidenciar, de maneira inequívoca, específica e fundamentada, o trecho da decisão que destoa do ordenamento jurídico ou que se encontra em rota de colisão com a compreensão estabelecida por outro TRT.

Para cumpri-lo, deve observar alguns requisitos formais, como **destacar o trecho** que impugna e **indicar as razões de sua contrariedade**, além de observar uma série de outros, aptos a **comprovar a autenticidade** do quanto afirma, com destaque especial para os arestos obtidos a partir de pesquisas na internet, pois, como se sabe, o conteúdo de um sítio pode ser alterado ou suprimido e impedir a posterior validação quando do julgamento.

Nesse aspecto, em função da possibilidade de correção de defeitos formais não reputados graves, entendo ser possível sanar-se eventual falha ou omissão na respectiva indicação. Se, por exemplo, faltou mencionar a data de publicação no DEJT, não se deve agir com acentuado rigor e deixar de aplicar o preceito ora comentado, porque se trata de irregularidade sanável, uma vez que, nesse caso, se deve presumir a boa-fé e, em consequência, a existência da decisão.

No precedente transcrito, afirma-se a natureza formal do defeito (trecho destacado) e, na dicção legal, não o considero grave:

> EMBARGOS. DIVERGÊNCIA JURISPRUDENCIAL. VALIDADE FORMAL. JULGADO EXTRAÍDO DO SÍTIO DO TST NA INTERNET. AUSÊNCIA DE INDICAÇÃO DA DATA DE PUBLICAÇÃO. SÚMULA N. 337, IV, *C*, DO TST. 1. Padece de vício formal, a inviabilizar o exame da alegada divergência jurisprudencial, aresto que, não obstante extraído do sítio oficial do Tribunal Superior do Trabalho na internet, não informa a respectiva data de publicação no DEJT, em descompasso com a diretriz sufragada na alínea *c* do item IV da Súmula n. 337 do TST. 2. Embargos de que não se conhece. (E-RR 31-59.2012.5.06.0017, Relator Ministro: João Oreste Dalazen, Data de Julgamento: 11.9.2014, Subseção I Especializada em Dissídios Individuais, Data de Publicação: DEJT 19.9.2014).

O mesmo não se verificará, contudo, se **faltar a transcrição do trecho da decisão impugnada** ou **erro na transposição do julgado paradigma**. Nesses casos, não se trata de forma, mas conteúdo, mérito, portanto, do recurso, impossível de correção.

De idêntico modo, a **ausência de indicação**, **indicação genérica** ou **indicação equivocada do preceito de lei** ou da **Constituição tido como violado,** não autorizará a correção, por não se tratar de defeito formal, mas da essência do recurso de revista calcado em violação de lei ou violação constitucional.

E não se trata de exigência despropositada, excesso de rigor ou "jurisprudência defensiva". Não é raro serem encontradas normas que compõem o mesmo artigo, mas tratam de temas diversos, como o art. 927 do Código Civil: o *caput* rege a responsabilidade subjetiva; o parágrafo único, a objetiva.

O entendimento consubstanciado na Súmula n. 221 deverá subsistir.

> SUM-221. RECURSO DE REVISTA. VIOLAÇÃO DE LEI. INDICAÇÃO DE PRECEITO (cancelado o item II e conferida nova redação na sessão do Tribunal Pleno realizada em 14.9.2012). Res. n. 185/2012 — DEJT divulgado em 25, 26 e 27.9.2012. A admissibilidade do recurso de revista por violação tem como pressuposto a indicação expressa do dispositivo de lei ou da Constituição tido como violado.

Em se tratando de recurso de revista ou de embargos fundamentado em orientação jurisprudencial, é suficiente que conste nas razões recursais o número ou conteúdo, não se exigindo, portanto, transcrição integral e literal. Essa é a compreensão da Orientação Jurisprudencial n. 219 da SBDI-1:

> OJ-SDI1-219. RECURSO DE REVISTA OU DE EMBARGOS FUNDAMENTADO EM ORIENTAÇÃO JURISPRUDENCIAL DO TST (inserida em 2.4.2001). É válida, para efeito de conhecimento do recurso de revista ou de embargos, a invocação de Orientação Jurisprudencial do Tribunal Superior do Trabalho, desde que, das razões recursais, conste o seu número ou conteúdo.

5.9. Cabimento de Agravo

Uma última palavra a respeito do § 12 do comentado art. 896, que prevê o cabimento de agravo de decisão denegatória (do conhecimento do recurso):

> § 12. Da decisão denegatória caberá agravo, no prazo de 8 (oito) dias.

A regra constou do Parecer do Relator na CTASP (Emenda n. 2) e parece estar desvinculada do tema tratado no artigo em que inserido, pois não há que se falar no cabimento de agravo de decisão proferida por órgão colegiado. Somente é possível, se estiver voltado contra decisão monocrática do Relator que deixou de aplicar o permissivo contido no parágrafo anterior e concluiu no sentido do não conhecimento do recurso.

6

Embargos Declaratórios

Os embargos declaratórios também sofreram modificação, em parte para refletir jurisprudência consolidada (Súmula n. 278 e Orientação Jurisprudencial n. 142, I), como também introduzir de forma expressa na legislação processual trabalhista regra contida no CPC (art. 538)(66) já aplicada, embora de forma subsidiária.

Segue o dispositivo, com as alterações em destaque:

> Art. 897-A Caberão embargos de declaração da sentença ou acórdão, no prazo de cinco dias, devendo seu julgamento ocorrer na primeira audiência ou sessão subsequente a sua apresentação, registrado na certidão, admitido efeito modificativo da decisão nos casos de omissão e contradição no julgado e manifesto equívoco no exame dos pressupostos extrínsecos do recurso. (Incluído pela Lei n. 9.957, de 12.1.2000)
>
> § 1º Os erros materiais poderão ser corrigidos de ofício ou a requerimento de qualquer das partes.
>
> **§ 2º Eventual efeito modificativo dos embargos de declaração somente poderá ocorrer em virtude da correção de vício na decisão embargada e desde que ouvida a parte contrária, no prazo de 5 (cinco) dias.**
>
> **§ 3º Os embargos de declaração interrompem o prazo para interposição de outros recursos, por qualquer das partes, salvo quando intempestivos, irregular a representação da parte ou ausente a sua assinatura.** (NR)

---

(66) Art. 538. Os embargos de declaração interrompem o prazo para a interposição de outros recursos, por qualquer das partes. (Redação dada pela Lei n. 8.950, de 1994)

Parágrafo único. Quando manifestamente protelatórios os embargos, o juiz ou o tribunal, declarando que o são, condenará o embargante a pagar ao embargado multa não excedente de 1% (um por cento) sobre o valor da causa. Na reiteração de embargos protelatórios, a multa é elevada a até 10% (dez por cento), ficando condicionada a interposição de qualquer outro recurso ao depósito do valor respectivo. (Redação dada pela Lei n. 8.950, de 1994)

A primeira alteração foi apenas de técnica legislativa: conversão em parágrafo primeiro da regra antes inserida no parágrafo único. Na sequência, assegurou-se, no texto legal, direito surgido inicialmente na jurisprudência do STF concernente à garantia do contraditório, quando os embargos objetivarem a concessão de efeito modificativo[(67)], embora a possibilidade de mudança fosse reconhecida, em face da alteração promovida no *caput* do artigo em análise, por intermédio da Lei n. 9.957/2000, sintetizada na Súmula n. 278:

> SUM-278. EMBARGOS DE DECLARAÇÃO. OMISSÃO NO JULGADO (mantida) — Res. n. 121/2003, DJ 19, 20 e 21.11.2003. A natureza da omissão suprida pelo julgamento de embargos declaratórios pode ocasionar efeito modificativo no julgado.

As hipóteses, portanto, são: a) omissão; b) contradição; e c) manifesto equívoco no exame dos pressupostos processuais extrínsecos.[(68)]

Para dar cumprimento ao posicionamento adotado pelo Supremo, o TST editou a Orientação Jurisprudencial n. 142, da SBDI-1, na qual deixou clara a possibilidade de nulidade da decisão que acolhesse o recurso horizontal, sem que fosse assegurada a manifestação da parte contrária (item I):

> OJ-SDI1-142. EMBARGOS DE DECLARAÇÃO. EFEITO MODIFICATIVO. VISTA À PARTE CONTRÁRIA (inserido o item II à redação). Res. n. 178/2012, DEJT divulgado em 13, 14 e 15.2.2012.
>
> I — É passível de nulidade decisão que acolhe embargos de declaração com efeito modificativo sem que seja concedida oportunidade de manifestação prévia à parte contrária.

Esse vício processual pode ser superado, no caso de serem opostos contra sentença, se a parte interpuser recurso ordinário, diante do efeito devolutivo

---

(67) EMBARGOS DE DECLARAÇÃO INTERPOSTOS ANTES DA VIGÊNCIA DA LEI N. 8.950/1994 — IMPUGNAÇÃO A ACÓRDÃO QUE CONHECEU E DEU PROVIMENTO A RECURSO EXTRAORDINÁRIO — ALEGAÇÃO DE INTEMPESTIVIDADE DO APELO EXTREMO FEITA PELO EMBARGANTE — EFEITO MODIFICATIVO — NECESSIDADE DE PRÉVIA AUDIÊNCIA DA PARTE EMBARGADA (CF, ART. 5º, LV) — EXTEMPORANEIDADE NÃO CARACTERIZADA — EMBARGOS REJEITADOS. — A garantia constitucional do contraditório impõe que se ouça, previamente, a parte embargada na hipótese excepcional de os embargos de declaração haverem sido interpostos com efeito modificativo. — Os embargos de declaração, quando deduzidos tempestivamente — e desde que opostos antes da vigência da Lei n. 8.950/1994 —, suspendiam o prazo para a interposição do recurso extraordinário. Não se computa, para efeito de contagem do prazo recursal, o dia em que foram opostos os embargos de declaração (RTJ 119/370). O prazo para interposição do recurso extraordinário — presente o contexto normativo existente antes da vigência da Lei n. 8.950/1994 — recomeçava a fluir, pelo lapso temporal remanescente, a partir do primeiro dia útil, inclusive, que se seguisse a publicação oficial do acórdão proferido pelo Tribunal a quo nos embargos de declaração (RTJ 112/383). (RE 144981 ED, Relator(a): Min. Celso de Mello, Primeira Turma, julgado em 11.4.1995, DJ 8.9.1995, p. 28362, Ement v. 1.799-03, p. 539).

(68) A doutrina também admite a possibilidade em relação aos pressupostos intrínsecos.

amplo assegurado a esse recurso (art. 515 e § 1º).[69] Significa afirmar que, mesmo se o juiz decidir os embargos, imprimir-lhes efeito modificativo e alterar a decisão sem que tenha propiciado à parte embargada a oportunidade de impugnação da pretensão contida no recurso horizontal, não haverá nulidade, se ela interpuser recurso ordinário, pois, neste caso, por um, toda a matéria objeto da impugnação e respectivos fundamentos será devolvida ao Tribunal e, por dois, caso não verse sobre o tema, haverá preclusão, considerando haver sido ultrapassada a primeira oportunidade em que falar nos autos, como se constata no item II da mencionada Orientação Jurisprudencial n. 142 da SBDI-1:

> II — Em decorrência do efeito devolutivo amplo conferido ao recurso ordinário, o item I não se aplica às hipóteses em que não se concede vista à parte contrária para se manifestar sobre os embargos de declaração opostos contra sentença.

Ao ter devolvido o exame de todas as questões e fundamentos concernentes ao **tema** objeto do recurso, o Tribunal terá ampla liberdade para revolver a controvérsia, revisitar a petição inicial, a defesa e o conjunto probatório, e concluir de forma diversa da sentença, respeitada a limitação do agravamento da situação processual da parte recorrente (princípio da vedação da *reformatio in pejus*). Por isso, o defeito decorrente da ausência do contraditório é superado pela interposição do recurso, diante, também, do efeito substitutivo do acórdão em face da sentença.

Embora desnecessário, menciono a permissão contida em vetusta regra da CLT (art. 833),[70] reproduzida posteriormente (embora desnecessariamente) no art. 897-A, *caput*, e do CPC (art. 463, I)[71] para correção de **erro material**, dispositivo que permanece em plena vigência e eficácia.

São meros erros de escrita e resultantes de simples operações aritméticas, como consta no primeiro dos dispositivos mencionados, e Manoel Antonio Teixeira Filho[72] esclarece:

---

(69) Art. 515. A apelação devolverá ao tribunal o conhecimento da matéria impugnada.

§ 1º Serão, porém, objeto de apreciação e julgamento pelo tribunal todas as questões suscitadas e discutidas no processo, ainda que a sentença não as tenha julgado por inteiro.

§ 2º Quando o pedido ou a defesa tiver mais de um fundamento e o juiz acolher apenas um deles, a apelação devolverá ao tribunal o conhecimento dos demais.

(70) Art. 833. Existindo na decisão evidentes erros ou enganos de escrita, de datilografia ou de cálculo, poderão os mesmos, antes da execução, ser corrigidos, *ex officio*, ou a requerimento dos interessados ou da Procuradoria da Justiça do Trabalho.

(71) Art. 463. Publicada a sentença, o juiz só poderá alterá-la: (Redação dada pela Lei n. 11.232, de 2005)

I — para lhe corrigir, de ofício ou a requerimento da parte, inexatidões materiais, ou lhe retificar erros de cálculo.

(72) TEIXEIRA FILHO, Manoel Antonio. *Curso de direito processual do trabalho*. São Paulo: LTr, 2009. v. II, p. 1361.

> Haverá inexatidão material, inclusive, quando o juiz determinar a remessa dos autos ao tribunal, para efeito de reexame necessário, quando este não tinha cabimento, no caso concreto. O inverso, também, poderá ocorrer, no tribunal: o relator determinar, mesmo por sua iniciativa, a autuação como remessa *ex officio* e não apenas como recurso ordinário.
>
> No que atine ao erro de cálculo, deve ser esclarecido que somente poderá ser conceituado como tal aquele que decorrer de simples operação aritmética, nunca o que se originar de um *critério* adotado por quem haja confeccionado os cálculos. Se, *v. g.*, somam-se duas parcelas de cem e obtém-se trezentos, é evidente que esse erro é de origem aritmética; logo, de cálculo, e, em consequência, corrigível na forma apontada pelo art. 833 da CLT. Se, ao contrário, entender-se que o cálculo deve ser elaborado deste modo, e não daquele, o erro, que daí advier, não será aritmético, senão que de *critério,* motivo por que a modificação dos cálculos só poderá ser obtida por iniciativa do interessado, mediante impugnação fundamentada (CLT, arts. 895, *a*, 879, § 2º, ou art. 884, § 3º, conforme seja a hipótese).

Também concordo com o mencionado autor quando afirma ser possível ultrapassar-se o início da execução como limite para a possibilidade de serem tais erros sanados, a exemplo do que ocorre com a correção do nome das partes.(73)

Menciono questão dos tempos da tecnologia que pode surgir e desafiará a criatividade interpretativa do texto legal para a solução. Refiro-me à publicação de decisão, sentença ou acórdão referente a um determinado processo, mas com conteúdo de outro. Explico: em virtude de falha de sistema de informática ou erro humano, pode ocorrer de o arquivo enviado ao Diário Eletrônico da Justiça do Trabalho conter cabeçalho e dados de identificação de um processo, mas conteúdo (relatório, fundamentação e dispositivo) de outro, erro facilmente explicável (o denominado *upload* do arquivo ou erro na utilização dos recursos *copiar* e *colar* ou mesmo de digitação pelo magistrado).

Nesse caso, deve ser ampliado o conceito de erro material para alcançar essa hipótese, inclusive se identificada pelo próprio órgão julgador (juiz ou tribunal), independentemente de provocação das partes, para que não se crie no processo situação teratológica que inviabilize — ou dificulte, em muito — a execução.

A segunda mudança, como assinalado, realça o efeito interruptivo produzido pelos embargos de declaração, em relação ao prazo dos demais recursos.

---

(73) TEIXEIRA FILHO, Manoel Antonio. *Curso de direito processual do trabalho*. São Paulo: LTr, 2009. v. II, p. 1361.

Uma vez opostos, paralisam a marcha do prazo processual e o restabelece por inteiro às partes, ainda que não tenha sido a subscritora do apelo horizontal.

Exceção a essa regra diz respeito ao ato inexistente, como tal considerado em casos de intempestividade, irregularidade de representação ou ausência de assinatura:

> § 3º Os embargos de declaração interrompem o prazo para interposição de outros recursos, por qualquer das partes, salvo quando intempestivos, irregular a representação da parte ou ausente a sua assinatura. (NR)

7

Agravo de Instrumento

Art. 899. Os recursos serão interpostos por simples petição e terão efeito meramente devolutivo, salvo as exceções previstas neste Título, permitida a execução provisória até a penhora. (Redação dada pela Lei n. 5.442, de 24.5.1968) (*Vide* Lei n. 7.701, de 1988)

§ 1º Sendo a condenação de valor até 10 (dez) vezes o salário mínimo regional, nos dissídios individuais, só será admitido o recurso inclusive o extraordinário, mediante prévio depósito da respectiva importância. Transitada em julgado a decisão recorrida, ordenar-se-á o levantamento imediato da importância de depósito, em favor da parte vencedora, por simples despacho do juiz. (Redação dada pela Lei n. 5.442, 24.5.1968)

§ 2º Tratando-se de condenação de valor indeterminado, o depósito corresponderá ao que for arbitrado, para efeito de custas, pela Junta ou Juízo de Direito, até o limite de 10 (dez) vezes o salário mínimo da região. (Redação dada pela Lei n. 5.442, 24.5.1968)

§ 3º (Revogado pela Lei n. 7.033, de 5.10.1982)

§ 4º O depósito de que trata o § 1º far-se-á na conta vinculada do empregado a que se refere o art. 2º da Lei n. 5.107, de 13 de setembro de 1966, aplicando-se-lhe os preceitos dessa Lei observado, quanto ao respectivo levantamento, o disposto no § 1º. (Redação dada pela Lei n. 5.442, 24.5.1968)

§ 5º Se o empregado ainda não tiver conta vinculada aberta em seu nome, nos termos do art. 2º da Lei n. 5.107, de 13 de setembro de 1966, a empresa procederá à respectiva abertura, para efeito do disposto no § 2º. (Redação dada pela Lei n. 5.442, 24.5.1968)

§ 6º Quando o valor da condenação, ou o arbitrado para fins de custas, exceder o limite de 10 (dez) vezes o salário mínimo da região, o depósito para fins de recursos será limitado a este valor. (Incluído pela Lei n. 5.442, 24.5.1968)

> § 7º No ato de interposição do agravo de instrumento, o depósito recursal corresponderá a 50% (cinquenta por cento) do valor do depósito do recurso ao qual se pretende destrancar. (Incluído pela Lei n. 12.275, de 2010)
>
> § 8º Quando o agravo de instrumento tem a finalidade de destrancar recurso de revista que se insurge contra decisão que contraria a jurisprudência uniforme do Tribunal Superior do Trabalho, consubstanciada nas suas súmulas ou em orientação jurisprudencial, não haverá obrigatoriedade de se efetuar o depósito referido no § 7º deste artigo. (Incluído pela Lei n. 13.015, de 2014)

Uma única alteração sofreu o agravo de instrumento: a **dispensa da exigência do depósito** equivalente a 50% do valor do depósito do recurso ao qual se pretende destrancar, previsto no § 7º do mesmo artigo, quando a finalidade for destrancar recurso de revista que se insurge contra decisão que contraria a jurisprudência uniforme do Tribunal Superior do Trabalho, consubstanciada nas suas súmulas ou em orientação jurisprudencial.

A regra não constava do texto original do projeto. Oriunda de Emenda Aditiva do Deputado Laércio Oliveira[74], apresentada na Comissão de Constituição e Justiça e de Cidadania e acolhida no Parecer da Relatora, busca fortalecer a uniformização da jurisprudência, na hipótese nele prevista. Repita-se: **decisão contrária a posicionamento consolidado em súmula ou orientação jurisprudencial do TST**.

Na oportunidade, assim de pronunciou a Deputada Sandra Rosado:

> A Emenda n. 3 inclui um § 8º ao art. 899, para dispor que quando o Agravo de Instrumento tiver a finalidade de destrancar recurso de revista que se insurja contra decisão que contraria a jurisprudência uniforme do TST, consubstanciada nas suas súmulas ou em orientação jurisprudencial, não haverá obrigatoriedade de se efetuar o depósito recursal.
>
> Ora, se uma das propostas deste projeto é a justiça material das decisões proferidas, nada mais justo que a parte que se insurge, em face de uma decisão que contraria a jurisprudência, não venha a ser onerada.

Embora possa elevar, ainda mais, o número de agravos de instrumento no TST, a inovação é interessante, sobretudo quando analisada no contexto da teoria dos precedentes judiciais. Se o TRT decide em dissonância com a firme jurisprudência do TST, o ônus mostra-se excessivo.

---

(74) O mencionado Deputado, como também o Deputado Efraim Filho possuíam projetos sobre o tema e solicitaram o exame do tema pela Relatora.

Faz sentido lógico, diante do objetivo central da Lei em promover e valorizar a interpretação uniforme da legislação trabalhista. Se algum tribunal destoa dessa diretriz e, mais ainda, não permite que seja reapreciada a decisão com o trancamento do recurso de revista, é razoável que não se impute à parte o ônus de recolher o depósito.

Por outro lado, a dispensa não pode ser utilizada de maneira desfundamentada ou, o que é mais grave, como mecanismo para forçar o exame do agravo de instrumento pelo TST.

No Ato n. 491/2014, porém, o TST deixa claro que a regra não tem incidência quando o agravo se referir, pelo menos, a uma parcela cuja impugnação não se baseie nas premissas que a originaram (art. 23), como também será considerado deserto se se mostrar manifestamente infundada, temerária ou artificiosa a arguição (parágrafo único):

> Art. 23. A dispensa de depósito recursal a que se refere o § 8º do art. 899 da CLT não será aplicável aos casos em que o agravo de instrumento se refira a uma parcela de condenação, pelo menos, que não seja objeto de arguição de contrariedade a súmula ou a orientação jurisprudencial do Tribunal Superior do Trabalho.
>
> Parágrafo único. Quando a arguição a que se refere o *caput* deste artigo revelar-se manifestamente infundada, temerária ou artificiosa, o agravo de instrumento será considerado deserto.

Caberá à jurisprudência definir as situações tipificadas na norma, mas podem ser identificadas como aquelas que não revelarem a menor dúvida quanto ao descabimento do agravo, seja por ausência de fundamento (infundada), por ser protelatória ou ilegal (temerária) ou ardilosa, engenhosa (artificiosa) a arguição.

Portanto, na hipótese de se constatar haver sido manifestamente infundada, temerária ou artificiosa, a arguição, o agravo de instrumento será considerado deserto (parágrafo único do citado artigo), sem prejuízo, acrescento, de ser a parte apenada por litigância de má fé, em virtude de provocar incidente manifestamente infundado (art. 17, VI, do CPC).

Ressalvada essa hipótese, a **ausência de recolhimento do depósito** no recurso de revista e no agravo de instrumento constitui grave irregularidade, equiparável ao ato nulo, e, por isso mesmo, não possibilitará a concessão de prazo para que seja efetuado. Não se trata de mera irregularidade formal sanável, mas de não cumprimento de pressuposto extrínseco inafastável.

Contudo, se foi efetuado, embora contendo irregularidades formais no documento que o materializa, a conclusão há de ser outra. Tem inteira incidência, nesse aspecto, o princípio da instrumentalidade das formas a inspirar a atuação do Ministro Relator: **a finalidade haver sido atingida**.

Como o depósito destina-se à garantia da futura execução, se este objetivo foi alcançado, o recurso poderá ser conhecido, o que, a meu sentir, deverá acarretar a revisão do entendimento jurisprudencial objeto da Súmula n. 426:

> SUM-426. DEPÓSITO RECURSAL. UTILIZAÇÃO DA GUIA GFIP. OBRIGATORIEDADE (editada em decorrência do julgamento do processo TST-IUJEEDRR 91700-09.2006.5.18.0006). Res. n. 174/2011, DEJT divulgado em 27, 30 e 31.5.2011.

Nos dissídios individuais o depósito recursal será efetivado mediante a utilização da Guia de Recolhimento do FGTS e Informações à Previdência Social — GFIP, nos termos dos §§ 4º e 5º do art. 899 da CLT, admitido o depósito judicial, realizado na sede do juízo e à disposição deste, na hipótese de relação de trabalho não submetida ao regime do FGTS.

8

Incidente de Recursos de Revista Repetitivos

Indiscutivelmente, a novidade mais marcante diz respeito à introdução, no processo do trabalho, da sistemática de julgamento referente aos Recursos de Revista Repetitivos, que provocará grandes repercussões na atividade do TST, dos TRTs e dos magistrados de primeiro grau, na comunidade jurídica em geral e na própria sociedade.

Na essência, aplica-se ao processo do trabalho realidade já vivenciada no STF, com a repercussão geral para o recurso extraordinário, e no STJ, nos recursos especiais repetitivos, o que poderá servir de parâmetro, especialmente no caso deste último, para a construção da jurisprudência trabalhista.

Trata-se de novidade sem igual, na medida em que introduz a **força obrigatória do precedente judicial** e modifica, substancialmente, o procedimento de julgamento dos recursos nos quais vier a ser suscitado o incidente, que passarão a fixar a *tese jurídica* ou o *precedente judicial* que, doravante, servirá de **paradigma obrigatório** no âmbito da respectiva jurisdição.

Ademais, a inovação busca contemplar solução de massa para as demandas igualmente de massa, característica marcante da sociedade contemporânea. Some-se a busca pela segurança jurídica e preservação do princípio da igualdade, valorizados pela sistematização de identidade de teses jurídicas aplicáveis a casos semelhantes.

A teoria do respeito aos precedentes judiciais baseia-se nas ideias de segurança jurídica, previsibilidade, estabilidade, desestímulo à litigância excessiva, confiança, igualdade perante a jurisdição, coerência, respeito à hierarquia, imparcialidade, favorecimento de acordos, economia processual e maior eficiência, como dizem José Miguel Garcia Medina, Alexandre Freire e Alonso Reis Freire.

A esse respeito, alertam os mencionados autores:

> A preocupação com a coerência e a uniformidade dos pronunciamentos judiciais no Brasil é algo indiscutivelmente presente no fórum e na academia. A necessidade de estabilização e uniformização da interpretação das normas que compõem o direito brasileiro é inegável, assim como é inegável o fato de que não alcançaremos jamais a plenitude dessas duas verdadeiras virtudes tão desejadas por qualquer sistema jurídico. Nada obstante, exigir respeito aos precedentes judiciais, no Brasil, é, na verdade, e nos dias atuais, uma medida completamente necessária para conferir segurança, igualdade e previsibilidade no Direito, dentre outros inegáveis motivos que a justificam.[75]

Anteriormente, porém, deixaram claro que a nova sistemática não elimina a possibilidade de ocorrerem divergências, nem retira do magistrado a liberdade de decidir, desde que não alcance o posicionamento já pacificado pelos tribunais. Veja-se:

> O sistema de precedentes judiciais jamais eliminará a contradição e a divergência. Ele apenas reduz sua ocorrência, conferindo-lhe maior integridade sistêmica. Nem mesmo significa a perda do livre convencimento do juiz — desde que por livre convencimento se entenda a possibilidade de os juízes demonstrarem que, em determinado caso, os fatos e a situação são distintos o bastante daqueles em que se firmou o precedente judicial prima facie obrigatório, de tal modo que seguir o precedente iria contra as próprias razões de existir do *stare decisis*.[76]

Ao analisar a legitimidade dos precedentes e a universalidade das decisões do STJ, Paula Pessoa Pereira destaca o papel dos juízes em face da complexidade da atuação do Direito e enumera os valores do Estado de Direito a serem por eles tutelados[77]:

---

(75) MEDINA, José Miguel Garcia; FREIRE, Alexandre; FREIRE, Alonso Reis. Para uma compreensão adequada do sistema de precedentes no projeto do novo código de processo civil brasileiro. *In:* FREIRE, Alexandre *et al.* (org.). *Novas tendências do processo civil:* estudos sobre o projeto do novo código de processo civil. Salvador: JusPodivm, 2013. p. 684.

(76) Autores e obra citados, p. 683.

(77) PEREIRA, Paula Pessoa. Legitimidade dos precedentes: universabilidade das decisões do STJ. *In:* MARINONI, Luiz Guilherme (dir.). *Coleção o novo processo civil.* São Paulo: Revista dos Tribunais, 2014. p. 55.

> Se aos juízes compete a tarefa de devolver à sociedade a definição de direitos, porque sobre esses recai o dever de decidir todas as disputas jurídicas que lhe sejam submetidas, não sendo, portanto, o exercício de uma faculdade judicial (o que consubstancia a inevitabilidade da decisão), deve o processo de tomada de decisão judicial se desenvolver em conformidade com os valores jurídicos que restaram frustrados no primeiro momento de aplicação do ideal do Estado de Direito.

Prossegue, enumerando esses valores em palavras que resumo[78]:

a) **previsibilidade jurídica**: com respaldo nas lições de Humberto D'Ávila e Aulis Aarnio, assinala que a segurança jurídica é um princípio jurídico que exige do Poder Judiciário a adoção de comportamento que contribua para a existência, em benefício dos cidadãos e desde sua perspectiva, de um Estado de confiabilidade e calculabilidade do Direito e conclui que a indeterminação factual das decisões judiciais gera um estado de incerteza que se verifica no plano da prática do Direito, na medida em que não se sabe como juízes e tribunais irão decidir, o que não autorizaria um decisionismo por parte dos juízes;

b) **igualdade diante da norma jurídica e não igualdade diante da lei**: é o dever de cumprimento do ideal de igualdade, como direito fundamental incidente sobre o responsável pela aplicação das normas, cuja tarefa hoje consiste na retomada da unificação e coerência do direito, quando a resolução dos problemas jurídicos;

c) **imparcialidade**: reside como verdadeira norma de julgamento ao impor o dever (e favorecer o controle) de evitar o uso arbitrário das razões na aplicação do Direito, indo além da mera vedação das hipóteses de suspeição e impedimento e impondo ao juiz o dever de atuar sem arbitrariedade, fundamentando as suas decisões com argumentação racional, segundo os critérios normativos vigentes no sistema e as concepções gerais de justiça consolidadas na coletividade.

Em trabalho ainda inédito, no qual comentam a Nova Lei, Fredie Didier Jr. e Lucas Buril de Macêdo, com apoio em sólida doutrina, explicam a natureza do *precedente judicial*:

> O precedente judicial pode ser tido como a própria norma aplicada pela corte, compreendida especialmente a partir da fundamentação,

---

(78) PEREIRA, Paula Pessoa. Legitimidade dos precedentes: universabilidade das decisões do STJ. *In:* MARINONI, Luiz Guilherme (dir.). *Coleção o novo processo civil.* São Paulo: Revista dos Tribunais, 2014. p. 55-77.

> que se afigura indispensável para resolver o caso. É importante perceber que há diferenças entre a decisão, e até mesmo sua fundamentação, e o precedente em sentido estrito, que constitui uma norma compreendida a partir de toda a decisão, por um processo construtivo próprio, e a ela não se limita. Esse seria o conceito estrito de precedente, que se confunde com o de *ratio decidendi* ou norma da decisão. É nesse sentido que se fala, por exemplo, em "aplicação do precedente": o que se está a aplicar, a rigor, é a norma que se constrói a partir do precedente.(79)

Retornando à lição de José Miguel Garcia Medina, Alexandre Freire e Alonso Reis Freire, após se valerem da lição de julgado da Corte de Apelações da Terceira Região dos Estados Unidos, afirmam que:

> [...] o precedente judicial, portanto, é uma decisão estabelecida em um caso jurídico anterior que seja vinculante ou persuasiva para o mesmo órgão judicial ou para outro ao decidir casos semelhantes com questões jurídicas ou fatos similares.(80)

Os mesmos autores os classificam em dois grupos(81):

a) **precedente persuasivo** ou precedente com autoridade persuasiva (*persuasive autority*): são decisões

> [...] que não vinculam um órgão judicial, mas que, por terem resolvido uma questão ainda não analisada pelos órgãos judiciais que os analisam ou por terem declinado importantes razões para não aplicarem um precedente vinculante oriundo de um órgão judicial superior, merecem consideração cuidadosa por órgãos inferiores ou superiores que, todavia, estão livres para segui-los ou não.

b) **precedente vinculante** ou precedente com autoridade vinculante (*binding autority*): como o próprio nome diz, são as decisões que possuem força capaz de obrigar as demais instâncias inferiores a segui-lo, baseadas na premissa de que

---

(79) DIDIER JR., Fredie; MACÊDO, Lucas Buril de. *Reforma no processo trabalhista brasileiro em direção aos precedentes obrigatórios:* a Lei n. 13.015/2014. No prelo.

(80) MEDINA, José Miguel Garcia; FREIRE, Alexandre; FREIRE, Alonso Reis. Para uma compreensão adequada do sistema de precedentes no projeto do novo código de processo civil brasileiro. *In:* FREIRE, Alexandre *et al.* (org.). *Novas tendências do processo civil:* estudos sobre o projeto do novo código de processo civil. Salvador: JusPodivm, 2013. p. 688.

(81) *Ibidem*, p. 689.

"decisões judiciais, a fim de serem justas e previsíveis, devem ser consistentes com outras decisões proferidas anteriormente", em virtude da "força gravitacional" dos precedentes de órgãos judicias superiores.

Mas, não será uma tarefa fácil a implantação e solidificação desses novos conceitos e todas as mudanças que representarão na estrutura consolidada há mais de setenta anos, muito embora não se possa dizer que é algo inteiramente novo, pois muito já existe dessa teoria, sobretudo se for considerada a força persuasiva das decisões do TST, consolidadas, mais tarde, em súmulas e orientações jurisprudenciais que barram recursos de decisões proferidas em conformidade com as teses nelas fixadas ou autorizam julgamentos de mérito, muito embora — e esse é o grande diferencial — não fossem capazes de "barrar" novas decisões em sentido contrário às teses por ele fixadas. Isso sem se falar na força vinculante atribuída às súmulas do STF, editadas com tal atributo.

Originariamente, o projeto contemplava o *caput* do artigo, mas, ainda na Comissão de Constituição e Justiça e de Cidadania da Câmara dos Deputados, foi acrescido dos parágrafos que integram o texto final aprovado e detalham o procedimento:

> Art. 896-B. Aplicam-se ao recurso de revista, no que couber, as normas da Lei n. 5.869, de 11 de janeiro de 1973 (Código de Processo Civil), relativas ao julgamento dos recursos extraordinário e especial repetitivos.
>
> Art. 896-C. Quando houver multiplicidade de recursos de revista fundados em idêntica questão de direito, a questão poderá ser afetada à Seção Especializada em Dissídios Individuais ou ao Tribunal Pleno, por decisão da maioria simples de seus membros, mediante requerimento de um dos Ministros que compõem a Seção Especializada, considerando a relevância da matéria ou a existência de entendimentos divergentes entre os Ministros dessa Seção ou das Turmas do Tribunal.
>
> § 1º O Presidente da Turma ou da Seção Especializada, por indicação dos relatores, afetará um ou mais recursos representativos da controvérsia para julgamento pela Seção Especializada em Dissídios Individuais ou pelo Tribunal Pleno, sob o rito dos recursos repetitivos.
>
> § 2º O Presidente da Turma ou da Seção Especializada que afetar processo para julgamento sob o rito dos recursos repetitivos deverá expedir comunicação aos demais Presidentes de Turma ou de Seção Especializada, que poderão afetar outros processos sobre a questão para julgamento conjunto, a fim de conferir ao órgão julgador visão global da questão.
>
> § 3º O Presidente do Tribunal Superior do Trabalho oficiará os Presidentes dos Tribunais Regionais do Trabalho para que suspendam os recursos interpostos

em casos idênticos aos afetados como recursos repetitivos, até o pronunciamento definitivo do Tribunal Superior do Trabalho.

§ 4º Caberá ao Presidente do Tribunal de origem admitir um ou mais recursos representativos da controvérsia, os quais serão encaminhados ao Tribunal Superior do Trabalho, ficando suspensos os demais recursos de revista até o pronunciamento definitivo do Tribunal Superior do Trabalho.

§ 5º O relator no Tribunal Superior do Trabalho poderá determinar a suspensão dos recursos de revista ou de embargos que tenham como objeto controvérsia idêntica à do recurso afetado como repetitivo.

§ 6º O recurso repetitivo será distribuído a um dos Ministros membros da Seção Especializada ou do Tribunal Pleno e a um Ministro revisor.

§ 7º O relator poderá solicitar, aos Tribunais Regionais do Trabalho, informações a respeito da controvérsia, a serem prestadas no prazo de 15 (quinze) dias.

§ 8º O relator poderá admitir manifestação de pessoa, órgão ou entidade com interesse na controvérsia, inclusive como assistente simples, na forma da Lei n. 5.869, de 11 de janeiro de 1973 (Código de Processo Civil).

§ 9º Recebidas as informações e, se for o caso, após cumprido o disposto no § 7º deste artigo, terá vista o Ministério Público pelo prazo de 15 (quinze) dias.

§ 10. Transcorrido o prazo para o Ministério Público e remetida cópia do relatório aos demais Ministros, o processo será incluído em pauta na Seção Especializada ou no Tribunal Pleno, devendo ser julgado com preferência sobre os demais feitos.

§ 11. Publicado o acórdão do Tribunal Superior do Trabalho, os recursos de revista sobrestados na origem:

I — terão seguimento denegado na hipótese de o acórdão recorrido coincidir com a orientação a respeito da matéria no Tribunal Superior do Trabalho; ou

II — serão novamente examinados pelo Tribunal de origem na hipótese de o acórdão recorrido divergir da orientação do Tribunal Superior do Trabalho a respeito da matéria.

§ 12. Na hipótese prevista no inciso II do § 11 deste artigo, mantida a decisão divergente pelo Tribunal de origem, far-se-á o exame de admissibilidade do recurso de revista.

§ 13. Caso a questão afetada e julgada sob o rito dos recursos repetitivos também contenha questão constitucional, a decisão proferida pelo Tribunal Pleno não obstará o conhecimento de eventuais recursos extraordinários sobre a questão constitucional.

§ 14. Aos recursos extraordinários interpostos perante o Tribunal Superior do Trabalho será aplicado o procedimento previsto no art. 543-B da Lei n. 5.869, de 11 de janeiro de 1973 (Código de Processo Civil), cabendo ao Presidente do Tribunal Superior do Trabalho selecionar um ou mais recursos representativos da controvérsia e encaminhá-los ao Supremo Tribunal Federal, sobrestando os demais até o pronunciamento definitivo da Corte, na forma do § 1º do art. 543-B da Lei n. 5.869, de 11 de janeiro de 1973 (Código de Processo Civil).

§ 15. O Presidente do Tribunal Superior do Trabalho poderá oficiar os Tribunais Regionais do Trabalho e os Presidentes das Turmas e da Seção Especializada do Tribunal para que suspendam os processos idênticos aos selecionados como recursos representativos da controvérsia e encaminhados ao Supremo Tribunal Federal, até o seu pronunciamento definitivo.

§ 16. A decisão firmada em recurso repetitivo não será aplicada aos casos em que se demonstrar que a situação de fato ou de direito é distinta das presentes no processo julgado sob o rito dos recursos repetitivos.

§ 17. Caberá revisão da decisão firmada em julgamento de recursos repetitivos quando se alterar a situação econômica, social ou jurídica, caso em que será respeitada a segurança jurídica das relações firmadas sob a égide da decisão anterior, podendo o Tribunal Superior do Trabalho modular os efeitos da decisão que a tenha alterado.

8.1. Aplicação supletiva do CPC

Art. 896-B. Aplicam-se ao recurso de revista, no que couber, as normas da Lei n. 5.869, de 11 de janeiro de 1973 (Código de Processo Civil), relativas ao julgamento dos recursos extraordinário e especial repetitivos.

Apesar de ser desnecessário, em face da regra contida no art. 769 da CLT e da existência de regulação detalhada[82], o legislador reforçou a aplicação subsidiária das normas disciplinadoras dos recursos extraordinário e especial repetitivos.

Mais do que a aplicação subsidiária de lei, a jurisprudência desses tribunais poderá ser extremamente útil à construção da jurisprudência trabalhista,

(82) Art. 769. Nos casos omissos, o direito processual comum será fonte subsidiária do direito processual do trabalho, exceto naquilo em que for incompatível com as normas deste Título.

desde que, em ambos os casos — aplicação supletiva da lei e da jurisprudência —, sejam observados os princípios específicos do processo do trabalho, para que se possa promover a adequada compatibilidade entre os dois sistemas processuais.

Em certa oportunidade, Sérgio Torres(83), por meio de metáfora, exemplificou os contornos dessa incidência de normas do processo civil ao processo do trabalho: seria como um convidado (CPC) que vem à nossa casa (CLT). A casa é nossa. Por mais que tenhamos prazer em recebê-lo, não pode ele ditar as regras e mudar inteiramente os procedimentos que nela vigoram. Nós é que fixaremos os limites do ingresso desse convidado, do tratamento a ele dispensado e de sua permanência. Não poderá ele **mudar tudo** que existe em nossa casa.

De qualquer modo, a referência mostra-se positiva, para espancar qualquer espécie de controvérsia quanto ao tema.

Novidade também interessante decorre da aprovação do Novo CPC em cujo art. 15 é ampliada a possibilidade de intervenção, no processo do trabalho, de dispositivos contidos nesse novo Diploma Processual, pois, além dos casos típicos da clássica omissão normativa, alcançará as situações que configurem o que a doutrina denomina de omissões ontológicas e omissões axiológicas.

Há muito, Luciano Athayde Chaves, assinalava a importância do diálogo das fontes próprias do processo do trabalho com as provenientes do processo civil, em busca da maior efetividade e alcance dos seus objetivos. Para ele, a omissão mencionada no art. 769 da CLT deve ser interpretada à luz das modernas teorias das lacunas, de modo a preservar a efetividade do Direito Processual do Trabalho e permitir a sua revitalização, a partir do influxo de novos valores, princípios, técnicas, institutos e ferramentas que lhe conservem a celeridade e viabilize o atingimento dos seus objetivos.(84)

A redação do citado dispositivo é clara quanto ao maior alcance:

> Art. 15. Na ausência de normas que regulem processos eleitorais, trabalhistas ou administrativos, as disposições deste Código lhes **serão aplicadas supletiva e subsidiariamente**. (destaques postos)

---

(83) Desembargador do Trabalho do TRT de Pernambuco, Professor e Doutor em Direito, em aula proferida para servidores do meu Gabinete sobre Tutela Antecipada.

(84) CHAVES, Luciano Athayde. Interpretação, aplicação e integração do direito processual do trabalho. *In:* CHAVES, Luciano Athayde (org.). *Curso de direito processual do trabalho.* 2. ed. São Paulo: LTr, 2012. p. 69.

Ao longo do processo legislativo, o seu futuro foi incerto. Constava do texto elaborado pela Comissão de Juristas e foi suprimido no Parecer da Comissão Especial do Senado. Retornou por meio das Emendas ns. 80/2011 e 430/2011, de Autoria dos Deputados Reinaldo Azambuja e Nelson Marchezan Júnior, e acatado no Parecer do Relator parcial na Câmara dos Deputados, Deputado Efraim Filho, e também Parecer do Relator da Comissão Especial da Câmara dos Deputados.

No Senado, novamente foram apresentadas duas Emendas Supressivas, subscritas pelos Senadores Romero Jucá e Álvaro Dias, ambas rejeitadas pelo Relator, Senador Vital do Rêgo, reafirmado no parecer oral apresentado em Plenário, quando o texto foi "destacado" para apreciação em separado, por solicitação dos Senadores Eunício Oliveira, Romero Jucá e Ana Amélia.

Ao comentar o novo dispositivo, em trabalho ainda inédito, Edilton Meireles destaca[(85)]:

> A aplicação subsidiária teria, assim, cabimento quando estamos diante de uma lacuna ou omissão absoluta. Ou, em outras palavras, quando omisso o sistema ou complexo normativo que regula determinada matéria (o processo do trabalho, no nosso caso). Por esse fenômeno, a regra subsidiária se integraria à legislação (sistema) principal (ou sistema mais especial omisso) com objetivo de preencher o vazio deixado pelo corpo de regras que tratam de determinada matéria. Preencheria os claros do complexo normativo principal (mais especial em relação ao sistema geral), com novos preceitos.
>
> Por outro lado, comumente também se diz que a norma supletiva visa a suprir a falta da regra ou, quando diante de um negócio jurídico, da manifestação da vontade. Exemplo, no direito do trabalho, é a regra supletiva do valor do salário estabelecida no art. 460 da CLT. Cabem as partes contratar o valor do salário. Na omissão, porém, prevalece a regra do art. 460 da CLT, que determina que, neste caso, o salário será igual ao daquele "que, na mesma empresa, fizer serviço equivalente ou do que for habitualmente pago para serviço semelhante". A regra supletiva, assim, teria como objetivo suprir as omissões do contrato, incidindo nas hipóteses nas quais os contratantes poderiam dispor, mas foram omissos. Mas este é um conceito de direito material.

---

(85) MEIRELES, Edilton. O novo CPC e as regras supletiva e subsidiária ao processo do trabalho. *Revista de Direito do Trabalho*, v. 40, n. 157, p. 130-137, maio/jun. 2014.

> Para fins de direito processual, no entanto, essa definição não se adequa aos fins previstos no art. 15 do NCPC. Daí porque se pode ter que a regra supletiva processual é aquela que visa a complementar uma regra principal (a regra mais especial incompleta). Aqui não se estará diante de uma lacuna absoluta do complexo normativo. Ao contrário, estar-se-á diante da presença de uma regra, contida num determinado subsistema normativo, regulando determinada situação/ instituto, mas cuja disciplina não se revela completa, atraindo, assim, a aplicação supletiva de outras normas.

Esse regramento permitirá **amplo suporte normativo** ao procedimento que passa a ser aplicado ao processo do trabalho, especialmente para aperfeiçoá-lo e dotá-lo de maior efetividade.

Muitas são as novidades, especialmente quanto ao rito procedimental.

Embora seja inteiramente desnecessário, mostra-se prudente enfatizar que não se trata de um novo recurso, mas de incidente processual relativo à tramitação do recurso de revista, com a peculiaridade de serem idênticas as questões nele veiculadas, que se repetem em diversos outros e autoriza a tramitação sob rito especial.

No texto acima mencionado, Fredie Didier Jr. e Lucas Buril de Macêdo sinalizam para a alteração da concepção do julgamento sob a sistemática procedimental referida, ao destacarem o objetivo de definição da tese jurídica a ser adotada para julgar os recursos de revista repetitivos:

> Não se decidem, apenas, os casos concretos trazidos ao Tribunal Superior do Trabalho, mas sim as questões jurídicas versadas em grande número de recursos de revista, repetitivamente. Há, em outras palavras, um procedimento que tem por principal objetivo a geração de um precedente, isto é, o que é efetivamente decidido no procedimento para julgamento de recursos repetitivos não são os casos em si, mas a tese que deve ser utilizada para julgá-los. Trata-se, portanto, de um **processo voltado à facilitação da decisão de um grupo de casos.**(86) (destaques postos)

5.2. Legitimidade

A legitimidade para suscitá-lo cabe a qualquer um dos Ministros componentes da SBDI-1, ao identificar a existência de multiplicidade de

(86) DIDIER JR., Fredie; MACÊDO, Lucas Buril de. *Reforma no processo trabalhista brasileiro em direção aos precedentes obrigatórios:* a Lei n. 13.015/2014. No prelo.

recursos de revista e os demais pressupostos elencados no *caput* do dispositivo mencionado:

a) relevância da matéria; **ou**

b) existência de entendimentos divergentes entre os Ministros dessa Seção ou das Turmas do Tribunal.

A tanto se pode concluir pela conjunção disjuntiva "ou" inserida no dispositivo. **Os requisitos são cumulativos**. Significa dizer que se deve identificar a existência de vários recursos em que o tema seja discutido, até para que se possa justificar o epíteto de "recursos repetitivos", e, aliado a esse requisito, um dos dois fundamentos mencionados na norma: **relevância da questão jurídica** ou **divergência interna na Corte** (na própria SBDI-1 ou entre Turmas) como se pode constatar (destaques postos):

> Art. 896-C. Quando houver multiplicidade de recursos de revista fundados em **idêntica questão de direito**, a questão poderá ser afetada à Seção Especializada em Dissídios Individuais ou ao Tribunal Pleno, por decisão da maioria simples de seus membros, mediante requerimento de um dos Ministros que compõem a Seção Especializada, considerando a **relevância da matéria** ou a **existência de entendimentos divergentes** entre os Ministros dessa Seção ou das Turmas do Tribunal.

Manoel Antonio Teixeira Filho propõe critério objetivo destinado à compreensão do conceito de "multiplicidade".[87] Para ele, a partir do significado do adjetivo multíplice encontrado no *Dicionário Houaiss da Língua Portuguesa* ("quantidade maior do que três")[88], estaria presente a partir de quatro recursos.

Ainda que se trate de conceito jurídico indeterminado ("multiplicidade de recursos de revista"), a ideia é interessante porque afasta certa margem de discricionariedade do Ministro ao pretender suscitar o procedimento em havendo, por exemplo, apenas dois casos a serem apreciados. Certo é, contudo, que, diante da verdadeira "avalanche de processos" distribuídos, facilmente se poderá alcançar a quantidade sugerida.

Ainda que o juízo de prelibação caiba à SBDI-1, o pedido de afetação pode ser oriundo de recursos em tramitação nas Turmas, como previsto no § 1º do art. 896-C, hipótese em que um ou mais Ministros que a integram identificarão um ou mais recursos que representem a controvérsia e formularão o requerimento ao Presidente da Turma:

---

(87) TEIXEIRA FILHO, Manoel Antonio. *Comentários à Lei n. 13.015/2014*. São Paulo: LTr, 2014. p. 47.

(88) HOUAISS, A.; VILLAR, M. de S. *Dicionário Houaiss da língua portuguesa*. Rio de Janeiro: Objetiva, 2001. p. 1978.

§ 1º O Presidente da Turma ou da Seção Especializada, **por indicação dos relatores**, afetará um ou mais recursos representativos da controvérsia para julgamento pela Seção Especializada em Dissídios Individuais ou pelo Tribunal Pleno, sob o rito dos recursos repetitivos. (destaques postos)

O *caput* do art. 9º do Ato n. 491/2014 encampou esse posicionamento, compreensão que se pode extrair da expressão "Quando a Turma [...] entender necessária", destacada na transcrição:

Art. 9º **Quando a Turma do Tribunal Superior do Trabalho entender necessária a adoção do procedimento de julgamento de recursos de revista repetitivos**, seu Presidente deverà submeter ao Presidente da Subseção de Dissídios Individuais I a proposta de afetação do recurso de revista, para os efeitos do *caput* do art. 896-C da CLT.

Assim, pode-se afirmar, quanto à legitimidade para requerer o processamento do incidente, ser restrita a:

a) Ministros integrantes da SBDI-1; e

b) Ministros integrantes de Turma.

Em ambos os casos, deverão demonstrar a relevância da matéria ou divergência entre Turmas, ampliada, no caso dos primeiros, para divergência interna à própria SBDI-1.

8.3. Identificação da questão jurídica

A regra também permite inferir que, ao formular o requerimento, o Ministro deve identificar as *questões jurídicas* que servirão de base para a instauração desse incidente processual e os casos nos quais estão veiculadas, ou seja, a **questão central** a ser decidida e as **premissas fático-jurídicas** nas quais está assentada. É a "idêntica questão de direito", a que se refere o *caput* do artigo.

Trata-se de decisão extremamente importante porque delimitará o alcance da tese jurídica a ser posteriormente formada e dos recursos que poderão ser afetados no curso do incidente.

Os ensinamentos de De Plácido e Silva, em obra clássica, permitem compreender o exato sentido do que representa o núcleo conceitual da matéria a ser solucionada. Para o citado autor, a palavra "questão" exprime, originariamente, a própria controvérsia, litígio ou contenda, em que se debatem; em linguagem jurídica, significa, especialmente, o *ponto* ou *pontos*, em que se infere a dita controvérsia ou em que se apoia o dito litígio. É o ponto contestado, é a matéria objeto da divergência ou o motivo da demanda ou do litígio sobre o qual se deve manifestar o julgador na decisão. "Questão de direito (*quaestio juris*) é aquela na qual se debatem somente pontos de vista jurídicos, isto é, matéria de Direito".[89]

Assinale-se que, apesar de ser "de direito", a questão posta também alcançará os fatos que lhe deram origem, o que justifica a referência à "situação de fato" contida no § 16 do artigo comentado. Não se discutem os fatos, frise-se, até mesmo em função do óbice contido na Súmula n. 126 do TST, mas a decisão sobre a questão jurídica encampa o suporte de realidade fática da qual emana a controvérsia.

8.4. Admissibilidade

Inicia-se a tramitação do incidente a partir da deliberação da SBDI-1, como assinalado no art. 7º do Ato n. 491/2014:

> Art. 7º Para os efeitos do § 13 do art. 896 da CLT, a afetação de julgamento ao Tribunal Pleno, em face da relevância da matéria, somente poderá ocorrer em processos em tramitação na Subseção de Dissídios Individuais do Tribunal Superior do Trabalho.

No caso de provocação oriunda das Turmas, apesar de não haver previsão da norma, é necessária a deliberação preliminar de admissibilidade pelo Colegiado, para que se evite a desnecessária remessa à SBDI-1 e paralisação dos respectivos processos em virtude do pedido formulado por um Ministro.

O *caput* do art. 9º do Ato n. 491/2014 encampou esse posicionamento, compreensão que se pode extrair da expressão "Quando a Turma [...] entender necessária", destacada na transcrição:

> Art. 9º **Quando a Turma do Tribunal Superior do Trabalho entender necessária a adoção do procedimento de julgamento de recursos de revista repetitivos**, seu Presidente deverá submeter ao Presidente da Subseção de Dissídios Individuais I a proposta de afetação do recurso de revista, para os efeitos do *caput* do art. 896-C da CLT.

Aprovada a adoção do procedimento pela Turma, caberá ao seu Presidente submeter ao Presidente da SBDI-1 a proposta de afetação do recurso de revista, para que seja julgado sob o rito dos recursos repetitivos (art. 9º, *caput*, acima).

---

(89) SILVA, De Plácido e. *Vocabulário jurídico*. Atualizadores Nagib Slaibi Filho e Gláucia Carvalho. Rio de Janeiro: Forense, 2009. p. 1137.

Outra etapa integrante da fase de admissibilidade do incidente, ou mais propriamente das **providências preliminares**, consiste em definir o órgão competente para o julgamento: Tribunal Pleno ou Seção Especializada, conforme se vê na parte final do citado § 1º do art. 896-C, ora destacada:

> § 1º O Presidente da Turma ou da Seção Especializada, por indicação dos relatores, afetará um ou mais recursos representativos da controvérsia **para julgamento pela Seção Especializada em Dissídios Individuais ou pelo Tribunal Pleno**, sob o rito dos recursos repetitivos.

Essa definição fica a cargo da própria SBDI-1, no prazo máximo de trinta dias e por maioria simples, a partir do seu recebimento, conforme previsto no parágrafo único e seu inciso I, do art. 9º do Ato n. 491/2014:

> Parágrafo único. O Presidente da Subseção submeterá a proposta ao colegiado no prazo máximo de 30 dias de seu recebimento, após o que:
>
> I — acolhida a proposta, por maioria simples, o colegiado também decidirá se a questão será analisada pela própria SbDI-1 ou pelo Tribunal Pleno;
>
> II — na hipótese do inciso I, o processo será distribuído a um Relator e a um Revisor do órgão jurisdicional correspondente, para sua tramitação nos termos do art. 896-C da CLT;
>
> III — rejeitada a proposta, os autos serão devolvidos à Turma respectiva, para que o julgamento do recurso de revista prossiga regularmente.

No caso de rejeição, os autos retornarão à Turma, para prosseguimento.

Não se pode deixar de destacar o dispositivo, pelo fato de submeter a atuação do Tribunal Pleno (órgão maior) à decisão da SBDI-1 (órgão fracionário), a partir de requerimento formulado por um dos seus membros componentes, quando deveria ser exatamente o contrário: aquele, delegaria para esta última as questões de menor envergadura.

Nunca é demais repetir as palavras contidas na justificativa do projeto:

> Enfim, todas as alterações legislativas ora apresentadas convergem no intuito de aperfeiçoar a fase recursal no processo do trabalho e, nos termos propostos, permitirá o célere trâmite dos processos judiciais submetidos à apreciação da Justiça do Trabalho. **Buscam igualmente conferir maior segurança jurídica às partes, especificamente quando decorrente da uniformização da interpretação das normas de proteção ao trabalho**.

A segurança jurídica que inspirou a proposta da norma ora em estudo é alcançada de modo definitivo quando expressiva maioria da Corte (14 votos) manifesta o seu entendimento, mediante votos fundamentados, o que evita, de igual modo, oscilações episódicas e constantes mutações da jurisprudência do Tribunal, que possui, como missão primordial, estabelecer a palavra final sobre todo o universo do Direito do Trabalho no Brasil.

Por isso, tanto quanto possível, as questões devem ser afetas ao Pleno, para que promova o julgamento e fixe a tese jurídica prevalecente.

Nessa mesma oportunidade, acolhido o incidente, serão designados Relator e Revisor, dentre aqueles integrantes do órgão ao qual competiu o exame do incidente.

Outro ponto que merece comentários diz respeito à imprescindibilidade de existência de múltiplos processos, quando o requerimento se fundar na relevância da matéria, diante do quanto contido no *caput* do art. 896-C e no parágrafo único do art. 7º do Ato n. 391/2014, este último transcrito com destaques:

> Parágrafo único. A afetação a que se refere o *caput* deste artigo **não pressupõe, necessariamente, a existência de diversos processos em que a questão relevante seja debatida**.

Sobre o tema, Manoel Antonio Teixeira Filho sustenta que a regra em foco representa a "inserção de um elemento heterodoxo incompatível com o incidente de recursos repetitivos", exceto se for inferido que, neste caso,

> [...] não haveria necessidade de atendimento ao requisito da *multiplicidade*, bastando a existência de um só recurso contendo *matéria* relevante, para autorizar a instauração do incidente — que não seria de recursos *repetitivos*, senão que de recurso *solitário*!

Ao final, conclui ser essa interpretação menos desaconselhável.(90)

De fato, não se há de exigir que já se encontrem no TST múltiplos recursos, mas devem existir razões justificadas que autorizem a manifestação prévia da Corte, o que pode ser evidenciado, por exemplo, pela grande divergência entre os Tribunais, o tema ser objeto de ações pulverizadas em todo o território nacional ou mesmo estar relacionado com a eficácia dos direitos fundamentais assegurados na Constituição, enfim, temas que ainda não estejam com a interpretação sedimentada no TST. A aferição da relevância da matéria, portanto, é prévia e caberá ao Tribunal estabelecer, com precisão, o seu alcance.

---

(90) TEIXEIRA FILHO, Manoel Antonio. *Comentários à Lei n. 13.015/2014*. São Paulo: LTr, 2014. p. 48.

Precedente do STJ pode inspirar o TST nessa tarefa. Refiro-me ao REsp n. 43.055-SP 1994/0001898-3, da relatoria do Ministro Sálvio de Figueiredo Teixeira, cuja questão jurídica sintetizo:

> Com a introdução do Plano de Estabilização Econômica denominado "Plano Verão", por intermédio da Lei n. 7.730, de 31 de janeiro de 1989, resultante da conversão da Medida Provisória n. 32, de 15 de janeiro do mesmo ano, foi determinada a forma de cálculo da inflação, a partir da metodologia prevista no art. 9º, I, da mencionada Lei.
>
> Em atendimento a essa regra, o IBGE atribuiu-lhe o percentual de 70,28%, o que ensejou a propositura de milhares de ações em todo o Brasil nas quais foi questionado o procedimento adotado e o período de apuração, dentre outros argumentos, sob a justificativa de que contrariavam a regra estabelecida no novo sistema econômico implantado a partir da aludida Lei.
>
> Toda essa controvérsia resultou em decisão pioneira, que não apenas reconheceu os equívocos apontados, como ressaltou haver sido computada em duplicidade parte da inflação do período, o que elevou o índice devido.
>
> Acrescento que a controvérsia se instalou, em parte, em face da Lei n. 7.989, de 28 de dezembro de 1989, que fixou o "critério de reajustamento do valor das obrigações relativas aos contratos de alienação de bens imóveis não abrangidos pelas normas do Sistema Financeiro da Habitação, a que se refere a Lei n. 7.774, de 8 de junho de 1989" e, no art. 2º, II, "a", e fazia referência ao fator de 1,7028 o que, em última análise, equivaleria ao reconhecimento do questionado percentual.
>
> O recurso especial foi distribuído para uma das Turmas, que suscitou o incidente previsto no art. 14, II, do Regimento Interno daquela Corte, segundo o qual há possibilidade de exame pela Seção, quando convier, em razão da relevância da questão, e para prevenir divergência entre as Turmas da mesma Seção.
>
> O incidente foi acolhido pela Seção que, por sua vez, deliberou por remeter o feito para a Corte Especial, diante da regra prevista nos arts. 16, IV, e 118, § 3º, do Regimento Interno, em face dos mesmos fundamentos de relevância da matéria e para se evitar divergência entre as Seções.
>
> Portanto, a decisão proferida a partir da utilização do mencionado incidente regimental e objetivou, como demonstrado, superar o debate interno no âmbito daquela Corte e fixar a tese jurídica prevalecente para as milhares de ações propostas em todo o País.

A admissibilidade do incidente pode ser assim sintetizada:

a) se fundamentado na relevância da matéria, na multiplicidade de recursos ou na divergência interna, qualquer um dos Ministros componentes da SBDI-1 pode formular requerimento, devidamente justificado, de instauração do incidente; no caso dos dois últimos, também pode ser requerido por Ministro integrante de Turma;

b) em ambas as hipóteses, haverá apreciação pelo Colegiado respectivo e, no caso da Turma, uma vez aprovado, será encaminhado à Presidência da SBDI-1;

c) no prazo de trinta dias, o Presidente submeterá a proposta à Subseção que, primeiro, decidirá pelo processamento do incidente e, segundo, a quem competirá o julgamento: a própria SBDI-1 ou o Tribunal Pleno;

d) se rejeitada, os autos retornarão à Turma, para que prossiga no julgamento do recurso; em

e) se acolhida e a deliberação for no sentido de permanecer na SBDI-1 — o que deve ser evitado, pelas razões já explicitadas —, serão designados Relator e Revisor;

f) se ficar a cargo do Tribunal Pleno, os autos serão para ele remetidos com o mesmo fim.

8.5. Desistência do recurso

O que acontecerá com o recurso afetado, se o recorrente dele desistir?

A indagação certamente suscitará dúvidas e provocará questionamentos, especialmente no período compreendido entre a vigência da Lei e do o novo CPC. Isso porque o novel Diploma Processual contém preceito expresso no sentido de que a desistência do recurso não impede a análise da questão cuja repercussão geral já tenha sido reconhecida, no Incidente de Resolução de Demandas Repetitivas — IRDR e no julgamento dos recursos extraordinários e especiais repetitivos.(91)

---

(91) Art. 973. É cabível a instauração do incidente de resolução de demandas repetitivas quando houver, simultaneamente:

I — efetiva repetição de processos que contenham controvérsia sobre a mesma questão unicamente de direito;

II — risco de ofensa à isonomia e à segurança jurídica.

§ 1º A desistência ou o abandono da causa não impede o exame do mérito do incidente.

[...]

Art. 995. O recorrente poderá, a qualquer tempo, sem a anuência do recorrido ou dos litisconsortes, desistir do recurso.

O objetivo do incidente, como salientado, é fixar a tese jurídica predominante no Tribunal e pacificar o debate entre os TRTs, muito além, portanto, do julgamento da causa propriamente dito, motivo pelo qual, apesar de se reconhecer o direito da parte em desistir do recurso, nada impedirá que o incidente prossiga, inclusive quanto aos demais recursos afetados.

A questão controvertida e a divergência jurisprudencial chegou ao conhecimento do TST; cabe-lhe solucioná-las.

Após a vigência do novo CPC a dúvida será afastada, diante da aplicação supletiva e subsidiária, autorizada pelo art. 15.

8.6. Instrução do incidente

Admitido o incidente, segue-se a etapa de instrução; compreende a reunião de elementos que permitam definir o conteúdo, alcance e variáveis da questão jurídica, da forma mais ampla possível. É, portanto, a coleta de informações de maneira a lhe propiciar a "visão global da questão" a que alude o § 2º do artigo em foco:

> § 2º O Presidente da Turma ou da Seção Especializada que afetar processo para julgamento sob o rito dos recursos repetitivos deverá expedir comunicação aos demais Presidentes de Turma ou de Seção Especializada, que poderão afetar outros processos sobre a questão para julgamento conjunto, a fim de conferir ao órgão julgador **visão global da questão**. (destaques postos)

Para tanto, o Ministro Relator selecionará os recursos que melhor representem a controvérsia e, na sequência, proferirá a **decisão de afetação**, por meio da qual identificará a questão a ser submetida a julgamento. Deve fazê-lo "com precisão", segundo a dicção da norma, o que significa não deixar dúvidas em torno do tema representativo da controvérsia objeto dos recursos repetitivos:

> Art. 11. Selecionados os recursos, o Relator, na Subseção Especializada em Dissídios Individuais ou no Tribunal Pleno, constatada a presença do pressuposto do *caput* do art. 896-C da CLT, proferirá decisão de afetação, na qual:
>
> I — identificará com precisão a questão a ser submetida a julgamento;

Parágrafo único. A desistência do recurso não impede a análise de questão cuja repercussão geral já tenha sido reconhecida e daquele objeto de julgamento de recursos extraordinários ou especiais repetitivos.

II — poderá determinar a suspensão dos recursos de revista ou de embargos de que trata o § 5º do art. 896-C da CLT;

III — requisitará aos Presidentes ou Vice-Presidentes dos Tribunais Regionais do Trabalho a remessa de até dois recursos de revista representativos da controvérsia;

IV — poderá conceder vista ao Ministério Público e às partes, nos termos e para os efeitos do § 9º do art. 896-C da CLT.

Com esse mesmo objetivo, deverá comunicar aos demais Presidentes de Turmas o teor da decisão proferida, a fim de que possam contribuir para o debate, mediante a afetação de processos que possibilitem ampliar a compreensão da questão jurídica. Significa identificá-los e vinculá-los ao incidente.

Aos Presidentes dos Tribunais Regionais do Trabalho será requisitado o envio de até dois recursos de revista representativos da controvérsia, ou seja, recursos de revista que se encontrem em fase de admissibilidade e se enquadrem no âmbito da decisão de afetação.

Art. 8º Nas hipóteses dos arts. 896-B e 896-C da CLT, somente poderão ser afetados recursos representativos da controvérsia que sejam admissíveis e que contenham abrangente argumentação e discussão a respeito da questão a ser decidida.

Uma vez identificados, o Ministro Relator determinará o sobrestamento dos recursos de revista ou de embargos que se encontrem em tramitação no respectivo Órgão (Turmas ou SBDI-1).

Com a finalidade de qualificar o incidente, em virtude de sua importância e das consequências produzidas, inclusive no âmbito dos Tribunais Regionais do Trabalho, como se detalhará adiante, o Ato n. 491/2014 instituiu pressuposto intrínseco específico da afetação (art. 8º):

Art. 8º Nas hipóteses dos arts. 896-B e 896-C da CLT, somente poderão ser afetados recursos representativos da controvérsia que **sejam admissíveis** e que **contenham abrangente argumentação e discussão** a respeito da questão a ser decidida.

Somente poderão ser indicados como aptos à afetação recursos que tenham superado o juízo de admissibilidade ou, pelo menos, preencham os pressupostos extrínsecos e intrínsecos, e cujas questões e fundamentos neles contidos sejam abrangentes, ou seja, contemplem o maior número de argumentos dedutíveis em torno da questão posta.

Na sequência, é comunicada aos Tribunais Regionais do Trabalho a admissão do incidente e a questão objeto de decisão, tarefa a cargo do Presidente do TST, conforme § 3º:

§ 3º O Presidente do Tribunal Superior do Trabalho oficiará os Presidentes dos Tribunais Regionais do Trabalho para que suspendam os recursos interpostos em casos idênticos aos afetados como recursos repetitivos, até o pronunciamento definitivo do Tribunal Superior do Trabalho.

Essa comunicação tem tripla finalidade:

a) identificar os recursos que versem sobre a mesma controvérsia objeto do incidente;

b) determinar ao Presidente do TRT que suspenda todos os recursos ordinários ou recursos de revista em tramitação, até o pronunciamento definitivo do TST, isto é, até que sejam julgados os recursos que representaram a controvérsia; e

c) propiciar ao Presidente do TRT o envio ao Ministro Relator, no TST, de um ou mais recursos representativos da controvérsia, para alcançar o maior número possível de questões e nuances em torno do caso.

A determinação de paralisação dos processos no âmbito dos TRTs é reforçada no art. 10 do Ato n. 491/2014:

> Art. 10. Compete ao Presidente do respectivo Tribunal Regional do Trabalho determinar a suspensão de que trata o § 3º do art. 896-C da CLT dos recursos interpostos contra as sentenças em casos idênticos aos afetados como recursos repetitivos.

Como se refere aos "recursos interpostos contra as sentenças em casos idênticos aos afetados como recursos repetitivos", alcança não apenas os recursos de revista interpostos de acórdãos, como também os recursos ordinários, agravos de petição e agravos de instrumento que versem sobre o mesmo tema, ainda não julgados pelo TRT.

Prevista no § 4º do dispositivo, a prolação do despacho de admissibilidade dos recursos afetados, em função do quanto decidido pelo TST, constitui o passo seguinte:

> § 4º Caberá ao Presidente do Tribunal de origem admitir um ou mais recursos representativos da controvérsia, os quais serão encaminhados ao Tribunal Superior do Trabalho, ficando suspensos os demais recursos de revista até o pronunciamento definitivo do Tribunal Superior do Trabalho.

É importante que o Presidente do TRT escolha os recursos que consigam expressar a controvérsia nos termos mais amplos, diante dos efeitos da decisão que resultará do incidente. Quanto mais aparelhado o recurso em termos de fundamentação e questões controvertidas em torno do tema principal, melhor será para a solução a cargo do TST.

Admitidos os recursos paradigmas, os demais ficarão suspensos, até a decisão definitiva do TST. Registre-se que, apesar de mencionar "os demais recursos de revista", conjugando-se a redação desse dispositivo com a do art. 10 do Ato n. 491/2004 (que se refere a recursos interpostos contra sentenças), conclui-se que o sobrestamento também alcançará os recursos ainda não decididos pela Corte de origem, o que se mostra adequado, para que se aguarde a definição da tese prevalecente pelo TST e se evite até mesmo a criação de falsas expectativas nas partes, seja quanto à vitória, seja quanto à derrota no pleito.

Recebidos os recursos de revista selecionados, caberá ao Ministro Relator do incidente realizar o "**juízo de admissibilidade de afetação**", que consiste na verificação da **pertinência temática** entre os recursos enviados pelos Presidentes dos TRTs (ou Vice-Presidentes, conforme norma regimental), da matéria e das questões suscitadas no incidente.

Em caso positivo, reunirá tantos recursos quantos considerar necessários ao esclarecimento da controvérsia em toda a sua dimensão e admitirá a afetação. Se decidir negativamente, comunicará ao Presidente do TRT, para que seja revogada a decisão de sobrestamento dos feitos. O art. 12 do Ato n. 491/2004 assim o determina:

> Art. 12. Se, após receber os recursos de revista selecionados pelo Presidente ou Vice-Presidente do Tribunal Regional do Trabalho, não se proceder à sua afetação, o relator, no Tribunal Superior do Trabalho, comunicará o fato ao Presidente ou Vice-Presidente que os houver enviado, para que seja revogada a decisão de suspensão referida no art. 896-C, § 4º, da CLT.

No âmbito do TST, essa providência — de suspensão dos recursos que tenham como objeto controvérsia idêntica à do recurso afetado como repetitivo — deverá ser determinada pelo Ministro Relator, conforme previsão do § 5º:

> § 5º O relator no Tribunal Superior do Trabalho poderá determinar a suspensão dos recursos de revista ou de embargos que tenham como objeto controvérsia idêntica à do recurso afetado como repetitivo.

Apesar de o legislador haver utilizado a expressão "poderá", indicativa de faculdade, não há razão para que se mantenha a tramitação dos recursos de revista ou de embargos cuja matéria seja idêntica àquela discutida no recurso afetado como repetitivo, principalmente quando se leva em consideração a segurança jurídica e a necessidade de uniformização das teses jurídicas, premissas maiores da nova Lei. Se o incidente foi acolhido, o sobrestamento **deve ser determinado**.

As partes deverão ser intimadas da decisão de sobrestamento do feito, providência a cargo do Relator do incidente (art. 18 do Ato n. 491/2014), caso seja positivo o juízo de adequação entre os recursos enviados pelos TRTs e a questão objeto do incidente:

> Art. 18. As partes deverão ser intimadas da decisão de suspensão de seu processo, a ser proferida pelo respectivo Relator.

Comunicado aos Presidentes dos TRTs a decisão de afetação, estes deverão, por sua vez, dar conhecimento aos magistrados de primeiro grau para que, no âmbito das respectivas jurisdições, determinem a paralisação dos processos nos quais seja discutida matéria pertinente à controvérsia objeto do incidente em curso no TST e que se encontrem em fase de julgamento. A instrução pode ser concluída, mesmo porque pode haver pedidos não afetados pela decisão do Relator no TST, mas não deve alcançar a fase de julgamento, para que não se amplie, ainda mais, a possibilidade de divergência.

Essa afirmação não consta da Lei, mas, pelas mesmas razões já expostas, especialmente pela força vinculante do precedente judicial, não é prudente que os processos continuem sendo julgados.

Por se tratar de competência excepcional, a atuação da SBDI-1, nos moldes do art. 896-C, somente se atém ao julgamento dos recursos afetados e se limita à questão delimitada na decisão que acolheu o incidente; é-lhe vedado apreciar quaisquer outras que sejam estranhas à questão uniformizadora (art. 13 do Ato n. 491/2014):

> Art. 13. É vedado ao órgão colegiado decidir, para os fins do art. 896-C da CLT, questão não delimitada na decisão de afetação.

Caso assim não fosse, representaria violação ao Princípio do Juiz Natural, considerando que cabe às Turmas do TST a apreciação dos recursos de revista, na forma prevista no art. 72, I, do Regimento Interno do TST:

> Art. 72. Compete a cada uma das Turmas julgar:
>
> I — os recursos de revista interpostos contra decisão dos Tribunais Regionais do Trabalho, nos casos previstos em lei.

Se entender necessário, e com o intuito de reunir todos os elementos que permitam compreender o real alcance e as diversas variáveis envolvidas na questão jurídica, o Ministro Relator poderá solicitar aos Tribunais — e o fará aos respectivos Presidentes — informações a respeito da controvérsia, a serem prestadas no prazo de quinze dias, conforme previsão do § 7º do art. 896-C:

> § 7º O relator poderá solicitar, aos Tribunais Regionais do Trabalho, informações a respeito da controvérsia, a serem prestadas no prazo de 15 (quinze) dias.

Esse mesmo objetivo autoriza, a critério do Relator, o ingresso de *amicus curiae* no processo, aqui, qualificado como pessoa, órgão ou entidade, desde que preencha um pressuposto: tenha interesse na controvérsia (§ 8º do dispositivo em foco):

> § 8º O relator poderá admitir manifestação de pessoa, órgão ou entidade com interesse na controvérsia, inclusive como assistente simples, na forma da Lei n. 5.869, de 11 de janeiro de 1973 (Código de Processo Civil).

Trata-se de figura jurídica ainda inédita no processo do trabalho, mas conhecida no âmbito da jurisdição civil e que assumirá a condição de assistente simples.

O significado e forma de sua atuação são comentados por Cassio Scarpinella Bueno:

> É como se dissesse que o *amicus curiae* faz as vezes de um "fiscal da lei" — e não do fiscal da lei que o direito brasileiro conhece, que é o Ministério Público — em uma sociedade incrivelmente complexa em todos os sentidos; como se ele fosse o portador dos diversos interesses existentes na sociedade civil e no próprio Estado, colidentes ou não entre si, e que, de alguma forma, tendem a ser atingidos, mesmo que em graus variáveis, pelas decisões jurisdicionais. Ele, o *amicus curiae*, tem que ser entendido como um adequado representante destes interesses que existem, queiramos ou não, na sociedade e no Estado ("fora do processo", portanto) mas que serão afetados, em alguma medida, pela decisão a ser tomada "dentro do processo". O *amicus*, neste sentido, atua em juízo em prol destes interesses e é por isto mesmo que, na minha opinião, sua admissão em juízo depende sempre e em qualquer caso da comprovação de que ele, *amicus*, apresenta-se no plano material (isto é: "fora do processo") como um "adequado representante destes interesses".
>
> [...]
>
> A função do *amicus curiae* é a de levar, espontaneamente ou quando provocado pelo magistrado, elementos de fato e/ou de direito que de alguma forma relacionam-se intimamente com a matéria posta para julgamento. É por isto que me refiro insistentemente ao *amicus curiae* como um "portador de interesses institucionais" a juízo. Ele atua, no melhor sentido do fiscal da lei, como um elemento que, ao

> assegurar a imparcialidade do magistrado por manter a indispensável *terzietà* do juiz com o fato ou o contexto a ser julgado, municia-o com os elementos mais importantes e relevantes para o proferimento de uma decisão ótima que, repito, de uma forma ou de outra atingirá interesses que não estão direta e pessoalmente colocados (e, por isto mesmo, defendidos) em juízo.(92)

A sua função, diz Luiz Guilherme Marinoni, é "contribuir para a elucidação da questão [...] por meio de informes e argumentos, favorecendo a pluralização do debate e a adequada e racional discussão entre os membros da Corte, com a consequente legitimação social de suas decisões".(93)

O interesse identificado na norma deve ser de natureza jurídica, que consiste na possibilidade de a relação jurídica do terceiro ser afetada diretamente pela decisão proferida no processo de origem. A relação jurídica da qual participa submete-se aos efeitos diretos ou reflexos decorrentes da decisão que vier a ser proferida. Não se trata, pois, de interesse meramente econômico.

Também poderá promover **audiências públicas**, destinadas a permitir a ouvir depoimentos de pessoas com experiência e conhecimento na matéria (art. 16 do Ato n. 491/2014):

> Art. 16. Para instruir o procedimento, pode o Relator fixar data para, em audiência pública, ouvir depoimentos de pessoas com experiência e conhecimento na matéria.

Esse importante ato lhe possibilitará colher subsídios que poderão embasar a sua convicção sobre a controvérsia. Observe-se que a regra diz serem pessoas "com experiência" ou que possuam "conhecimento na matéria". Não se vincula, por conseguinte, a conhecimento formal ou nível de escolaridade; basta ser "experto", conhecer.

A etapa final da instrução do incidente corresponde à manifestação do Ministério Público do Trabalho, a qual ocorrerá mediante vista pessoal pelo prazo de quinze dias, após terem sido coletadas todas as informações aptas a elucidar a questão controvertida (§ 9º do artigo):

> § 9º Recebidas as informações e, se for o caso, após cumprido o disposto no § 7º deste artigo, terá vista o Ministério Público pelo prazo de 15 (quinze) dias.

---

(92) BUENO, Cassio Scarpinella. Quatro perguntas e quatro respostas sobre o *amicus curiae*. *Revista Nacional da Magistratura*, ano II, n. 5, Brasília: Escola Nacional da Magistratura/Associação dos Magistrados Brasileiros, p. 132-138, maio 2008.

(93) SARLET, Ingo Wolfgang; MARINONI, Luiz Guilherme; MITIDIERO, Daniel. *Curso de direito constitucional*. 2. ed. rev. atual. e ampl. São Paulo: Revista dos Tribunais, 2013. p. 1034.

Apesar de não haver sido expressamente mencionado, se for determinada a realização de audiência pública, o Ministério Público do Trabalho deve ser cientificado, para que, se assim o desejar, possa também participar da oitiva das pessoas determinadas pelo Relator e auxiliar no esclarecimento da questão.

8.7. Julgamento

Concluída a instrução, estará o Relator apto a emitir o seu voto e algumas questões se mostram relevantes, para esclarecimento.

Em primeiro lugar, o prazo para julgamento, fixado pelo TST em um ano (art. 14 do Ato n. 491/2014), para que se evite a perenização da incerteza quanto à questão jurídica, acrescento, e a preferência atribuída ao julgamento, ao lado de diversas outras previstas em lei, como a de pessoas com mais de 60 anos (art. 1.211-A do CPC):

> Art. 14. Os recursos afetados deverão ser julgados no prazo de um ano e terão preferência sobre os demais feitos.
>
> § 1º Não se dando o julgamento no prazo de um ano, cessam automaticamente a afetação e a suspensão dos processos.
>
> § 2º Ocorrendo a hipótese do parágrafo anterior, é permitido a outro Relator, nos termos do art. 896-C da CLT, afetar dois ou mais recursos representativos da controvérsia.

Ultrapassado esse prazo, serão cessados os efeitos produzidos pela decisão de afetação e os processos até então sobrestados retornarão ao seu curso normal.

Nada impedirá, todavia, que outro Relator adote a mesma providência quanto à afetação dos recursos e, em nova decisão, determine a afetação de "dois ou mais recursos representativos da controvérsia", diz o § 2º do citado art. 15 do Ato n. 491/2014.

Enfim, transcorrido o prazo para manifestação do Ministério Público do Trabalho, caberá ao Relator aparelhar o recurso para julgamento e, para tanto, deve enviar aos demais Ministros relatório circunstanciado das providências realizadas e das informações obtidas durante a instrução, o qual permitirá sanar eventuais dúvidas que puderem subsistir (§ 10 do Ato n. 491/2014):

> § 10. Transcorrido o prazo para o Ministério Público e remetida cópia do relatório aos demais Ministros, o processo será incluído em pauta na Seção Especializada ou no Tribunal Pleno, devendo ser julgado com preferência sobre os demais feitos.

Se o objetivo do incidente de julgamento dos recursos repetitivos é uniformizar a interpretação sobre a questão posta e fixar a tese jurídica predominante, tal como no Incidente de Uniformização de Jurisprudência (art. 478 do CPC)[94], o voto deve ser fundamentado ou, na linguagem do legislador, "em exposição fundamentada", de maneira que se possa conhecer a interpretação atribuída à questão jurídica por cada julgador e, com isso, dimensionar o alcance da tese jurídica firmada pela Corte.

Ao redigir o acórdão, o Ministro Relator — ou Redator, conforme o caso — deverá estar atento para a regra prevista no art. 17 do Ato n. 491/2014, segundo a qual conterá a análise de todos os fundamentos integrantes do debate acerca da questão jurídica, favoráveis ou contrários. Deve ser, por conseguinte, exaustiva a fundamentação, para definir a abrangência da tese fixada e, com isso, permitir que, a partir dela, seja solucionado o maior número possível de recursos:

> Art. 17. O conteúdo do acórdão paradigma abrangerá a análise de todos os fundamentos suscitados à tese jurídica discutida, favoráveis ou contrários.

Tem por objetivo fornecer aos destinatários da decisão a compreensão mais ampla do seu alcance.

8.8. Efeitos da decisão: vinculação, distinção e superação

Com o julgamento do incidente, é gerado um verdadeiro "efeito cascata" pela decisão proferida, nos recursos anteriormente afetados e nos processos em que se discuta a mesma questão jurídica decidida, no TST, nos TRTs e nas Varas do Trabalho.

Inicialmente, no âmbito da SBDI-1, os embargos nos quais o incidente foi suscitado e os recursos representativos da controvérsia, anteriormente afetados por decisão do Relator, serão atingidos, de plano, pela decisão proferida e imediatamente julgados.

Os recursos de embargos e de revista sobrestados por decisão do Relator e cujo objeto da controvérsia tenha firmado tese semelhante à fixada pelo TST como prevalecente, serão considerados prejudicados pela SBDI-1 ou Turma, conforme o caso, após serem comunicados do inteiro teor do julgamento.

---

(94) Art. 478. O tribunal, reconhecendo a divergência, dará a interpretação a ser observada, cabendo a cada juiz emitir o seu voto em exposição fundamentada.

Nos TRTs, dois serão os destinos dos recursos de revista, sobrestados por decisão do Presidente do TRT:

a) se o acórdão recorrido houver encampado a mesma conclusão adotada pelo TST, terá o seguimento denegado, por decisão do Presidente do TRT;

b) se, ao contrário, a tese for divergente, o Presidente do TRT determinará o retorno à Turma, a fim de que tenha a oportunidade de exercer o juízo de retratação e julgue novamente a causa. Caso a Turma, no novo julgamento, reafirme a tese contrária, os autos retornarão ao Presidente, para que examine a admissibilidade do Recurso de Revista interposto.

Trata-se do mesmo Recurso de Revista que se encontrava pendente de exame do preenchimento dos pressupostos extrínsecos e intrínsecos; não se concederá à parte um novo prazo para que interponha ou ratifique o apelo interposto, mesmo porque a Turma não promoverá novo julgamento; apenas examinará o posicionamento adotado, em face da decisão do TST.

Veja-se, a propósito, os §§ 11, e seus incisos, e 12 do art. 896-C da Lei, que tratam do tema:

> § 11. Publicado o acórdão do Tribunal Superior do Trabalho, os recursos de revista sobrestados na origem:
>
> I — terão seguimento denegado na hipótese de o acórdão recorrido coincidir com a orientação a respeito da matéria no Tribunal Superior do Trabalho; ou
>
> II — serão novamente examinados pelo Tribunal de origem na hipótese de o acórdão recorrido divergir da orientação do Tribunal Superior do Trabalho a respeito da matéria.
>
> § 12. Na hipótese prevista no inciso II do § 11 deste artigo, mantida a decisão divergente pelo Tribunal de origem, far-se-á o exame de admissibilidade do recurso de revista.

Convém assinalar que, embora a lei não tenha feito referência, entendo ser possível ao Presidente do TRT sustar o andamento dos **agravos de instrumento** interpostos de decisões denegatórias de recurso de revista, em casos semelhantes. Deverão aguardar na origem a decisão do TST e neles se operarão os mesmos efeitos produzidos em relação aos recursos de revista (retornam à Turma para que seja exercido o juízo de retratação ou ficam prejudicados, caso a tese seja idêntica à firmada pelo TST).

O "efeito cascata" não se restringe aos processos em andamento nas segunda e terceira instâncias. Mesmo os recursos ordinários pendentes de apreciação e os processos ainda não julgados, que se encontram na primeira instância, sobrestados por decisão do juiz da causa, retornarão ao seu curso para **julgamento e aplicação da tese firmada pelo TST** (arts. 20 e 21, I a III, do Ato n. 391/2014):

> Art. 20. Decidido o recurso representativo da controvérsia, os órgãos jurisdicionais respectivos declararão prejudicados os demais recursos versando sobre idêntica controvérsia ou os decidirão aplicando a tese.
>
> Art. 21. Publicado o acórdão paradigma:
>
> I — o Presidente ou Vice-Presidente do Tribunal de origem negará seguimento aos recursos de revista sobrestados na origem, se o acórdão recorrido coincidir com a orientação do Tribunal Superior do Trabalho;
>
> II — o órgão que proferiu o acórdão recorrido, na origem, reexaminará a causa de competência originária ou o recurso anteriormente julgado, na hipótese de o acórdão recorrido contrariar a orientação do Tribunal Superior;
>
> III — os processos suspensos em primeiro e segundo graus de jurisdição retomarão o curso para julgamento e aplicação da tese firmada pelo Tribunal Superior.

A tese firmada pelo TST deverá ser **aplicada em todos os casos** e somente se admitirá a manutenção de tese contrária se o órgão julgador demonstrar, fundamentadamente, a existência de **distinção**, em virtude de **hipótese fática** ou de **questão jurídica não examinada,** que justifique a solução adotada.

Não poderá, contudo, manter posicionamento contrário àquele firmado pelo TST, na decisão da questão jurídica. É mais uma inovação na sistemática recursal, que, por certo, provocará inúmeros debates, sobretudo relacionados à independência do magistrado em aplicar o direito à causa, mas é própria da teoria dos precedentes judiciais por ela encampados (§ 1º do art. 22 do Ato n. 491/2014):

> § 1º Para fundamentar a decisão de manutenção do entendimento, o órgão que proferiu o acórdão recorrido demonstrará fundamentadamente a **existência de distinção**, por se tratar de caso particularizado por **hipótese fática distinta** ou **questão jurídica não examinada**, a impor solução jurídica diversa.

A possibilidade de identificação da presença desse elemento distintivo se encontra presente em outra fase do processo. Refiro-me à impugnação pela parte que não se conformar com a decisão que afetou o seu processo ao incidente, caso em que poderá requerer a desvinculação — ou, mais propriamente, a desafetação —, por meio da distinção entre a questão nele contida e aquele objeto do incidente (art. 19 do Ato n. 491/2014):

> Art. 19. A parte poderá requerer o prosseguimento de seu processo se demonstrar distinção entre a questão a ser decidida no processo e aquela a ser julgada no recurso afetado.

§ 1º A outra parte deverá ser ouvida sobre o requerimento, no prazo de cinco dias.

§ 2º Da decisão caberá agravo, nos termos do Regimento Interno dos respectivos Tribunais.

Caberá a oitiva da parte contrária, em cinco dias, e, se rejeitado o pedido, poderá ser interposto agravo à SBDI-1.

Essa novidade no processo do trabalho, mencionada de modo expresso no § 16 da Lei, representa a presença do que se pode denominar de "elementos de distinção", ou *distinguishing* (ou *distinguish*) no *common law*, ao recurso sobrestado. É a ausência de identidade entre as questões debatidas no recurso paradigma e no afetado, ônus a cargo da parte que teve o seu recurso paralisado. Preserva-se o contraditório, por meio da oportunidade de manifestação da parte contrária, e o direito ao recurso, exercitado por intermédio de agravo dirigido à SBDI-1.

Consiste na "recusa de um órgão judicial em aplicar um precedente a um caso atual por considerar este distinto o bastante, de tal modo que a aplicação do precedente a ele geraria injustiça, tendo em vista as peculiaridades do caso atual", afirmam José Miguel Garcia, Alexandre Freire e Alonso Reis Freire.(95)

Afirmam, ainda, que o afastamento do precedente não implica o seu abandono — ou seja, a sua validade como norma universal não é infirmada —,

> [...] mas apenas a sua não aplicação em determinado caso concreto, seja por meio da criação de uma exceção à norma adscrita estabelecida na decisão judicial ou de uma interpretação restritiva dessa mesma norma, com o fim de excluir suas consequências par quaisquer outros fatos não expressamente compreendidos em sua hipótese de incidência.(96)

Para Fredie Didier Jr., Paula Sarno Braga e Rafael Alexandria de Oliveira, constitui **técnica de confronto, interpretação e aplicação do precedente** e, com base nas lições de Marcelo Alves Dias de Souza, Celso de Albuquerque Silva e José Rogério Cruz e Tucci, afirmam que estará presente quando

> [...] houver *distinção* entre o caso concreto (em julgamento) e o paradigma, seja porque não há coincidência entre os fatos fundamentais discutidos e aqueles que serviram de base à *ratio decidendi* (tese jurí-

---

(95) MEDINA, José Miguel Garcia; FREIRE, Alexandre; FREIRE, Alonso Reis. Para uma compreensão adequada do sistema de precedentes no projeto do novo código de processo civil brasileiro. *In:* FREIRE, Alexandre *et al.* (org.). *Novas tendências do processo civil:* estudos sobre o projeto do novo código de processo civil. Salvador: JusPodivm, 2013. p. 695.

(96) *Idem.*

> dica) constante no precedente, seja porque, a despeito de existir uma aproximação entre eles, alguma peculiaridade no caos em julgamento afasta a aplicação do precedente. [...] é o método de confronto pelo qual 'o juiz verifica se o caso em julgamento pode ou não ser considerado análogo ao paradigma.[97]

Concluem, assinalando que o termo pode ser utilizado em duas acepções:

a) para designar o **método de comparação** entre o caso concreto e o paradigma: *distinguishing*-método;

b) para designar o **resultado desse confronto**, nos casos em que a conclusão for no sentido de haver entre ambos alguma diferença (*distinguishing*-resultado).[98]

Alertam, todavia, que

> [...] muito dificilmente haverá identidade absoluta entre as circunstâncias de fato envolvidas no caso em julgamento e no caso que deu origem ao precedente. Sendo assim, se o caso concreto revela alguma peculiaridade que o diferencie do paradigma, ainda assim é possível que a *ratio decidendi* (tese jurídica) extraída do precedente que lhe seja aplicada.
>
> Notando, pois, o magistrado que há *distinção* (*distiguishing*) entre o caso *sub judice* e aquele que ensejou o precedente, pode seguir um desses caminhos: *(i)* dar à *ratio decendi* uma interpretação restritiva, por entender que peculiaridades do caso concreto impedem uma interpretação restritiva, por entender que peculiaridades do caso concreto impedem a aplicação da mesma tese jurídica outrora firmada *(restrictive distinguishing)*, caso em que julgará o processo livremente, sem vinculação ao precedente; *(ii)* ou estender ao caso a mesma solução conferida aos casos anteriores, por entender que, a despeito das peculiaridades concretas, aquela tese jurídica lhe é aplicável (*ampliative distinguishing*).[99]

É ainda dos citados autores que se obtém indicações precisas sobre a compreensão da *ratio decidendi*:

> Assim, embora comumente se faça referência à eficácia obrigatória ou persuasiva do *precedente*, deve-se entender que o que pode ter caráter

---

(97) DIDIER JR., Fredie; BRAGA, Paula Sarno; OLIVEIRA, Rafael Alexandria de. *Curso de direito processual civil*. 9. ed. Salvador: JusPodivm, 2015. v. 2, p. 406.

(98) DIDIER JR., Fredie; BRAGA, Paula Sarno; OLIVEIRA, Rafael Alexandria de. *Op. cit.*, p. 406.

(99) DIDIER JR., Fredie; BRAGA, Paula Sarno; OLIVEIRA, Rafael Alexandria de. *Op. cit.*, p. 406-407.

obrigatório ou persuasivo é a sua *ratio decidendi*, que é apenas um dos elementos que compõem o precedente.

A *ratio decidendi* — ou, para os norte-americanos, a *holding* — são os fundamentos jurídicos que sustentam a decisão; a opção hermenêutica adotada na sentença, sem a qual a decisão não teria sido proferida como foi; trata-se da tese jurídica acolhida pelo órgão julgador no caso concreto. "A *ratio decidendi* [...] constitui a essência da tese jurídica suficiente para decidir o caso concreto (*rule of law*)". Ela é composta: *(i)* da indicação dos fato relevantes da causa (*statement of material facts*), (*ii*) do raciocínio lógico-jurídico da decisão (*lesal reasoning*) e (*iii*) do juízo decisório (*judgement*).

Portanto, os **fundamentos jurídicos que sustentaram a decisão do TST passam a ser de observância obrigatória** não apenas no âmbito do próprio Tribunal, mas também nas demais instâncias, e a questão não mais poderá ser decidida. Quem o diz é a abalizada doutrina do processo civil:

> A Lei n. 13.015/2014 trouxe didáticas previsões quanto à operação com a tese firmada, fixando indicações quanto à metodológica correta para tanto. Consagrou expressamente a distinção e a superação como métodos aplicativos do precedente formado pelo procedimento do art. 896-C, nos seus §§ 16 e 17.
>
> Em seu § 16, estabelece que "a decisão firmada em recurso repetitivo não será aplicada aos casos em que se demonstrar que a situação de fato ou de direito é distinta", consagrando o *distinguishing* como método aplicativo. **Trata-se do primeiro enunciado normativo brasileiro a tratar do tema de maneira tão clara — é, também por isso, um marco na evolução do Direito sobre os precedentes no Brasil**. Como já foi destacado, a resistência do TRT, por qualquer motivo, não é permitida, sendo indispensável que arrazoe devidamente porque não aplicou o precedente obrigatório gerado pelo Tribunal Superior do Trabalho. Assim, é imperativo, sob pena de nulidade por vulneração do dever de fundamentação, que o Tribunal Regional destaque os fatos importantes para o precedente e quais são os do caso presente que tornam necessária outra solução jurídica.[100] (destaques postos)

Tal se verifica em virtude da natureza de **ato-fato jurídico** conferida ao precedente, pois

> [...] embora esteja encartado na fundamentação de uma decisão judicial (que é um ato jurídico) é tratado como um *fato* pelo legislador. Assim, os efeitos de um

(100) DIDIER Jr. Fredie; MACÊDO, Lucas Buril de. *Reforma no processo trabalhista brasileiro em direção aos precedentes obrigatórios:* a Lei n. 13.015/2014. No prelo.

precedente produzem-se independentemente de manifestação do órgão jurisdicional que o produziu. São efeitos *ex lege*. São, pois, efeitos *anexos* da decisão judicial.[(101)]

Luiz Guilherme Marinoni justifica o acerto da técnica de eficácia vinculante da fundamentação; embora se refira à atuação do STF, os argumentos podem ser transportados para o tema em análise:

> A técnica da eficácia vinculante da fundamentação se funda na ideia de que, na decisão, não só o dispositivo, mas também os fundamentos devem adquirir estabilidade, devendo, por isso, ser realçados e externados com eficácia vinculante. A eficácia vinculante da fundamentação, indiscutivelmente essencial para o tribunal constitucional cumprir o seu papel, é uma técnica jurídico-processual que tem como premissa a importância de respeito aos precedentes e seus fundamentos.
>
> A extensão da eficácia vinculante aos fundamentos, e não ao dispositivo, revela claramente a intenção de dar eficácia obrigatória aos precedentes. De outra parte, não há por que falar em precedente quando não se outorga valor aos seus fundamentos. Assim, a importância da eficácia obrigatória dos precedentes, no direito contemporâneo, sustenta a eficácia vinculante dos fundamentos.[(102)]

Inaugura-se, por conseguinte, uma nova fase na história da atuação da Justiça do Trabalho, que, como visto, passa a contar com a primeira lei que encampa expressamente e de forma ampla essas inovações, próprias dos países que adotam o sistema do *common law*.

É um microssistema recursal inteiramente novo e, exatamente por constituir novidade, possibilitará a elaboração dos seus próprios precedentes em torno da aplicação da teoria dos precedentes judiciais e sua força vinculante; desafiará a força construtiva da jurisprudência para dotá-lo de efetividade, de modo a contribuir com o princípio da duração razoável do processo. Para que seja alcançado esse objetivo, os Tribunais em muito se servirão da doutrina e das experiências vivenciadas pelos Países que adotam a teoria encampada pela novel legislação.

A publicidade das teses jurídicas decididas é garantida por estarem no "**banco de teses**", previsto no art. 22 do Ato n. 491/2014, o qual também deverá conter as que se encontram **pendentes de julgamento**, as reputadas **sem relevância** e as **questões constitucionais**:

---

(101) DIDIER JR., Fredie; BRAGA, Paula Sarno; OLIVEIRA, Rafael Alexandria de. *Curso de direito processual civil*. 9. ed. Salvador: JusPodivm, 2015. v. 2, p. 393.

(102) SARLET, Ingo Wolfgang; MARINONI, Luiz Guilherme; MITIDIERO, Daniel. *Curso de direito constitucional*. 2. ed. rev. atual. e ampl. São Paulo: Revista dos Tribunais, 2013. p. 935-936.

> Art. 22. O Tribunal Superior do Trabalho deverá manter e dar publicidade às questões de direito objeto dos recursos repetitivos já julgados, pendentes de julgamento ou já reputadas sem relevância, bem como daquelas objeto das decisões proferidas nos termos do § 13 do art. 896 da CLT.

O ineditismo da Lei, que antecipou institutos do Novo CPC, também é constatado na autorização para superação do precedente, técnicas conhecidas como *overruling* e *overriding*, previstas no art. 17 do art. 896-C:

> § 17. Caberá **revisão da decisão** firmada em julgamento de recursos repetitivos quando se **alterar a situação econômica, social ou jurídica**, caso em que será **respeitada a segurança jurídica** das relações firmadas sob a égide da decisão anterior, podendo o Tribunal Superior do Trabalho **modular os efeitos** da decisão que a tenha alterado.

Mais uma vez, o recurso à doutrina abalizada permite identificá-las e diferenciá-las.[103] A primeira, o *overruling*, se caracteriza quando o próprio tribunal que firmou o precedente decide pela perda de sua força vinculante, por haver sido substituído (*overruled*) por outro.

Assemelha-se à revogação de uma lei por outra e pode ocorrer de forma expressa (*express overruling*), quando resolve, expressamente, adotar uma nova orientação e abandonar a anterior, ou tácita (*implied overruling*), quando essa nova orientação é adotada em confronto com a anterior, embora sem que o faça de modo expresso.

Em ambos os casos, exige-se uma **carga de motivação maior**, que contenha argumentos até então não suscitados e justificação complementar capaz de incentivar o Tribunal a modificar a tese jurídica — *ratio decidendi*, ou razão de decidir —, o que, convenha-se, não deve ocorrer com frequência, em virtude da necessidade de preservação da segurança jurídica.

A natureza da motivação foi identificada objetivamente no dispositivo em análise: "alteração da situação econômica, social ou jurídica", mas há que se exigir **elemento qualitativo** que justifique a mudança; não é, portanto, o simples desejo do Tribunal ou mesmo a alteração em sua composição que a legitimará: deve ser significativa e, ainda assim, preservada a segurança jurídica.

É mais um exemplo de norma que insere, no seu texto, conceitos jurídicos indeterminados, cuja densificação ficará a cargo do Poder Judiciário, especialmente no que toca à relevância.

---

(103) DIDIER JR., Fredie; BRAGA, Paula Sarno; OLIVEIRA, Rafael Alexandria de. *Curso de direito processual civil*. 9. ed. Salvador: JusPodivm, 2015. v. 2, p. 409-411.

Possível do ponto de vista teórico, a substituição com eficácia *ex tunc* (*retrospective overruling*) — mudança retroativa, portanto —, não é admitida, por dicção da própria Lei, quando atinja as relações jurídicas firmadas a partir da tese encampada anteriormente.

A segunda, o *overriding*, também pode ser identificada na norma. É a técnica de superação que se diferencia da anterior por ser de menor alcance. Neste caso, o tribunal apenas limita o âmbito de incidência do precedente, em função da superveniência de uma regra ou princípio legal. Não há superação total, mas parcial do precedente, semelhante ao que ocorre com a revisão das súmulas vinculantes.(104)

Mais um alerta se faz necessário, aplicável às duas hipóteses mencionadas:

> Cabe reiterar aqui que **a superação somente pode ser feita pelo Tribunal Superior do Trabalho**; **os demais tribunais e juízes não podem superar entendimento de órgão superior na hierarquia judiciária** — havendo dissenso, ele deve ser consignado na fundamentação, apontando as respectivas razões. Além disso, o TST precisa fazer a superação de acordo com os parâmetros argumentativos-procedimentais já enumerados, respeitando os seguintes aspectos: 1) o **substancial**, o tribunal precisa demonstrar que a *ratio decidendi* em voga causa injustiças ou é inadequada, e que determinado princípio determina sua mudança por uma norma que demonstre ser mais adequada ou justa para a situação; 2) o **formal**, o tribunal precisa demonstrar que as razões substanciais para a mudança superam as razões formais para a continuidade, isto é, que é mais importante a prevalência do princípio material do que a segurança jurídica fornecida pela continuidade da tese; 3) o **da segurança** na mudança, aspecto final, que consiste na proteção da confiança legítima, ou seja, depois de o tribunal posicionar-se pela necessidade de mudança, deve passar a se preocupar com a proteção dos jurisdicionados que atuaram com expectativa legítima na aplicação dos precedentes, seja determinando um regime de transição ou aplicando o chamado *prospective overruling*, fazendo a nova tese incidir apenas sobre relações jurídicas que se deem a partir de certo momento.

Novidade também é a adoção da técnica da **modulação dos efeitos** da decisão, prevista no dispositivo em foco. O sistema recursal trabalhista passa a contar com regra de mitigação dos efeitos temporais da decisão para fixá-los

(104) DIDIER JR., Fredie; BRAGA, Paula Sarno; OLIVEIRA, Rafael Alexandria de. *Curso de direito processual civil*. 9. ed. Salvador: JusPodivm, 2015. v. 2, p. 409-411.

para momento posterior à decisão ou para o futuro e, com isso, preservar as situações jurídicas consolidadas ao tempo da tese jurídica anteriormente consagrada pelo TST.

Alvo de acirrado debate na doutrina e especialmente utilizada em matéria tributária, a regra existia anteriormente no art. 27 da Lei n. 9.868/1999[105], nos casos de declaração de inconstitucionalidade pelo Supremo Tribunal Federal. Em casos excepcionais, autoriza-o a preservar os efeitos produzidos pela norma declarada inconstitucional e posta em estado latente no ordenamento jurídico. Tais efeitos somente se modificam a partir da decisão ou em momento posterior, observado o quórum qualificado de 2/3, respaldado em razões **segurança jurídica** ou de **excepcional interesse social**.

Ao comentar o dispositivo, Gilmar Ferreira Mendes[106] e Ives Gandra da Silva Martins asseveram:

> Nos termos do art. 27 da Lei n. 9.868/1999, o STF poderá proferir, em tese, tanto quanto já se pode vislumbrar, uma das seguintes decisões:
>
> a) declarar a inconstitucionalidade apenas a partir do trânsito em julgado da decisão (declaração de inconstitucionalidade *ex nunc*), com ou sem repristinação da lei anterior;
>
> b) declarar a inconstitucionalidade com a suspensão dos efeitos por algum tempo a ser fixado na sentença (declaração de inconstitucionalidade com efeito *pro futuro*), com ou sem repristinação da lei anterior;
>
> c) declarar a inconstitucionalidade sem a pronúncia de nulidade, permitindo que se opere a suspensão de aplicação da lei e dos processos em curso até que o legislador, dentro de prazo razoável, venha a se manifestar sobre a situação inconstitucional (declaração de inconstitucionalidade sem pronúncia da nulidade = restrição de efeitos); e, eventualmente,
>
> d) declarar a inconstitucionalidade dotada de efeito retroativo, com a preservação de determinadas situações.[107]

---

(105) Art. 27. Ao declarar a inconstitucionalidade de lei ou ato normativo, e tendo em vista razões de segurança jurídica ou de excepcional interesse social, poderá o Supremo Tribunal Federal, por maioria de dois terços de seus membros, restringir os efeitos daquela declaração ou decidir que ela só tenha eficácia a partir de seu trânsito em julgado ou de outro momento que venha a ser fixado.

(106) Autor do esboço que resultou na Lei, na época em que ocupava o cargo de Advogado-Geral da União.

(107) MARTINS, Ives Gandra da Silva; MENDES, Gilmar Ferreira. *Controle concentrado de constitucionalidade*. São Paulo: Saraiva, 2009. p. 544.

Esse importante instrumento de política judiciária, para uns, ou de controle de constitucionalidade, para outros, é destacado por Eduardo Talamini:

> A possibilidade de excepcionalmente restringir os efeitos retroativos ou mesmo atribuir apenas efeitos prospectivos à declaração de inconstitucionalidade — ao contrário do que possa parecer — confere maior operacionalidade ao sistema de controle abstrato. A regra da retroatividade absoluta e sem exceções acaba fazendo com que o tribunal constitucional, naquelas situações de conflito entre os valores acima mencionados, muitas vezes simplesmente deixe de declarar a inconstitucionalidade da norma, para assim evitar gravíssimas consequências que adviriam da eficácia *ex tunc* dessa declaração.(108)

Sobre o dispositivo, afirma Luiz Guilherme Marinoni:

> O art. 27 frisa a nulidade da lei inconstitucional, firmando a premissa de que a decisão tem efeitos retroativos, podendo o tribunal, pela maioria de dois terços dos seus membros, considerando os conceitos indeterminados de "segurança jurídica" e de "excepcional interesse social", restringir os seus efeitos ou decidir que a eficácia provenha do trânsito em julgado da decisão ou surja a partir de outro momento a ser fixado. Nesses termos, a decisão pode isentar determinados atos ou situações dos efeitos retroativos, decidir que efeitos apenas serão produzidos com o trânsito em julgado ou ainda decidir que os efeitos serão produzidos a partir de determinada data ou evento futuro. Há, em tais casos, efeitos retroativos limitados, efeitos prospectivos propriamente ditos e efeitos prospectivos a partir de determinado momento.(109)

A novel regra trabalhista consagra, de modo expresso, o respeito à **segurança jurídica**, como fundamento a ser observado na modulação. Também se pode acrescentar o princípio da **proteção da confiança**, reconhecido pela doutrina, que deve reger a atuação do Poder Judiciário, consagrado, de modo expresso, no Novo CPC, especialmente no que se refere à mudança da orientação contida em súmulas da jurisprudência dos tribunais, como se constata no § 4º do art. 925:

> Art. 925. Os juízes e os tribunais observarão:
>
> [...]

---

(108) TALAMINI, Eduardo. *Coisa julgada e sua revisão*. São Paulo: Revista dos Tribunais, 2005. p. 439.

(109) SARLET, Ingo Wolfgang; MARINONI, Luiz Guilherme; MITIDIERO, Daniel. *Curso de direito constitucional*. 2. ed. rev. atual. e ampl. São Paulo: Revista dos Tribunais, 2013. p. 1082-1083.

> § 4º A modificação de enunciado de súmula, de jurisprudência pacificada ou da tese adotada em julgamento de casos repetitivos observará a necessidade de fundamentação adequada e específica, considerando os princípios da segurança jurídica, da **proteção da confiança** e da isonomia.

Pode-se afirmar que, com a modulação, cessarão muitos debates na comunidade jurídica em geral e na própria sociedade, muitas vezes surpreendida com verdadeiras guinadas na rota traçada pelos tribunais na interpretação da legislação e afirmação da questão jurídica.

9

Questão Constitucional

A competência do Supremo Tribunal Federal é excepcionada no julgamento dos recursos repetitivos, conforme previsto no § 13:

> § 13. Caso a questão afetada e julgada sob o rito dos recursos repetitivos também contenha questão constitucional, a decisão proferida pelo Tribunal Pleno não obstará o conhecimento de eventuais recursos extraordinários sobre a questão constitucional.

Observados os pressupostos específicos e independentemente do quanto decidido pelo Tribunal Pleno do TST e da tese jurídica por ele sufragada, nada obsta que a parte interponha o recurso extraordinário para a última instância do Poder Judiciário brasileiro. Não pode a decisão proferida obstar a apreciação da questão jurídica pelo STF, diante da competência a ele conferida de proferir a última palavra em matéria constitucional, conforme previsto no art. 102, III, *a* a *d*, da Constituição Federal.[110]

Observar-se-á o procedimento descrito no § 14: a) o Presidente do TST selecionará um ou mais recursos representativos da controvérsia e os encaminhará ao STF; b) determinará, na sequência, o sobrestamento dos demais, até o pronunciamento da Corte, na forma prevista no art. 543-B do CPC[111]:

---

(110) Art. 102. Compete ao Supremo Tribunal Federal, precipuamente, a guarda da Constituição, cabendo-lhe: [...]

III — julgar, mediante recurso extraordinário, as causas decididas em única ou última instância, quando a decisão recorrida:

a) contrariar dispositivo desta Constituição;

b) declarar a inconstitucionalidade de tratado ou lei federal;

c) julgar válida lei ou ato de governo local contestado em face desta Constituição.

d) julgar válida lei local contestada em face de lei federal. (Incluída pela Emenda Constitucional n. 45, de 2004)

(111) Art. 543-B. Quando houver multiplicidade de recursos com fundamento em idêntica controvérsia, a análise da repercussão geral será processada nos termos do Regimento Interno do Supremo Tribunal Federal, observado o disposto neste artigo. (Incluído pela Lei n. 11.418, de 2006)

§ 14. Aos recursos extraordinários interpostos perante o Tribunal Superior do Trabalho será aplicado o procedimento previsto no art. 543-B da Lei n. 5.869, de 11 de janeiro de 1973 (Código de Processo Civil), cabendo ao Presidente do Tribunal Superior do Trabalho selecionar um ou mais recursos representativos da controvérsia e encaminhá-los ao Supremo Tribunal Federal, sobrestando os demais até o pronunciamento definitivo da Corte, na forma do § 1º do art. 543-B da Lei n. 5.869, de 11 de janeiro de 1973 (Código de Processo Civil).

---

§ 1º Caberá ao Tribunal de origem selecionar um ou mais recursos representativos da controvérsia e encaminhá-los ao Supremo Tribunal Federal, sobrestando os demais até o pronunciamento definitivo da Corte. (Incluído pela Lei n. 11.418, de 2006)

§ 2º Negada a existência de repercussão geral, os recursos sobrestados considerar-se-ão automaticamente não admitidos. (Incluído pela Lei n. 11.418, de 2006).

§ 3º Julgado o mérito do recurso extraordinário, os recursos sobrestados serão apreciados pelos Tribunais, Turmas de Uniformização ou Turmas Recursais, que poderão declará-los prejudicados ou retratar-se. (Incluído pela Lei n. 11.418, de 2006)

§ 4º Mantida a decisão e admitido o recurso, poderá o Supremo Tribunal Federal, nos termos do Regimento Interno, cassar ou reformar, liminarmente, o acórdão contrário à orientação firmada. (Incluído pela Lei n. 11.418, de 2006)

§ 5º O Regimento Interno do Supremo Tribunal Federal disporá sobre as atribuições dos Ministros, das Turmas e de outros órgãos, na análise da repercussão geral. (Incluído pela Lei n. 11.418, de 2006)

10

Vigência

Art. 3º Esta Lei entra em vigor após decorridos 60 (sessenta) dias de sua publicação oficial.

O período de *vacatio legis* foi fixado em sessenta dias, contados da sua publicação oficial, ocorrida no *Diário Oficial da União* de 22 de julho de 2014. Portanto, em 22 de setembro as mudanças passaram a vigorar, tendo em vista haver coincidido o termo final com o final de semana.

As particularidades em torno dos efeitos imediatos foram analisados no item "aplicação imediata".

11

Quadro Comparativo das Alterações, Elaborado pela Assessoria Parlamentar do TST

CLT	Texto inicial do PL n. 2.214/2011 (aprovado pelo orgão especial do TST)	LEI N. 13.015/2014
	Art. 1º Os arts. 894, 896, 897-A e 899 do Decreto-Lei n. 5.452, de 1º de maio de 1943 — Consolidação das Leis Trabalhistas passam a vigorar com a seguinte redação:	Art. 1º Os arts. 894, 896, 897-A e 899 do Decreto-Lei n. 5.452, de 1º de maio de 1943 — Consolidação das Leis Trabalhistas passam a vigorar com as seguintes **alterações**:
Art. 894. No Tribunal Superior do Trabalho cabem embargos, no prazo de 8 (oito) dias:	Art. 894. No Tribunal Superior do Trabalho cabem embargos, no prazo de 8 (oito) dias:	Art. 894. No Tribunal Superior do Trabalho cabem embargos, no prazo de 8 (oito) dias:
II — das decisões das Turmas que divergirem entre si, ou das decisões proferidas pela Seção de Dissídios Individuais, salvo se a decisão recorrida	II — das decisões das Turmas que divergirem entre si ou das decisões proferidas pela Seção de Dissídios Individuais, ou contrárias a súmula ou orientação jurisprudencial do	II — das decisões das Turmas que divergirem entre si ou das decisões proferidas pela Seção de Dissídios Individuais, ou contrárias a súmula ou orientação

CLT	Texto inicial do PL n. 2.214/2011 (aprovado pelo orgão especial do TST)	LEI N. 13.015/2014
estiver em consonância com súmula ou orientação jurisprudencial do Tribunal Superior do Trabalho ou do Supremo Tribunal Federal.	Tribunal Superior do Trabalho **ou súmula vinculante do Supremo Tribunal federal.**	jurisprudencial do Tribunal Superior do Trabalho ou súmula vinculante do Supremo Tribunal federal.
	§ 1º A divergência apta a ensejar os Embargos deve ser atual, não se considerando tal a ultrapassada por súmula do Tribunal Superior do Trabalho ou do Supremo Tribunal Federal, ou superada por iterativa e notória jurisprudência do Tribunal Superior do Trabalho.	§ 1º A divergência apta a ensejar os Embargos deve ser atual, não se considerando tal a ultrapassada por súmula do Tribunal Superior do Trabalho ou do Supremo Tribunal Federal, ou superada por iterativa e notória jurisprudência do Tribunal Superior do Trabalho.
	§ 2º O Ministro Relator denegará seguimento aos Embargos e imporá à parte multa de até 10 (dez) por cento sobre o valor da causa corrigido, em proveito da parte contrária:	§ 2º O Ministro Relator denegará seguimento aos Embargos: *(suprimida a expressão: "e imporá à parte multa de até 10 (dez) por cento sobre o valor da causa corrigido, em proveito da parte contrária")*
	I — se a decisão recorrida estiver em consonância com súmula da jurisprudência do Tribunal Superior do Trabalho ou do Supremo Tribunal Federal, ou com iterativa, notória e atual jurisprudência do Tribunal Superior do Trabalho, cumprindo-lhe indicá-la;	I — se a decisão recorrida estiver em consonância com súmula da jurisprudência do Tribunal Superior do Trabalho ou do Supremo Tribunal Federal, ou com iterativa, notória e atual jurisprudência do Tribunal Superior do Trabalho, cumprindo-lhe indicá-la;

CLT	Texto inicial do PL n. 2.214/2011 (aprovado pelo orgão especial do TST)	LEI N. 13.015/2014
	II — nas hipóteses de intempestividade, deserção, irregularidade de representação ou de ausência de qualquer outro pressuposto extrínseco de admissibilidade.	II — nas hipóteses de intempestividade, deserção, irregularidade de representação ou de ausência de qualquer outro pressuposto extrínseco de admissibilidade.
	§ 3º Da decisão denegatória dos Embargos caberá Agravo, no prazo de 8 (oito) dias.	*§ 3º* Da decisão denegatória dos Embargos caberá Agravo, no prazo de 8 (oito) dias.
	§ 4º Quando manifestamente inadmissível ou infundado o Agravo, a Seção de Dissídios Individuais condenará o agravante a pagar ao agravado multa entre 10 (dez) a 15 (quinze) por cento do valor da causa corrigido, ficando a interposição de qualquer outro recurso condicionada ao depósito do respectivo valor.	(suprimido)
Art. 896. Cabe Recurso de Revista para Turma do Tribunal Superior do Trabalho das decisões proferidas em grau de recurso ordinário, em dissídio individual, pelos Tribunais Regionais do Trabalho, quando:	Art. 896. Cabe Recurso de Revista para Turma do Tribunal Superior do Trabalho das decisões proferidas em grau de recurso ordinário, em dissídio individual, pelos Tribunais Regionais do Trabalho, quando:	Art. 896. Cabe Recurso de Revista para Turma do Tribunal Superior do Trabalho das decisões proferidas em grau de recurso ordinário, em dissídio individual, pelos Tribunais Regionais do Trabalho, quando:
a) derem ao mesmo dispositivo de lei federal interpretação diversa da que lhe houver dado outro Tribunal Regional, no seu Pleno ou Turma, ou a Seção de Dissídios	a) derem ao mesmo dispositivo de lei federal interpretação diversa da que lhe houver dado outro Tribunal Regional do Trabalho, no seu Pleno ou Turma, ou a Seção de Dissídios Individuais do Tribunal	a) derem ao mesmo dispositivo de lei federal interpretação diversa da que lhe houver dado outro Tribunal Regional do Trabalho, no seu Pleno ou Turma, ou a Seção de Dissídios

CLT	Texto inicial do PL n. 2.214/2011 (aprovado pelo orgão especial do TST)	LEI N. 13.015/2014
Individuais do Tribunal Superior do Trabalho, ou a Súmula de Jurisprudência Uniforme dessa Corte;	Superior do Trabalho, ou que contrariarem súmula de jurisprudência uniforme dessa Corte **ou Súmula Vinculante do Supremo Tribunal federal;**	Individuais do Tribunal Superior do Trabalho, ou que contrariarem súmula de jurisprudência uniforme dessa Corte ou Súmula Vinculante do Supremo Tribunal federal;
§ 1º O Recurso de Revista, dotado de efeito apenas devolutivo, será apresentado ao Presidente do Tribunal recorrido, que poderá recebê-lo ou denegá-lo, fundamentando, em qualquer caso, a decisão.	§ 1º O Recurso de Revista, dotado de efeito apenas devolutivo, será interposto perante o Presidente do Tribunal Regional do Trabalho, **que, por decisão fundamentada, poderá recebê-lo ou denegá-lo.**	§ 1º O Recurso de Revista, dotado de efeito apenas devolutivo, será interposto perante o Presidente do Tribunal Regional do Trabalho, que, por decisão fundamentada, poderá recebê-lo ou denegá-lo.
	§ 1º-A. Sob pena de não conhecimento, é ônus da parte:	§ 1º-A. Sob pena de não conhecimento, é ônus da parte:
	I — indicar o trecho da decisão recorrida que consubstancia o prequestionamento da controvérsia objeto do Recurso de Revista;	I — indicar o trecho da decisão recorrida que consubstancia o prequestionamento da controvérsia objeto do Recurso de Revista;
	II — indicar, de forma explícita e fundamentada, contrariedade a dispositivo de lei, súmula ou orientação jurisprudencial do Tribunal Superior do Trabalho que conflite com a decisão regional;	II — indicar, de forma explícita e fundamentada, contrariedade a dispositivo de lei, súmula ou orientação jurisprudencial do Tribunal Superior do Trabalho que conflite com a decisão regional;
	III — expor as razões do pedido de reforma, impugnando todos os fundamentos jurídicos da decisão recorrida, inclusive mediante demonstração analítica de cada dispositivo de lei, da	III — expor as razões do pedido de reforma, impugnando todos os fundamentos jurídicos da decisão recorrida, inclusive mediante demonstração analítica de cada dispositivo de lei, da

CLT	Texto inicial do PL n. 2.214/2011 (aprovado pelo orgão especial do TST)	LEI N. 13.015/2014
	Constituição Federal, de súmula ou orientação jurisprudencial cuja contrariedade aponte.	Constituição Federal, de súmula ou orientação jurisprudencial cuja contrariedade aponte.
§ 2º Das decisões proferidas pelos Tribunais Regionais do Trabalho ou por suas Turmas, em execução de sentença, inclusive em processo incidente de embargos de terceiro, não caberá Recurso de Revista, salvo na hipótese de ofensa direta e literal de norma da Constituição Federal.	§ 2º Das decisões proferidas pelos Tribunais Regionais do Trabalho ou por suas Turmas, em execução de sentença, inclusive em processo incidente de embargos de terceiro, não caberá Recurso de Revista, salvo na hipótese de ofensa direta e literal de norma da Constituição Federal.	§ 2º Das decisões proferidas pelos Tribunais Regionais do Trabalho ou por suas Turmas, em execução de sentença, inclusive em processo incidente de embargos de terceiro, não caberá Recurso de Revista, salvo na hipótese de ofensa direta e literal de norma da Constituição Federal.
§ 3º Os Tribunais Regionais do Trabalho procederão, obrigatoriamente, à uniformização de sua jurisprudência, nos termos do Livro I, Título IX, Capítulo I do CPC, não servindo a súmula respectiva para ensejar a admissibilidade do Recurso de Revista quando contrariar Súmula da Jurisprudência Uniforme do Tribunal Superior do Trabalho.	§ 3º Os Tribunais Regionais do Trabalho procederão, obrigatoriamente, à uniformização de sua jurisprudência **e aplicarão, nas causas da competência da Justiça do Trabalho, no que couber, o incidente de resolução de demandas repetitivas previsto no Código de Processo Civil, não servindo a eventual súmula ou a tese aprovada sobre a questão jurídica controvertida, no julgamento do incidente, para ensejar a admissibilidade do recurso de revista quando contrariar súmula ou orientação jurisprudencial do Tribunal Superior do Trabalho.**	§ 3º Os Tribunais Regionais do Trabalho procederão, obrigatoriamente, à uniformização de sua jurisprudência e aplicarão, nas causas da competência da Justiça do Trabalho, no que couber, **o incidente de uniformização de jurisprudência previsto nos termos do Livro I, Título IX, Capítulo I, do Código de Processo Civil.**

CLT	Texto inicial do PL n. 2.214/2011 (aprovado pelo orgão especial do TST)	LEI N. 13.015/2014
§ 4º A divergência apta a ensejar o Recurso de Revista deve ser atual, não se considerando como tal a ultrapassada por súmula, ou superada por iterativa e notória jurisprudência do Tribunal Superior do Trabalho.	§ 4º Ao constatar o Tribunal Superior do Trabalho, de ofício ou mediante provocação de qualquer das partes ou do Ministério Público do Trabalho, a existência de decisões conflitantes no âmbito do mesmo Tribunal Regional do Trabalho sobre o tema objeto de recurso de revista, determinará o retorno dos autos à Corte de origem, a fim de que proceda à uniformização da jurisprudência, salvo se verificada a ausência dos requisitos extrínsecos de admissibilidade do próprio recurso.	§ 4º Ao constatar o Tribunal Superior do Trabalho, de ofício ou mediante provocação de qualquer das partes ou do Ministério Público do Trabalho, a existência de decisões **atuais** e conflitantes no âmbito do mesmo Tribunal Regional do Trabalho sobre o tema objeto de recurso de revista, determinará o retorno dos autos à Corte de origem, a fim de que proceda à uniformização da jurisprudência.
	§ 5º A providência a que se refere o parágrafo anterior deverá ser determinada pelo Presidente do Tribunal Regional do Trabalho, ao emitir juízo de admissibilidade sobre o Recurso de Revista, ou pelo Ministro Relator, mediante decisões irrecorríveis.	§ 5º A providência a que se refere o parágrafo anterior deverá ser determinada pelo Presidente do Tribunal Regional do Trabalho, ao emitir juízo de admissibilidade sobre o Recurso de Revista, ou pelo Ministro Relator, mediante decisões irrecorríveis.
§ 6º Nas causas sujeitas ao procedimento sumaríssimo, somente será admitido recurso de revista por contrariedade a súmula de jurisprudência uniforme do Tribunal Superior do Trabalho e violação direta da Constituição da República.	§ 6º Após o julgamento do incidente a que se refere o § **3º, unicamente a súmula regional ou a tese jurídica prevalecente no Tribunal Regional do Trabalho e não conflitante com súmula ou orientação jurisprudencial do Tribunal Superior do Trabalho, servirá como paradigma para viabilizar o conhecimento do Recurso de Revista, por divergência.**	§ 6º Após o julgamento do incidente a que se refere o § 3º, unicamente a súmula regional ou a tese jurídica prevalecente no Tribunal Regional do Trabalho e não conflitante com súmula ou orientação jurisprudencial do Tribunal Superior do Trabalho, servirá como paradigma para viabilizar o conhecimento do Recurso de Revista, por divergência.

CLT	Texto inicial do PL n. 2.214/2011 (aprovado pelo orgão especial do TST)	LEI N. 13.015/2014
	§ 7º A divergência apta a ensejar o Recurso de Revista deve ser atual, não se considerando como tal a ultrapassada por súmula **do Tribunal Superior do Trabalho ou do Supremo Tribunal Federal, ou superada por iterativa e notória jurisprudência do Tribunal Superior do Trabalho.**	§ 7º A divergência apta a ensejar o Recurso de Revista deve ser atual, não se considerando como tal a ultrapassada por súmula do Tribunal Superior do Trabalho ou do Supremo Tribunal Federal, ou superada por iterativa e notória jurisprudência do Tribunal Superior do Trabalho.
	§ 8º Quando o recurso fundar-se em dissenso de julgados, **incumbe ao recorrente o ônus de produzir prova da divergência jurisprudencial, mediante certidão, cópia ou citação do repositório de jurisprudência, oficial ou credenciado, inclusive em mídia eletrônica, em que houver sido publicada a decisão divergente, ou ainda pela reprodução de julgado disponível da internet, com indicação da respectiva fonte, mencionando, em qualquer caso, as circunstâncias que identifiquem ou assemelhem os casos confrontados.**	§ 8º Quando o recurso fundar-se em dissenso de julgados, incumbe ao recorrente o ônus de produzir prova da divergência jurisprudencial, mediante certidão, cópia ou citação do repositório de jurisprudência, oficial ou credenciado, inclusive em mídia eletrônica, em que houver sido publicada a decisão divergente, ou ainda pela reprodução de julgado disponível da internet, com indicação da respectiva fonte, mencionando, em qualquer caso, as circunstâncias que identifiquem ou assemelhem os casos confrontados.
	§ 9º Nas causas sujeitas ao procedimento sumaríssimo, somente será admitido Recurso de Revista por contrariedade a súmula de jurisprudência uniforme do Tribunal Superior do Trabalho, **súmula vinculante do Supremo Tribunal Federal** e violação direta da Constituição da República.	§ 9º Nas causas sujeitas ao procedimento sumaríssimo, somente será admitido Recurso de Revista por contrariedade a súmula de jurisprudência uniforme do Tribunal Superior do Trabalho, súmula vinculante do Supremo Tribunal Federal e violação direta da Constituição da República.

CLT	Texto inicial do PL n. 2.214/2011 (aprovado pelo orgão especial do TST)	LEI N. 13.015/2014
		§ 10. Cabe Recurso de Revista por violação à Lei Federal, por divergência jurisprudencial e por ofensa à Constituição Federal nas execuções fiscais e nas controvérsias da fase de execução que envolvam a Certidão de Débitos Trabalhistas criada pela Lei n. 12.440/2011.
		§ 11. Quando o recurso tempestivo contiver defeito formal que não se repute grave, o Tribunal Superior do Trabalho poderá desconsiderar o vício, ou mandar saná-lo, julgando o mérito.
		§ 12. Da decisão denegatória caberá Agravo, no prazo de **8 (oito) dias.**
		§ 13. Dada a relevância da matéria, por iniciativa de um dos membros da Seção Especializada em Dissídios Individuais do Tribunal Superior do Trabalho, aprovada pela maioria dos integrantes da Seção, o julgamento a que se refere o § 3º poderá ser afeto ao Tribunal Pleno.

CLT	Texto inicial do PL n. 2.214/2011 (aprovado pelo orgão especial do TST)	LEI N. 13.015/2014
§ 5º Estando a decisão recorrida em consonância com enunciado da Súmula da Jurisprudência do Tribunal Superior do Trabalho, poderá o Ministro Relator, indicando-o, negar seguimento ao Recurso de Revista, aos Embargos, ou ao Agravo de Instrumento. Será denegado seguimento ao Recurso nas hipóteses de intempestividade, deserção, falta de alçada e ilegitimidade de representação, cabendo a interposição de Agravo.	**Art. 896-B. O Ministro relator denegará seguimento ao Recurso de Revista ou ao Agravo de Instrumento:**	(suprimido todo o art. 896-B do projeto)
	I — se a decisão recorrida estiver em consonância com a iterativa, notória e atual jurisprudência do Tribunal Superior do Trabalho, ou com súmula ou orientação jurisprudencial do Tribunal Superior do Trabalho, ou com súmula do Supremo Tribunal Federal, cumprindo ao relator indicá-la;	(suprimido)
	II — nas hipóteses de intempestividade, deserção, irregularidade de representação, ou de ausência de qualquer outro pressuposto extrínseco de admissibilidade.	(suprimido)
	§ 1º Da decisão denegatória caberá Agravo, no prazo de 8 (oito) dias.	(suprimido)

CLT	Texto inicial do PL n. 2.214/2011 (aprovado pelo orgão especial do TST)	LEI N. 13.015/2014
	§ 2º Quando manifestamente inadmissível ou infundado o Agravo, assim declarado em votação unânime, a turma condenará o agravante a pagar ao agravado multa entre 1(um) e 10 (dez) por cento do valor da causa corrigido, em proveito da parte contrária, ficando a interposição de qualquer outro recurso condicionada ao depósito do respectivo valor.	(suprimido)
	Art. 896-C. Aplicam-se ao Recurso de Revista, no que couber, as normas do Código de Processo Civil relativas ao julgamento dos Recursos Extraordinários e Especial repetitivos.	Art. 896-B. Aplicam-se ao Recurso de Revista, no que couber, as normas do Código de Processo Civil relativas ao julgamento dos Recursos Extraordinários e Especial repetitivos.
		Art. 896-C. Quando houver multiplicidade de recursos de revista fundados em idêntica questão de direito, a questão poderá ser afetada à Seção Especializada em Dissídios Individuais ou ao Tribunal Pleno, por decisão da maioria simples de seus membros, mediante requerimento de um dos Ministros que compõem a Seção Especializada, considerando a relevância da matéria ou a existência de entendimentos divergentes entre os Ministros dessa Seção ou das Turmas do Tribunal.

CLT	Texto inicial do PL n. 2.214/2011 (aprovado pelo orgão especial do TST)	LEI N. 13.015/2014
		§ 1º O Presidente da Tuma ou Seção Especializada por indicação dos relatores, afetará um ou mais recursos representativos da controvérsia, para julgamento pela Seção Especializada em Dissídios Individuais ou pelo Tribunal Pleno, sob o rito dos recursos repetitivos.
		§ 2º O Presidente da Turma ou da Seção Especializada que afetar um processo para julgamento sob rito do recurso repetitivo deverá expedir comunicação aos demais Presidentes de Turmas ou Seção Especializada, que poderão afetar outros processos sobre a questão para julgamento conjunto, a fim de conferir ao órgão julgador uma visão global da questão.
		§ 3º O presidente do Tribunal Superior do Trabalho oficiará os Presidentes dos Tribunais Regionais do Trabalho para que suspendam os recursos interpostos em casos idênticos aos afetados como recursos repetitivos, até o pronunciamento definitivo do Tribunal Superior do Trabalho.

CLT	Texto inicial do PL n. 2.214/2011 (aprovado pelo orgão especial do TST)	LEI N. 13.015/2014
		§ 4º Caberá ao Presidente do tribunal de origem admitir um ou mais recursos representativos da controvérsia, os quais serão encaminhados ao Tribunal Superior do Trabalho, ficando suspensos os demais recursos de revista até o pronunciamento definitivo do Tribunal Superior do Trabalho.
		§ 5º O relator do Tribunal Superior do Trabalho poderá determinar a suspensão dos recursos de revista ou de embargos que tenham como objeto idêntica controvérsia ao do recurso afetado como repetitivo.
		§ 6º O recurso repetitivo será distribuído dentre um dos Ministros membros da Seção Especializada ou do Tribunal Pleno e a um Ministro revisor.
		§ 7º O relator poderá solicitar informações, a serem prestadas no prazo de quinze dias, aos Tribunais Regionais do Trabalho a respeito da controvérsia.

CLT	Texto inicial do PL n. 2.214/2011 (aprovado pelo orgão especial do TST)	LEI N. 13.015/2014
		§ 8º O relator poderá admitir manifestação de pessoas, órgãos ou entidades com interesse na controvérsia, inclusive como assistente simples, na forma do Código de Processo Civil.
		§ 9º Recebidas as informações e, se for o caso, após cumprido o disposto no § 7º deste artigo, terá vista o Ministério Público pelo prazo de quinze dias.
		§ 10. Transcorrido o prazo para o Ministério Público e remetida cópia do relatório aos demais Ministros, o processo será incluído em pauta na Seção Especializada ou no Tribunal Pleno, devendo ser julgado com preferência sobre os demais feitos.
		§ 11. Publicado o acórdão do Tribunal Superior do Trabalho, os recursos de revista sobrestados na origem:
		I — terão seguimento denegado na hipótese de o acórdão recorrido coincidir com a orientação a respeito da matéria no Tribunal Superior do Trabalho; ou

CLT	Texto inicial do PL n. 2.214/2011 (aprovado pelo orgão especial do TST)	LEI N. 13.015/2014
		II — serão novamente examinados pelo tribunal de origem na hipótese de o acórdão recorrido divergir da orientação do Tribunal Superior do Trabalho a respeito da matéria.
		§ 12. Na hipótese prevista no inciso II do § 11 deste artigo, mantida a decisão divergente pelo Tribunal de origem, far-se-á o exame de admissibilidade do recurso de revista.
		§ 13. Caso a questão afetada e julgada sob o rito do recurso repetitivo também contenha questão constitucional, a decisão proferida pelo Tribunal Pleno não obstará o conhecimento de eventuais recursos extraordinários sobre a questão constitucional.
		§ 14. Aos recursos extraordinários interpostos perante o Tribunal Superior do Trabalho será aplicado o procedimento previsto no art. 543-B do Código de Processo Civil, cabendo ao Presidente do Tribunal Superior do Trabalho selecionar um ou mais recursos representativos da controvérsia e encaminhá-los ao

CLT	Texto inicial do PL n. 2.214/2011 (aprovado pelo orgão especial do TST)	LEI N. 13.015/2014
		Supremo Tribunal Federal, sobrestando os demais até o pronunciamento definitivo da Corte, na forma do § 1º do art. 543-B do Código de Processo Civil.
		§ 15. O Presidente do Tribunal Superior do Trabalho poderá oficiar os Tribunais Regionais do Trabalho e os Presidentes das Turmas e da Seção Especializada do Tribunal para que suspendam os processos idênticos aos selecionados como recursos representativos da controvérsia, e encaminhados ao Supremo Tribunal Federal, até o seu pronunciamento definitivo.
		§ 16. A decisão firmada em recurso repetitivo não será aplicada aos casos em que se demonstrar que a situação de fato ou de direito são distintas das presentes no processo julgado sob o rito do recurso repetitivo.
		§ 17. Caberá a revisão da decisão firmada em julgamento de recursos repetitivos, quando se alterarem a situação econômica, social

CLT	Texto inicial do PL n. 2.214/2011 (aprovado pelo orgão especial do TST)	LEI N. 13.015/2014
		ou jurídica, caso em que será respeitada a segurança jurídica das relações firmadas sob a égide da decisão anterior, podendo o Tribunal Superior **do Trabalho modular os efeitos da decisão que a tenha alterado.**
Art. 897-A. Caberão embargos de declaração da sentença ou acórdão, no prazo de cinco dias, devendo seu julgamento ocorrer na primeira audiência ou sessão subsequente a sua apresentação, registrado na certidão, admitido efeito modificativo da decisão nos casos de omissão e contradição no julgado e manifesto equívoco no exame dos pressupostos extrínsecos do recurso.	Art. 897-A Caberão embargos de declaração da sentença ou acórdão, no prazo de cinco dias, devendo seu julgamento ocorrer na primeira audiência ou sessão subsequente a sua apresentação, registrado na certidão, admitido efeito modificativo da decisão nos casos de omissão e contradição no julgado e manifesto equívoco no exame dos pressupostos extrínsecos do recurso.	Art. 897-A Caberão embargos de declaração da sentença ou acórdão, no prazo de cinco dias, devendo seu julgamento ocorrer na primeira audiência ou sessão subsequente a sua apresentação, registrado na certidão, admitido efeito modificativo da decisão nos casos de omissão e contradição no julgado e manifesto equívoco no exame dos pressupostos extrínsecos do recurso.
Parágrafo único. Os erros materiais poderão ser corrigidos de ofício ou a requerimento de qualquer das partes.	§ 1º Os erros materiais poderão ser corrigidos de ofício ou a requerimento de qualquer das partes.	§ 1º Os erros materiais poderão ser corrigidos de ofício ou a requerimento de qualquer das partes.
	§ 2º Eventual efeito modificativo dos Embargos de Declaração somente poderá ocorrer em virtude da correção de vício na decisão embargada e desde que ouvida a parte contrária, no prazo de cinco dias.	§ 2º Eventual efeito modificativo dos Embargos de Declaração somente poderá ocorrer em virtude da correção de vício na decisão embargada e desde que ouvida a parte contrária, no prazo de cinco dias.

CLT	Texto inicial do PL n. 2.214/2011 (aprovado pelo orgão especial do TST)	LEI N. 13.015/2014
	§ 3º Os Embargos de Declaração interrompem o prazo de para interposição de outros recursos, por qualquer das partes, salvo quando intempestivos, irregular a apresentação da parte ou ausente a sua assinatura.	§ 3º Os Embargos de Declaração interrompem o prazo de para interposição de outros recursos, por qualquer das partes, salvo quando intempestivos, irregular a **re**presentação da parte ou ausente a sua assinatura.
	§ 4º Quando manifestamente protelatórios os embargos, o juiz ou o tribunal condenará o embargante a pagar ao embargado multa, em montante líquido desde logo fixado, não excedente a 5 (cinco) por cento sobre o valor corrigido da causa.	(suprimido)
	§ 5º A renovação de Embargos de Declaração considerados protelatórios implicará multa de até 10 (dez) por cento sobre o valor corrigido da causa, em montante líquido desde logo fixado.	(suprimido)
	§ 6º A interposição de qualquer outro recurso **fica condicionada ao depósito do valor de cada multa.**	(suprimido)
Art. 899. Os recursos serão interpostos por simples petição e terão efeito meramente devolutivo, salvo as exceções previstas neste Título, permitida a execução provisória até a penhora.	Art. 899. Os recursos serão interpostos por petição e terão efeito meramente devolutivo. *(suprimida a expressão "salvo as exceções previstas neste título, permitida a execução provisória até a penhora")*	(fica mantida a redação do art. 899 da CLT vigente)

CLT	Texto inicial do PL n. 2.214/2011 (aprovado pelo orgão especial do TST)	LEI N. 13.015/2014
§ 7º No ato de interposição do agravo de instrumento, o depósito recursal corresponderá a 50% (cinquenta por cento) do valor do depósito do recurso ao qual se pretende destrancar.	**§ 7º Sob pena de não conhecimento do recurso, na hipótese de mandato tácito o recorrente indicará a ata de audiência que o configura.**	(suprimido)
		§ 8º Quando o Agravo de Instrumento tem a finalidade de destrancar recurso de revista que se insurge contra decisão que contraria a jurisprudência uniforme do TST, consubstanciada nas suas súmulas ou em orientação jurisprudencial, não haverá obrigatoriedade de se efetuar o depósito referido no § 7º deste artigo.
	Art. 2º Esta lei entra em vigor 60 (sessenta) dias após sua publicação.	Art. 2º Esta lei entra em vigor 60 (sessenta) dias após sua publicação.
	Art. 3º Revogam-se as disposições em contrário.	*(suprimido)*

12

Fluxogramas Referentes à Tramitação dos Recursos — Elaborados pelo Ministro José Roberto Freire Pimenta

12.1. Recurso de Revista

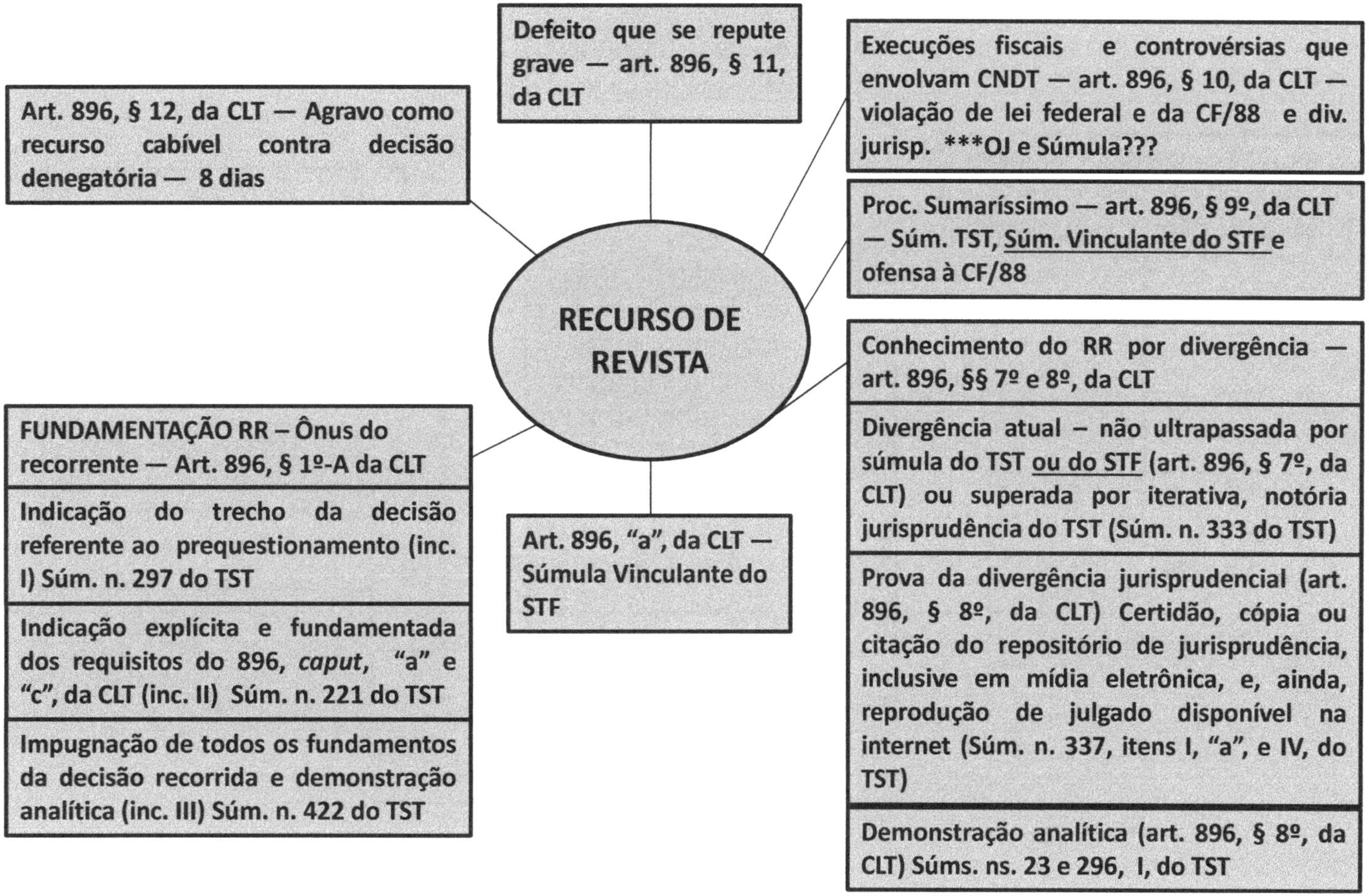

12.2. Incidente de Uniformização de Jurisprudência Regional

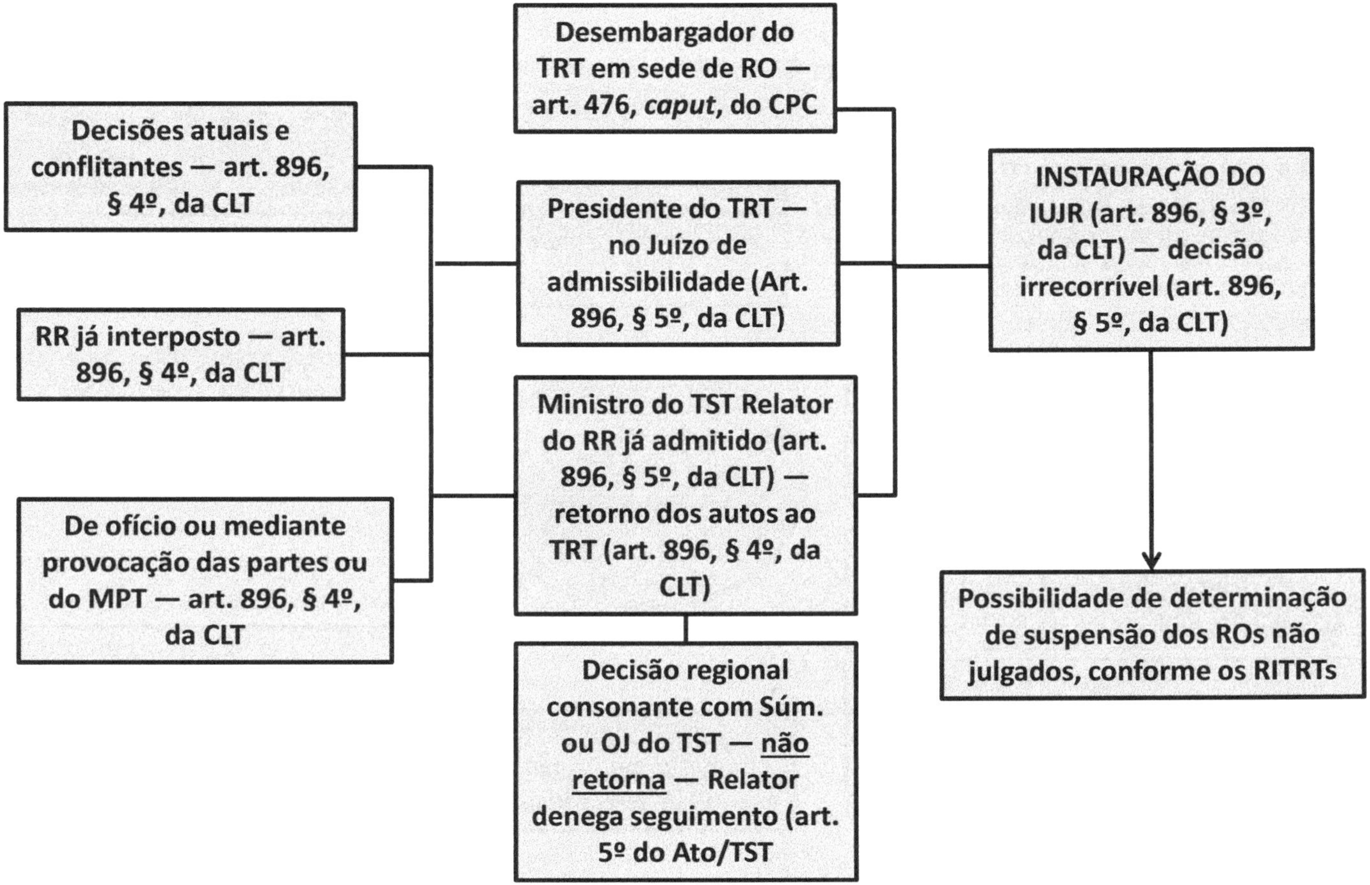

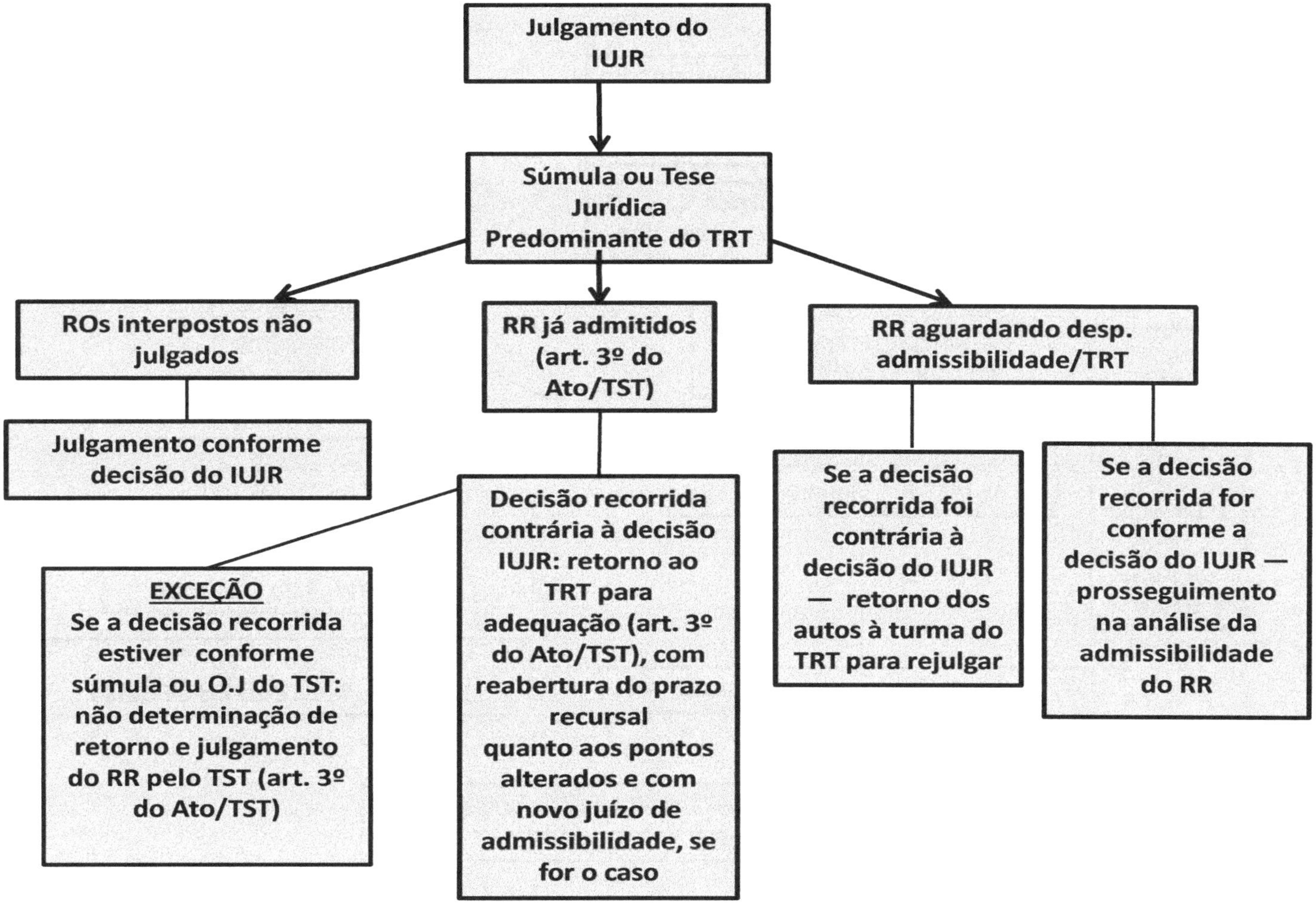
Julgamento do IUJR
Súmula ou Tese Jurídica Predominante do TRT
ROs interpostos não julgados
Julgamento conforme decisão do IUJR
RR já admitidos (art. 3º do Ato/TST)
Decisão recorrida contrária à decisão IUJR: retorno ao TRT para adequação (art. 3º do Ato/TST), com reabertura do prazo recursal quanto aos pontos alterados e com novo juízo de admissibilidade, se for o caso
EXCEÇÃO
Se a decisão recorrida estiver conforme súmula ou O.J do TST: não determinação de retorno e julgamento do RR pelo TST (art. 3º do Ato/TST)
RR aguardando desp. admissibilidade/TRT
Se a decisão recorrida foi contrária à decisão do IUJR — retorno dos autos à turma do TRT para rejulgar
Se a decisão recorrida for conforme a decisão do IUJR — prosseguimento na análise da admissibilidade do RR

12.3. *Incidente de Recursos Repetitivos*

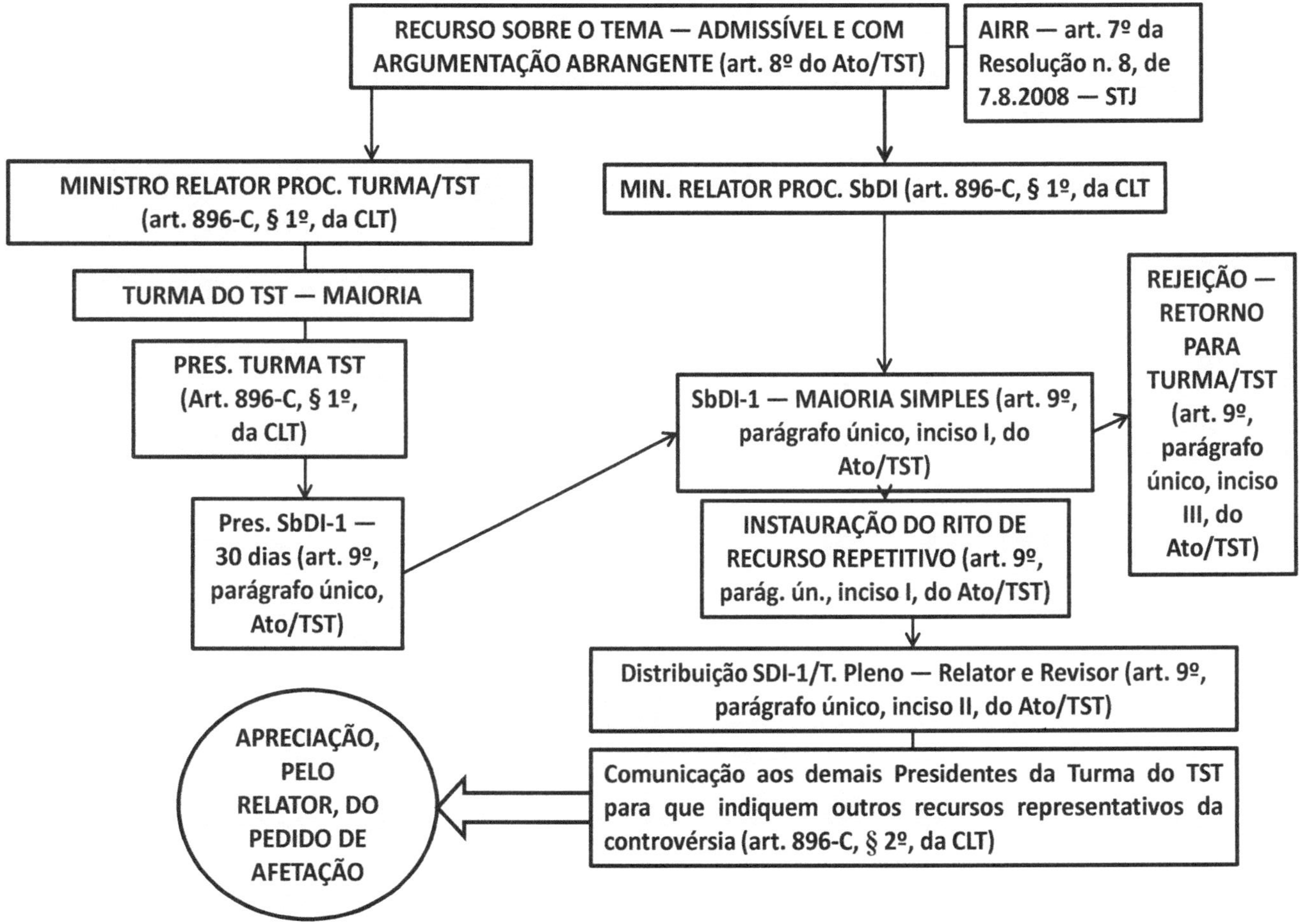

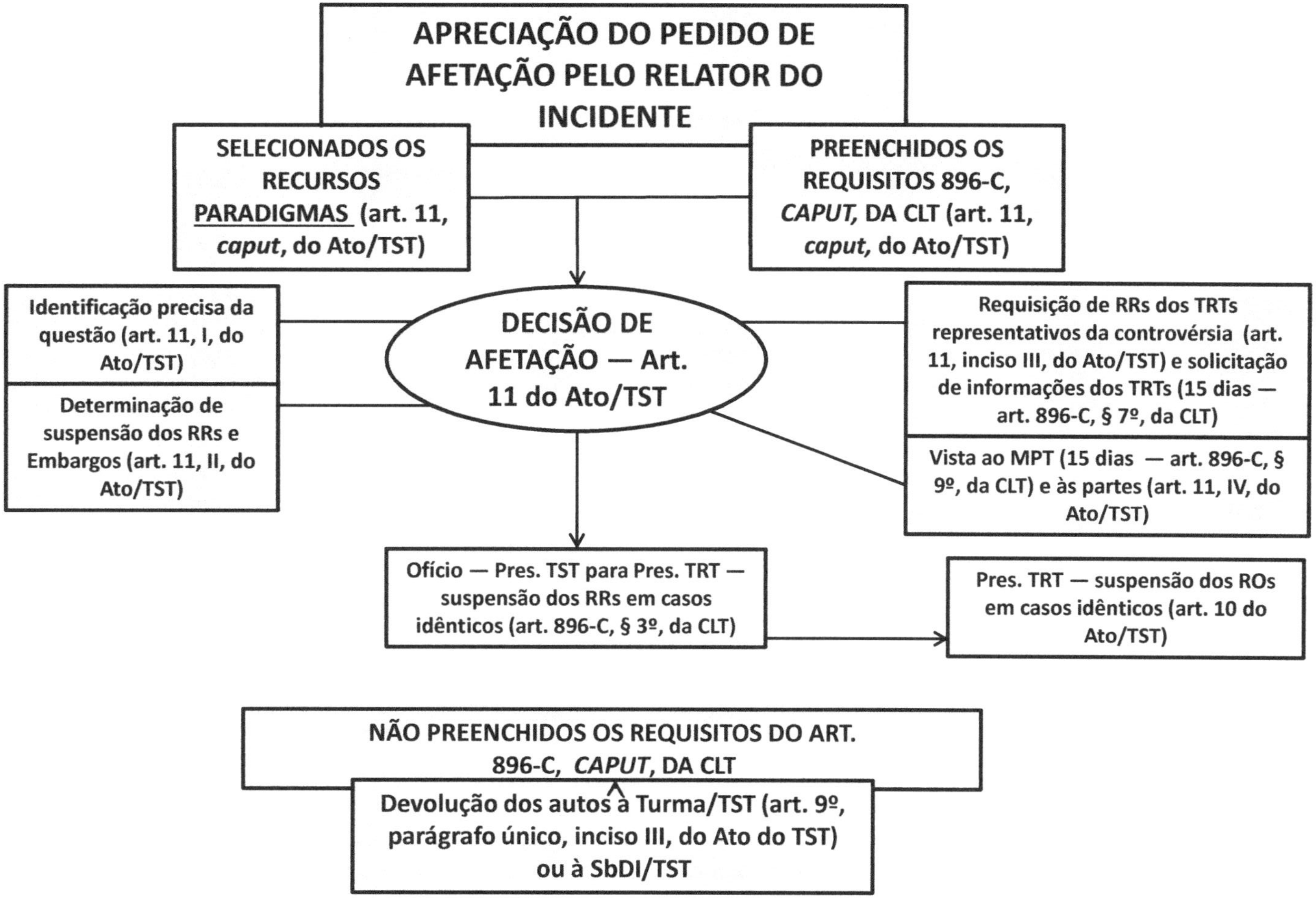
APRECIAÇÃO DO PEDIDO DE AFETAÇÃO PELO RELATOR DO INCIDENTE
SELECIONADOS OS RECURSOS PARADIGMAS (art. 11, caput, do Ato/TST)
PREENCHIDOS OS REQUISITOS 896-C, CAPUT, DA CLT (art. 11, caput, do Ato/TST)
DECISÃO DE AFETAÇÃO — Art. 11 do Ato/TST
Identificação precisa da questão (art. 11, I, do Ato/TST)
Determinação de suspensão dos RRs e Embargos (art. 11, II, do Ato/TST)
Requisição de RRs dos TRTs representativos da controvérsia (art. 11, inciso III, do Ato/TST) e solicitação de informações dos TRTs (15 dias — art. 896-C, § 7º, da CLT)
Vista ao MPT (15 dias — art. 896-C, § 9º, da CLT) e às partes (art. 11, IV, do Ato/TST)
Ofício — Pres. TST para Pres. TRT — suspensão dos RRs em casos idênticos (art. 896-C, § 3º, da CLT)
Pres. TRT — suspensão dos ROs em casos idênticos (art. 10 do Ato/TST)
NÃO PREENCHIDOS OS REQUISITOS DO ART. 896-C, CAPUT, DA CLT
Devolução dos autos à Turma/TST (art. 9º, parágrafo único, inciso III, do Ato do TST) ou à SbDI/TST

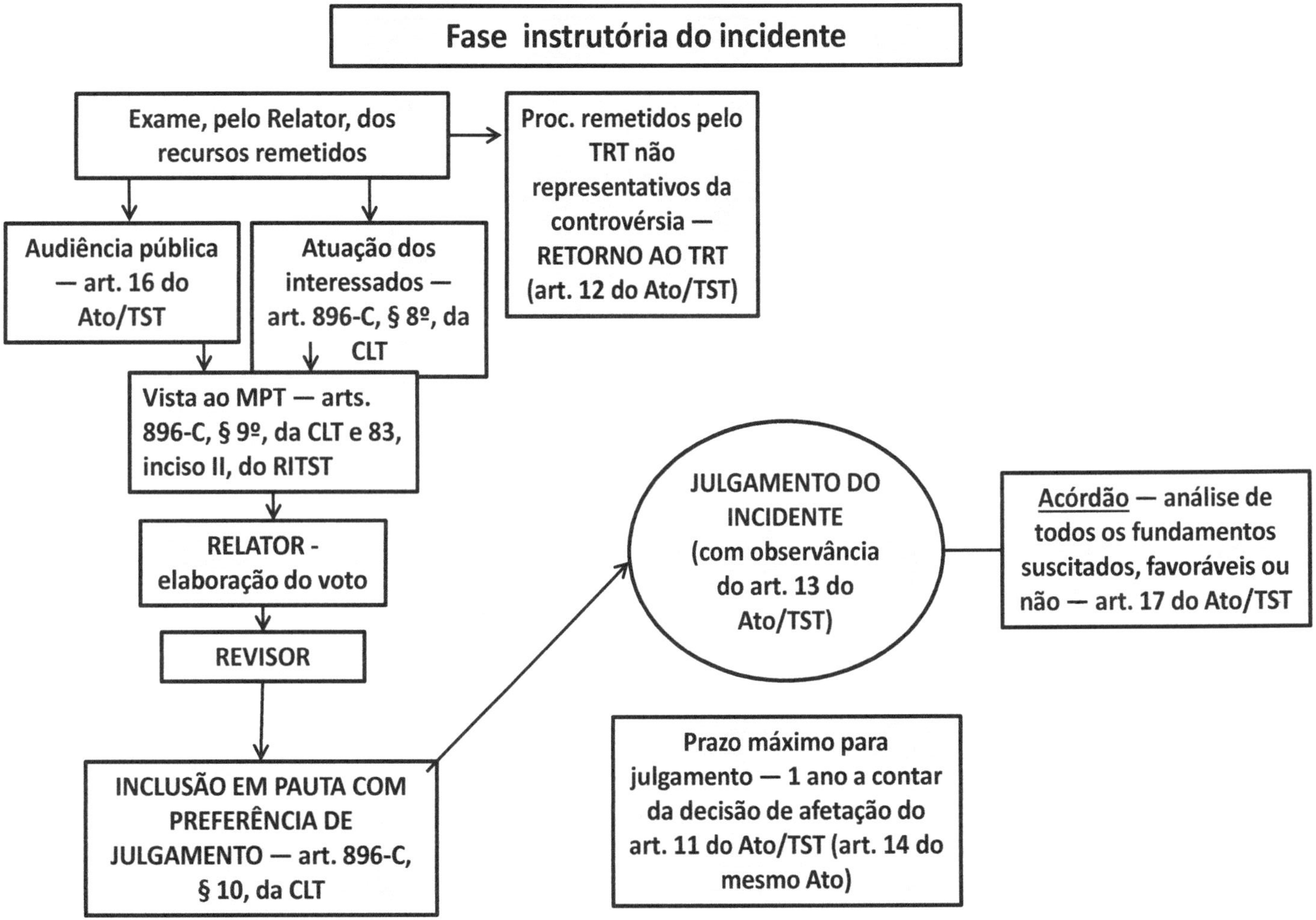
Fase instrutória do incidente
Exame, pelo Relator, dos recursos remetidos
Proc. remetidos pelo TRT não representativos da controvérsia — RETORNO AO TRT (art. 12 do Ato/TST)
Audiência pública — art. 16 do Ato/TST
Atuação dos interessados — art. 896-C, § 8º, da CLT
Vista ao MPT — arts. 896-C, § 9º, da CLT e 83, inciso II, do RITST
RELATOR - elaboração do voto
REVISOR
INCLUSÃO EM PAUTA COM PREFERÊNCIA DE JULGAMENTO — art. 896-C, § 10, da CLT
JULGAMENTO DO INCIDENTE (com observância do art. 13 do Ato/TST)
Acórdão — análise de todos os fundamentos suscitados, favoráveis ou não — art. 17 do Ato/TST
Prazo máximo para julgamento — 1 ano a contar da decisão de afetação do art. 11 do Ato/TST (art. 14 do mesmo Ato)

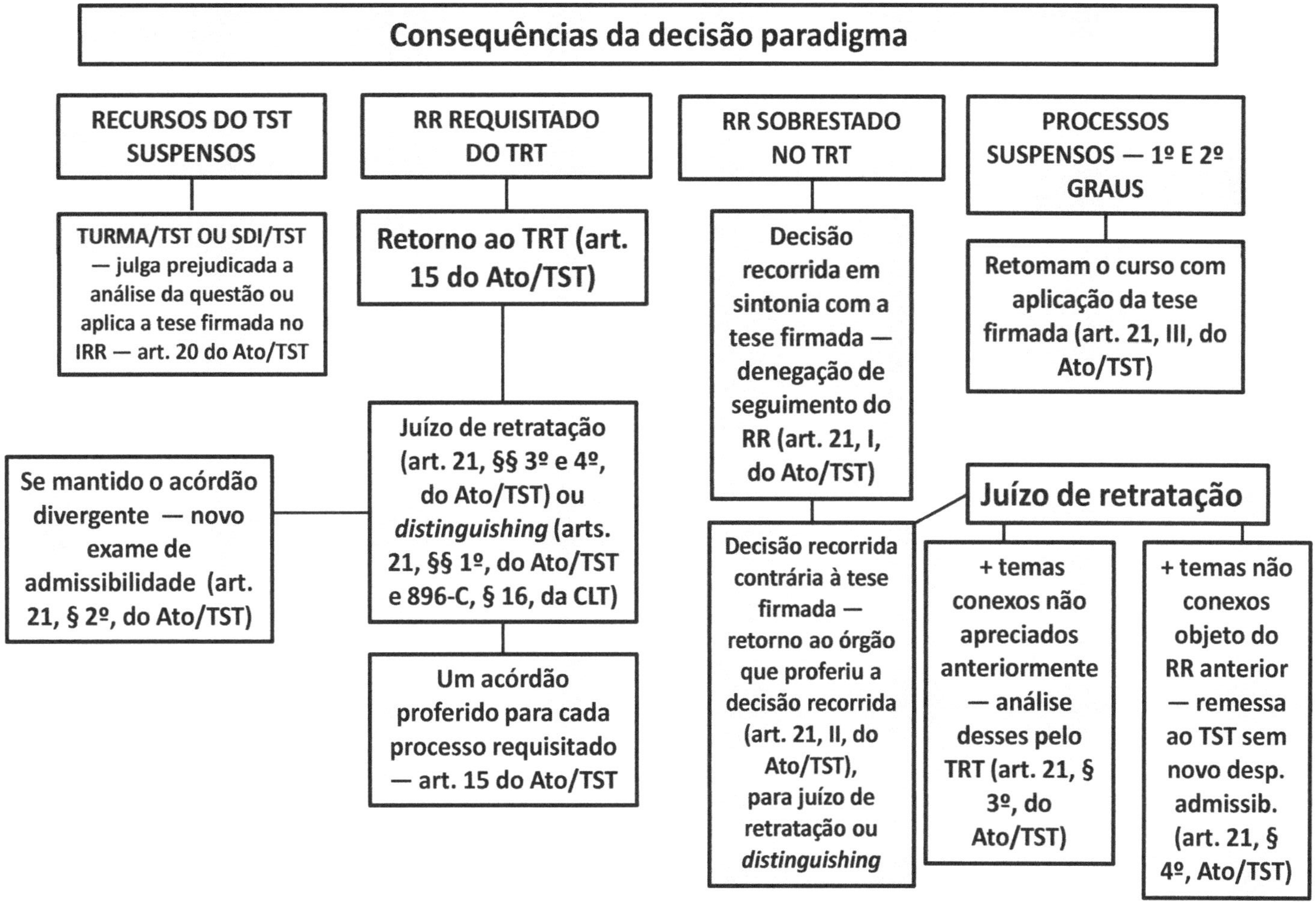
Consequências da decisão paradigma
RECURSOS DO TST SUSPENSOS
TURMA/TST OU SDI/TST — julga prejudicada a análise da questão ou aplica a tese firmada no IRR — art. 20 do Ato/TST
RR REQUISITADO DO TRT
Retorno ao TRT (art. 15 do Ato/TST)
Juízo de retratação (art. 21, §§ 3º e 4º, do Ato/TST) ou *distinguishing* (arts. 21, §§ 1º, do Ato/TST e 896-C, § 16, da CLT)
Se mantido o acórdão divergente — novo exame de admissibilidade (art. 21, § 2º, do Ato/TST)
Um acórdão proferido para cada processo requisitado — art. 15 do Ato/TST
RR SOBRESTADO NO TRT
Decisão recorrida em sintonia com a tese firmada — denegação de seguimento do RR (art. 21, I, do Ato/TST)
Decisão recorrida contrária à tese firmada — retorno ao órgão que proferiu a decisão recorrida (art. 21, II, do Ato/TST), para juízo de retratação ou *distinguishing*
Juízo de retratação
+ temas conexos não apreciados anteriormente — análise desses pelo TRT (art. 21, § 3º, do Ato/TST)
+ temas não conexos objeto do RR anterior — remessa ao TST sem novo desp. admissib. (art. 21, § 4º, Ato/TST)
PROCESSOS SUSPENSOS — 1º E 2º GRAUS
Retomam o curso com aplicação da tese firmada (art. 21, III, do Ato/TST)

Referências Bibliográficas

ALVIM, Arruda. A EC n. 45 e instituto da repercussão geral. *In: Reforma do judiciário:* primeiras reflexões sobre a Emenda Constitucional n. 45/2004. São Paulo: Revista dos Tribunais, 2005.

BEBBER, Júlio César. Teoria geral dos recursos trabalhistas. *In:* CHAVES, Luciano Athayde. *Curso de processo do trabalho.* 2. ed. São Paulo: LTr, 2012.

CÂMARA, Alexandre de Freitas. *Lições de direito processual civil.* 23. ed. São Paulo: Atlas, 2012. v. 1.

CHAVES, Luciano Athayde (org.). *Curso de direito processual do trabalho.* 2. ed. São Paulo: LTr, 2012.

DIAS, Sérgio Novais. *Responsabilidade civil do advogado na perda de uma chance.* São Paulo: LTr, 1999.

DIDIER JR., Fredie; MACÊDO, Lucas Buril de. *Reforma no processo trabalhista brasileiro em direção aos precedentes obrigatórios: a Lei n. 13.015/2014.* No prelo.

_____. *Curso de direito processual civil.* 13. ed. Salvador: JusPodivm, 2011. v. 1.

DIDIER JR., Fredie; CUNHA, Leonardo Carneiro da. *Curso de direito processual civil.* 12. ed. Salvador: JusPodivm, 2015. v. 3.

FAVA, Marcos Neves. Teoria geral das nulidades. *In:* CHAVES, Luciano Athayde. *Curso de processo do trabalho.* 2. ed. São Paulo: LTr, 2012.

FRANÇOLIN, Wanessa de Cássia. *A ampliação dos poderes do relator nos recursos cíveis.* Rio de Janeiro: Forense, 2006.

FUX, Luiz. *Curso de direito processual civil.* v. I. Rio de Janeiro: Forense, 2008.

JORGE JÚNIOR, Alberto Gosson. *Cláusulas gerais no novo código civil:* coleção prof. Agostinho Alvim. São Paulo: Saraiva, 2004.

HOUAISS, A.; VILLAR, M. de S. *Dicionário Houaiss da língua portuguesa.* Rio de Janeiro: Objetiva, 2001.

LANTYER, Ângela Moisés Faria. *A utilização do processo eletrônico como instrumento para a celeridade da prestação jurisdicional:* peticionamento, acompanhamento e publicação. Monografia apresentada ao curso de graduação em Direito, Universidade Salvador — UNIFACS, com requisito parcial para obtenção do grau de Bacharel em Direito, Salvador, 2004.

MARTINS-COSTA, Judith. *A boa-fé no direito privado.* São Paulo: Revista dos Tribunais, 1999.

MEDINA, José Miguel Garcia; FREIRE, Alexandre; FREIRE, Alonso Reis. Para uma compreensão adequada do sistema de precedentes no projeto do novo código de processo civil brasileiro. *In:* FREIRE, Alexandre *et al.* (org.). *Novas tendências do processo civil:* estudos sobre o projeto do novo código de processo civil. Salvador: JusPodivm, 2013.

MEIRELES, Edilton. O novo CPC e as regras supletiva e subsidiária ao processo do trabalho. *Revista de Direito do Trabalho,* v. 40, n. 157, p. 130-137, maio/jun. 2014.

MIRANDA, Pontes de. *Tratado de direito privado.* São Paulo: Revista dos Tribunais, 2012. t. IV.

MOREIRA, José Carlos Barbosa. *O novo processo civil brasileiro:* exposição sistemática do procedimento. 29. ed. rev. e ampl. Rio de Janeiro: Forense, 2012.

NERY JÚNIOR, Nélson; NERY, Rosa Maria de Andrade. *Código de processo civil comentado e legislação extravagante.* 13. ed. rev. ampl. e atual. São Paulo: Revista dos Tribunais, 2013.

_____. *Novo código de processo civil comentado e legislação extravagante.* 13. ed. São Paulo: Revista dos Tribunais, 2013.

NUNES, Gabriel Turiano Moraes. *Responsabilidade civil pelo risco da atividade no Novo Código Civil Brasileiro.* Monografia apresentada ao curso de graduação em Direito, Universidade Salvador — UNIFACS, como requisito parcial para obtenção do grau de Bacharel em Direito, Salvador, 2004.

OLIVEIRA, Pedro Miranda de. Agravo interno e agravo regimental: hipóteses de incidência e poderes do relator nos tribunais. *In:* NERY JÚNIOR, Nélson; WAMBIER, Teresa Arruda Alvim (coord.). *Recursos no processo civil.* São Paulo: Revista dos Tribunais, 2009.

PEREIRA, Paula Pessoa. Legitimidade dos precedentes: universabilidade das decisões do STJ. *In:* MARINONI, Luiz Guilherme (dir.). *Coleção o novo processo civil.* São Paulo: Revista dos Tribunais, 2014.

SARLET, Ingo Wolfgang; MARINONI, Luiz Guilherme; MITIDIERO, Daniel. *Curso de direito constitucional.* 2. ed. rev. atual. e ampl. São Paulo: Revista dos Tribunais, 2013.

SILVA, De Plácido e. *Vocabulário jurídico.* Atualizadores Nagib Slaibi Filho e Gláucia Carvalho. Rio de Janeiro: Forense, 2009.

TEIXEIRA FILHO, Manoel Antonio. *Comentários à Lei n. 13.015/2014.* São Paulo: LTr, 2014.

_____. *Curso de direito processual do trabalho.* São Paulo: LTr, 2009. v. II.